미래를 향한
한국체육사의 메시지

미래를 향한
한국체육사의 메시지

조준호 지음

오롯이 한국체육사(韓國體育史)를 담아

본 서적은 한 제자와의 약속에서 비롯되었다. 체육사가 '실용적 학문'인 이유를 설명해 달라는 제자의 질문, 그 답이 본 서적이다. 생각보다 많은 고민 속에 첫 번째 단추를 끼워 낼 수 있었다. 최고라고 할 수는 없지만, 나름대로 최선을 다하였다. 우선 그동안 연구해온 내용을 곱씹어 실용적인 주제를 찾고자 했다. 그리고 찾아낸 주제를 통해 작은 지혜라도 수면 위의 메시지로 드러내고자 했다. **일반인에게는 체육사가 무엇인지 알려줄 수 있을 것이고 체육인에게는 교보재와 같은 역할, 체육사가 전하는 실용적 지식과 지혜를 그대로 전달**하고 싶었다. 그 지식과 지혜가 누구에게는 이미 깨달은 것일지도 모르겠으나, 실제 글로 옮겨 풀어내기는 쉽지 않았다.

모든 역사의 중심에는 체육이 있다. 체육의 스토리를 보다 사실적으로, 시대상과 함께 본 서적에 담고자 했다. 체육사 전체의 흐름을 이 책에 담아 전달하고 싶었지만, 내용이 너무 방대했다. 살아생전에 가능할지도 모를 정도다. 따라서 본 서적은 독자의 이해를 구하는 측면에서 시대의 흐름 속에 흥미로운 체육사적 주제 6가지를 선정, 의미를 메시지로 풀어내고자 했다.

관점의 다양함 속에서 저자의 자칫 편협한 사고(思考)로 인해 다른 이들로부터 야유를 받을 수도 있다는 생각이 든다. 하지만 그렇다고 마냥 자료만 찾아 헤매며 저술을 미룰 수만도 없었다. 뭐가 되든 한번 도출해보자는 생각으로 시작했다. 따라서 본 서적에서는 가장 먼저 '실용 체육사'라는 제목으로 체육사의 벽을 허물고자 했다. 해당 장은 "체육사, 그게 뭐야?"의 답을 찾을 수 있을 것이다. 다음 장부터는 체육사적 주제를 하나하나 소개하고자 하였다. 우선 한국체육사 첫 페이지를 장식하는 내용, 즉 '고대 한국체육사'를 대표하는 '화랑', 다음은 '민속 놀이사'로 '석전(石戰)', 다음은 '무예사'인 '무예도보통지', 다음은 '체육 시설사'의 '종합운동장', 다음은 '체육 인물사'로 레슬러 '김석영과 임배영, 그리고 장창선', 마지막은 '올림픽사'로 가장 최근에 열린 '도쿄올림픽'을 소개하며 메시지로 풀어내고자 하였다.

최초와 최고를 정말 좋아하는 저자이지만 본 연구를 마무리하며 최초가 참 어렵다는 생각을 다시금 하게 되었다. 그렇게 6가지 주제를 가지고 '미래를 향한 한국체육사의 메시지'라는 서적을 만들었다. 원래 저자는 '실용 체육사용법(實用 體育史用法)', '재미있는 체육사 연구' 등의 제목을 생각했었다. 하지만 삶이 원하는 대로 되지 않듯 제목도 그랬다. 체육사가 외면받는 현실을 생각하며 결국 지금의 제목을 정했다. 조금은 긴 듯한 제목이지만 충분히 체육사의 의미를 담고 있다고 보았다.

저자로서 부족한 글을 실어주신 출판사에도, 그리고 도움 주신 여러 교수님과 제자에게도 감사할 뿐이다. 따라서 본 서적이 실사구시(實事求是)되어 **일반인에게는 체육사의 벽을 허물고 체육인에게는 체육사의 흥미와 재미를 소개하는 자리가 될 수 있을 것이다.** 그저 누군가에게 체육사적 지식의 만족감을 선사했으면 하는 바람뿐이다. 그리고 여러분이 본 서적을 끝까지 읽는 열정이 있었으면 좋겠다. 재미와 지혜는 앞부분 몇 장 읽는다고 해서 찾을 수 있는 게 아니다. 예를 들어 운전을 배우고 면허를 따서 혼자 운전을 해봐야 드라이브의 묘미를 한껏 느낄 수 있다. 본 서적을 끝까지 읽고 흥미와 비평을 신랄하게 드라이브해주길 바란다. 단 본 서적이 삶에 조금이라도 도움이 된다는 생각이 든다면 말이다.

그동안 저자는 하나의 주제로만 논문, 혹은 책을 저술해왔으나 본 내용은 여러 내용을 포함했다. 고대 화랑부터 2020

도쿄올림픽까지, 뚜렷한 목적을 가진 연구라기보다 다양한 내용을 한데 버무린 비빔밥 같은 서적이다. 뚜렷한 목적은 있었다. 누구나 편히 읽고 삶의 교훈이 메시지로 남는 대중화된, 그리고 실용적인 체육사 서적이 바로 그것이었다. 따라서 내용 기술은 연구자의 생각을 정리하며 각 장을 '쿼터)'란 소제목으로 표현했다. 마치 농구 경기처럼 말이다. 본론의 내용은 '2쿼터'나 '3쿼터'로 주제의 핵심 내용을 기술했고, 끝으로 '4쿼터'를 통해 현재의 지혜, 메시지를 풀어내고자 했다. 각 내용에는 그동안 논문에 담지 못했던 지극히 개인적 생각도 기술했다. 더불어 참고 문헌도 여러분께 조금 더 가까이 다가선다는 의미에서 '보고 쓴 문헌'으로 명명했다.

마지막으로 이 책이 독자가 '오늘'을 감(感)으로 살아가는 게 아니라 '내일'을 분명한 계획(計劃)으로 살아가는 데 작은 도움이 되었으면 좋겠다. 그것이 실용(實用)이라고 생각한다. 6가지 주제를 정리하며 우리 민족이 참 대단하다는 생각이 든다. 또한, 체육사를 하길 참 잘했다는 생각도 들었다.

'체육사를 안 본 사람은 있어도 한번 본 사람은 없다.'

라는 생각이 떠올라 잠시 미소도 지을 수 있었다. 그렇게 만들었다. 이어 2호, 3호 등 계속해서 과거와 현재가 연결되는 흥미로운 체육사적 주제를 묶어 책을 출간하고 싶다. 우리가 조금씩 흡수할만한 내용을 찾으면 바로 체육사를 통해

제대로 된 실용성을 전하고 싶다. 20세기부터 운동만 했던 엘리트 선수가 고대로부터 지금껏 이어진 체육사 내용을 새겨 21세기에 책으로 담았다. **평생을 걸 만큼 매력을 가진 체육사(體育史)**를 가슴에 품고서 말이다.

체육사를 사랑하는 모든 분께 이 책을 삼가 올리는 바이다.

한국체대 연구실에서
2021년 11월
저자 올림

목차

들어가는 말 · 04

제1장 실용 체육사 ▸ ▸ ▸ 13

　1쿼터) 비장함으로 시작하다 · 21
　2쿼터) 상처(傷處)에서 성장(成長)으로 · 23
　3쿼터) 땀의 가치 · 29
　4쿼터) 여러분의 연구를 기다리며 · 38

제2장 청년이 미래다
　　　- 고대 한국체육사 - 화랑 ▸ ▸ ▸ 43

　1쿼터) 화랑은 올바른 아이돌? · 46
　2쿼터) 화랑이 답하다 · 48
　3쿼터) 청년이 미래다 · 67
　4쿼터) 화랑의 터, 그리고 진천선수촌 · 70

제3장 민족 과격함의 비밀
　　　- 민속놀이사 - 석전 ▸ ▸ ▸ 75

　1쿼터) 사(싸)나운 민족 · 78
　2쿼터) 저 동네로 돌을 던져라 · 80
　3쿼터) 싸움에 남녀노소는 없다 · 103
　4쿼터) 건들지 마라 · 106

제4장 실전에 강하다
　　　- 무예사 - 무예도보통지 ▸ ▸ ▸ 111

　1쿼터) 동방불패의 규화보전이다 · 114
　2쿼터) 실전 무예서다 · 116
　3쿼터) 왕이 명 하느니 '실전에 강해라' · 127
　4쿼터) 실전에 강하려면 · 137

제5장 스포츠 공간의 주인공
　　　- 체육 시설사 - 종합운동장 ▸ ▸ ▸ 143

　1쿼터) 빼앗긴 땅 곳곳에 생긴 운동장 · 146
　2쿼터) 인천의 첫 종합운동장 · 152
　3쿼터) 웃터골의 바통을 이은 그라운동장(1936~2008) · 158
　4쿼터) 투명한 스포츠의 발상지 · 163

제6장 체육 하는 사람이 미래다
　　　- 체육 인물사 - 위대한 레슬러 ▸ ▸ 167

　1쿼터) 체육 인물사 연구에 들어서며 · 169
　2쿼터) 첫 세계 챔피언 장창선(2009) · 173
　3쿼터) 참 스승의 품격 임배영(2009, 2019) · 182
　4쿼터) 첫 레슬링 국가대표 김석영(2013) · 191
　연장전) 위대한 레슬러를 정리하며 · 196

제7장 더도 덜도 없이 꼭 세 판
　　　- 올림픽사 - 도쿄올림픽 ▸ ▸ ▸ 201

　1쿼터) 고대올림픽의 이해 · 204
　2쿼터) 삼세판 도쿄의 꿈(1940~2021) · 214
　3쿼터) 대한민국선수단의 위대한 과업 · 250
　4쿼터) 2024 파리올림픽을 준비하며 · 259

제8장 미래를 향한 한국체육사의 메시지
　　　- 한국체육의 스토리를 모은 삶의 지침서 ▸ ▸ ▸ 265

보고 쓴 문헌 · 274

제1장

실용 체육사

Jump Ball

사람들은 왜 현재(Present)를 선물이라고 할까요?
우리의 풍경 **어디에도 저절로 얻은 것**은 없습니다.
영웅들이 대한민국 모든 곳에서 싸웠습니다.
우리의 현재는 참전용사들이 준 선물입니다.
그 선물에 대한 보답은 기억입니다.[1]

2020년 6월의 아침이었다. 아침 신문 전면에 실린 위의 '국가보훈처 공익광고'는 보는 이의 가슴을 먹먹하게 했다. '어디에도 저절로 얻은 것은 없다'라는 문구가 또렷이 기억에 남는다. 그리고 그 보답은 온 국민이 '기억'해야 한다는 것이었다. 기억도 중요하지만, 한편으로는 오래 기억하기 위한 기록이 더 중요하다는 생각도 들었다. 사람의 기억은 곧 잊히니 기록하여 영원히 우리 곁에 살아 숨 쉴 수 있도록 해주는 것이 중요하다. 이렇듯 역사가 중요한 이유를 우리 주변에선 누구나 알고 있다. 지금 당장 SNS[2]만 살펴봐도 역

---

1) 국가보훈처 공익광고. 2020.6.
2) Social Network Service를 말한다. 웹상에서 이용자가 인적 네트워크를 형성하게 해주는 서비스다.

사를 배우는 이유가 수도 없이 등장한다. 아마도 대표적인 문구는 바로 이것일 것이다.

역사를 잊은 민족에게 미래는 없다.

누가 이야기한 것인지는 정확히 모르겠다. 그저 우리는 이 문구를 위인들과 함께 전시하며 우리는 고개만 끄덕일 뿐이다. "음~, 미래가 없대"라면서 말이다. 또 있다. 선생님이 제자에게 꿀밤을 때리며 이야기를 주고받는 내용이다. 선생님이 제자에게 마지막 꿀밤을 날리자 제자는 피한다. 그러자 선생님은 "네가 나한테 꿀밤 맞았던 걸 기억하지 못했다면, 두 번째로 때렸을 때 피할 수 있었을까?"라고 말한다. 꿀밤이 중요한지, 피한 것이 중요한지 모르겠으나 아무튼 기억하고 행동하는 것이 중요하다는 의미를 말하는 것으로 보인다. 여기에 "어제를 담아 내일에 전합니다"란 문구도 있다. 이는 문화재청의 50주년 슬로건이다. 정말 기억나는 문구가 많다. 이 모두를 포용할 만큼 역사가 주는 강력한 메시지도 있었다.

현재는 과거의 결과이고 미래의 원인이 된다.

내가 지금 이렇게 사는 건 내가 살아온 과거의 결과다. 그리고 오늘의 삶은 내일의 발판이 된다. 이는 현재를 열심히 살아야 한다는 의미다. 열심히 살아야 잘사는 현재가 있고,

미래도 행복할 수 있다는 것이다. 마치 '**과거의 나에게 부끄럽지 않고 미래의 나에게 창피하지 않으려면 시간을 아껴 오늘을 열심히 살라**'라는 실용의 메시지다. 이것이 역사가 주는 커다란 교훈이다. 여기에 더해 역사는 애국심과 지혜, 그리고 시대에 관한 바른 시선과 관점을 가질 수 있게 해준다는 이유도 있다. 역사를 왜 배워야 하는지 이유를 알았다면 이제 기억한 것을 반드시 실천하고 노력하는 것이 무엇보다 중요하다.

여기에 체육의 관점으로 역사를 살펴보는 것, 그것이 체육사다. 체육사를 반복해서 이야기하다 보면 여러분은 대체 이를 왜 배워야 하는지 궁금할 것이다. 체육사를 배우는 가장 큰 이유는 '오늘의 체육'을 알기 위해서다. 더 나아가 '내일의 체육'을 대비하기 위해서다. '대비'는 말 그대로 미리 준비하는 것을 말한다. 결국, 우리가 '**오늘의 체육**'을 어떻게 준비해야 할 것인지, 이것이 오늘 체육사를 배우는 가장 중요한 이유다. 그저 우리는 책에서 전하는 내용을 그대로 암기하듯 '과거의 체육문화를 이해, 현재의 체육문화를 직시, 미래 체육문화를 전망하기 위해 체육사를 하는 것이다'라고 외우곤 한다. 하지만 이것에 관한 구체적 방법이 선뜻 떠오르지 않는 것도 오늘 체육사가 풀어야 할 과제다.

강규형(2013)의 ≪바인더의 힘≫에 다음과 같은 글이 있다. "**지식 없는 훈련은 맹목적이고 훈련 없는 지식은 쓸모가**

없다." 이는 체육사에 즉각 수용된다. 체육사는 신체 훈련의 지식이다. 이 논리에 의하면 체육사는 훈련이 있는 지식으로 가장 쓸모 있는 지식이다. 쓸모 있는 다양한 지식은 굳이 강조하지 않아도 삶의 필요로 인해 찾게 된다. 사람이 스스로 찾게 되는 실용적인 지식으로 남을 수 있고, 사람의 가슴에 두근거리는 학문으로 지속할 수 있다면, 체육사는 영원히 존재할 것이다. 체육인만이 아닌 모든 사람이 스스로 찾게 되는, 사건을 해결하는 혜안(慧眼)의 중심으로 체육사가 이동해야 하는 필연적 이유다.

그렇다면 '현재의 체육문화를 통해 미래를 대비하기 위한 오늘의 체육'을 알려면 우리는 구체적으로 무엇을, 어떻게 준비해야 하는가. 일단 대한민국 역사의 흐름을 아는 것이 무엇보다 중요하다. 외우는 것이 아니라 **전체의 흐름을 통사적(通史的)으로 이해하는 자세가 필요**하다. 즉 대한민국 역사의 흐름을 시대에 한정하지 않고 전체적으로 바라보며, 체육인으로서의 삶을 동시에 이해하는 것이다. 이를 통해 과거의 체육과 현재의 체육을 대조할 수 있고 과거의 체육 지식에 지금을 접목할 수 있다. 그렇다면 분명, 미래의 체육과 오늘의 체육을 준비할 수 있다. 단순히 암기하여 단답형 문제를 맞히기 위한 목적이 아니라, 시대 전체의 흐름을 이해하기 위한 노력이 체육사의 예의(禮儀)다. 체육사는 절대 암기과목이 아니다. 전체에 대한 이해가 선결되어야 하는 학문이다. 큰 것의 흐름인 시대를 먼저 살피고 작은 사건을 주의

깊게 살펴 해석하고 느끼는 것, 그것이 오늘날 체육사가 나아갈 구체적 실천 과제다.

여기서 한국체육사는 체육사의 포커스를 한국으로, 한국인으로 좁힌 것이고, 세계체육사는 세계로, 세계인으로 폭을 넓힌 것이다. 체육3)은 우리 몸의 역사로 마음을 설레게도, 슬프게도, 분노하게도 한다. 아마도 본고의 하이라이트는 도쿄올림픽으로, '엘리트 스포츠'의 내용이 핵심을 이룰 것이다. 올림픽은 앞서 설명한 모든 감정이 집대성되는 메가 스포츠 이벤트다. 현재 도쿄올림픽은 코로나194) 사태로 성공과 실패를 논하기 매우 조심스럽다. 그런데도 오늘의 체육을 준비하는 마음으로 도쿄올림픽을 보다 사실적으로 전망하고자 했다. 마치 경기에 출전하는 선수의 마음으로 말이다.

경기장에 들어선 우리 선수는 두근거리는 마음을 억제키 힘들다. 드디어 사람들, 아니 국민 앞에 서서 가슴에 있는 태극기의 무게를 스스로 감당하며 상대 선수와 겨룬다. 물론 상대도 마찬가지다. 작게는 가족의 명예를 걸고 크게는 국가의 명예를 걸고 상대에게 승리하기 위해, 또한 그동안의 훈련에 대한 예의로서 선수는 경기장에서 죽을 각오로 최선을 다한다.

그럼 마음으로 경기에 임했음에도 때론 패배의 고통에서 인생의 쓴맛을 본다. 패배는 삶의 또 다른 아픔이며 오롯이

---

3) 체육, 스포츠, 운동 등 본 서적에서는 비슷한 개념의 내용을 체육으로 통칭하여 체육사로 단어를 통일했음을 미리 밝히는 바이다.

4) 정식명칭은 COVID-19로 2019년 12월 중국 후베이성 우한시에서 처음 발견된 사람의 코로나바이러스 변종이다. 신종 코로나바이러스(2019-nCoV)로 불려왔으나, 2020년 2월 12일 세계보건기구(WHO)에서 공식명칭을 COVID-19로 발표했다(네이버검색, 두산백과. 2020.8.24.).

선수가 감당해야 할 부분이다. 만약 경기에서 승리했다면 선수는 헤어나기 힘들 정도로 기쁠 것이다. 이러한 승리의 기쁨과 보람은 다시 경기장에, 운동에 몰입하는 또 다른 매력으로 작용한다. 그러나 현실에서 선수는 **승리보다 패배가 많으며,** 패배는 슬픔의 감정 골이 훨씬 깊고, 고통은 뼛속 깊이 스며든다. 이것이 바로 신체 훈련을 통해 얻는 값진 지식이다. 이는 삶의 어디에나 적용할 수 있다.

체육사가 다른 교과와 확연히 다른 것은 사람의 신체활동 스토리를 그대로, 가감 없이 담고 있다는 점이다. 보다 사실적이고 역동적인 우리 역사를 담고 있다는 사실이다. 인간의 땀의 기록이기에 더욱 현실적이며 시대와 문화를 교훈과 함께 그대로 담아내고 있다. 한국체육사는 대한민국의 시대상(時代相)도 함께 담아낸다. 체육사는 때론 시대를 극복한 영웅의 이야기일 수도, 그저 평범한 우리 가족의 이야기일 수도 있다. 쉽게 말해 체육사는 굳이 체육인만의 이야기가 아닌 **우리 주변의 이야기**를 모두 담아내고 있다.

이러한 이유로 체육사는 **실용적인 학문**이라 감히 말할 수 있다. 아니 **경제적인 학문**이다. 즉 체육을 이해하는 가장 빠른 길은 그 나라 체육사 서적을 읽는 것이다. 가장 단기간에, 가장 저렴하게 시대와 문화를 동시에 파악할 수 있다. 조선 시대 학문으로 비교해본다면 실학이 바로 체육사와 가장 비슷하다고 생각된다. 실학의 핵심은 실사구시(實事求是), 경세치용(經世致用) 등이다. 사실에 근거하여 진리를 탐구하고 이는 실제 사회에 분명 이바지한다. 21세기 대한민국의 체육은 사회적, 경제적, 문화적으로 크게 이바지하고 있다. 또한, 체육은 강한 상징성으로 대한민국 문화의 세계화도 주도하고 있다. 외교관이 못한 일을 체육인이 하며, 체육인의 작은 행동이 낯선 이방인의 마음을 감동케 하는 묘한 매력도 갖고 있다.

체육사는 시대를 관통하며 한 국가의 국민으로서 공감대를 느끼는 신체문화이고, **승패라는 작은 인생을 경험하며 축적된 우리 주변의 감동적인 땀의 성장 스토리다.** 체육사의 메시지는 분명 여기에 무게를 두고 있다.

1쿼터) 비장함으로 시작하다

체육의 토탈 스토리, 체육사(體育史)가 다른 일반 서적과 다른 점은 '신체활동(身體活動)'의 역사를 기술한다는 점이다. 신체활동의 역사를 다루다 보니 자연스럽게 지금 우리가 흘리는 소중한 땀의 역사를 다룬다. 그렇기에 현실성이 강하고 삶의 구체적 지침과 교훈도 내포하고 있다. 모든 체육사의 시작은 사람의 움직임에서 시작되는 숭고함과 땀으로 대표된다. 단 이는 체육인의 다양한 기록이 후대에 전달되었을 때의 이야기다. 아직도 많은 부분에서 체육사는 부족(不足)하다 못해 부재(不在)한 경우가 허다하다.

매트 위에서, 경기장에서, 죽을 각오로 경기에 임했다는 선수의 열정에 탄복하여 문서 기록 정도는 없어도 괜찮다고 했을지는 모르겠다. 그렇다고 경기장과 운동장 등에서 죽을 각오로 경기에 임한 그들의 노고를 이해 못 하는 것은 절대 아니다. 하지만 이제 시대가 바뀌었다. 최고의 체육시설에서 과학적으로 훈련하고 이를 기록하며, 운동 기술이 하루가 다르게 발전하는 요즘과는 분명 차이가 있다.

과거 체육 선구자들이 어려운 조건에서 훈련에 임하고 무일푼으로 경기장에 도착하여 악으로 깡으로 경기에 출전하는 자세와는 사뭇 다르다. 결국, 경기장에서 죽고자 한 선수의 필사즉생(必死卽生) 자세, 마치 전쟁터에 나가는 병사의 마음으로 스포츠에 임한 **'비장(悲壯)함'이 대한민국 체육의 첫 시작점**이었다.

시대가 체육 경기를 그렇게 만들었다. 부인하지 않겠다. 하지만 선수가 활약하는 경기장이 사람의 목숨이 왔다 갔다 하는 전쟁터는 아니다. 승리하기 위해 비장한 결의로 경기에 출전했던 선수의 열정은 과거 대한민국 체육의 전부였다. 승리를 포기하기에는 스스로 가진 것이 너무 없었고, 승리만이라도 챙겨 가야 상처 난 우리 민족의 자존심을 조금이나마 회복할 수 있었다. 결국, 승리의 '비장함'은 대한민국 자신이었고 과정은 별로 중요하지 않았기 때문이다. 이제는 변해야 한다. **결과보다 과정이 중요한, 기억보다 기록이 중요하며 메달보다 인성이 중요한 시대,** 바로 체육사가 중시되며 존중받는 시대다.

그렇다면 현대를 사는 우리의 역할도 뚜렷해진다. 바로 열정적으로 우리 체육의 역사를 기록하여야 한다. 이를 통해 체육사에서 전하는 삶의 실용적 지식을 공유해야 한다. 그리고 아직 우리의 손길을 기다리는 체육사 연구 분야가 너무도 많다.

2쿼터) 상처(傷處)에서 성장(成長)으로

'비장함' 서린 우리 민족의 첫 체육사적 기록은 서러움과 아픔이 너무도 컸다. "과거 아버지를 아버지라 하지 못하는" 신분제의 고통이 가장 큰 폐단이었다면, 스포츠가 본격적으로 수입된 구한말과 일제강점기의 조선은 식민지에서 느끼는 차별과 설움이 가장 처절했다. 그런 역사 속에서 같은 민족끼리 총칼을 겨누며 싸운 한국전쟁은 민족의 시선과 폭을 더욱 좁혔고 이는 네 편, 내 편 등 좌우의 논리를 새롭게 탄생시켰다. 여기에 체육은 다른 움직임을 보여줬으나 시간이 흐르며 하나로 모였다. 바로 과거의 한·일 관계와 남·북 관계라는 **정치사적 논점에 체육이 그대로 스며든 것**이다.

다른 나라에는 다 져도 괜찮다. 일본에만은, 북한에만은 절대 질 수 없다. 심지어 두 나라에는 가위바위보도 이겨야 한다.

이렇듯 대한민국 스포츠의 시작은 식민지 설움을 떨구자마자 밀려온 '반공(反共)'이 중심에 있었고, '항일(抗日)'이 그 허리를 받쳤다. 마치 승리를 위해서는 영혼이라도 팔 기세였다. 그러다 보니 경기장은 전쟁터였고 선수는 곧 병사였다. 이미 스포츠의 순수함, 스포츠맨십보다 승리에 대한 열망이 더욱 컸다. 과거 일제강점기부터 체육이 애국심의 중심에 있었듯, **'반공과 항일'**은 국가 체육 발전의 중심과 스포츠의 현장에서 '화이팅'과 함께 지금까지도 꾸준히 활약하고 있다.

따라서 1950~60년대 대한민국의 국정 핵심은 '반공'이었다. 혹시라도 우리나라 선수가 국제대회에서 북한 선수와의 경기가 있을 때면, 온 국민의 시선이 그리로 쏠렸다. 이때 우리나라 선수는 '제2의 한국전쟁'을 치러야 하는 분위기였다. 그뿐만 아니다. 일본과 우리나라의 국가대표 축구 대항전이 있을 때면 온 국민은 TV 앞에 장사진을 쳤다. 현장의 관중석은 이미 만석이었고 어떤 관중은 국기 게양대에 매달려 경기를 지켜보기도 했을 만큼 극성이었다. 이때 **선수는 '제2의 임진왜란'과 '일제강점기의 설움'을 동시에 폭발시켜야 하는 다이너마이트의 뇌관**이었다. 여기에 민족의 분노는 도화선이 되었다. 이미 스포츠 공간은 **강력한 민족주의의 현장**이었다.

이러한 변화는 1960년대가 되자 더욱 두드러지게 나타났다. 정치에서도 변화가 많았으나 가장 큰 변화는 경제적 어려움 속에서도 제17회 로마올림픽대회에 우리나라가 출전했다는 사실이었다. 해당 대회에서 우리나라 선수단이 메달을 획득하진 못했으나, 올림픽을 '이교도들 간의 잔치'라 깎아내렸던 이탈리아, 즉 로마가 올림픽을 개최했다는 것은 세계 스포츠계의 **빠른** 변화였다. 그리고 곧이어 우리나라는 군사정변이 터졌고 대한태권도협회의 전신이라 할 수 있는 '대한태수도협회' 등이 등장하였다. 곧이어 1962년 3월 박정희 의장이 대통령 권한 대행으로 등장하였다. 이어 그는 국격(國格) 향상의 지름길로 '엘리트 체육중흥'에 무게를 두었고 이를 통한 '국위선양'에 주목하였다. 마침내 정부는 **'국민체육진흥법'**을 성안(成案)시켰다.

국민체육진흥법은 우리나라의 학교 체육과 생활 체육, 엘리트 체육에 이르기까지 모든 기능을 조율하는 대표법이다. 더 자세히 살펴보면 국민체육진흥법은 법률 1146호로 제정, 공포된 후 1982년 개정, 2008년까지 24차례 개정되며 대한민국 체육의 근간을 마련했다. 국민체육진흥법의 근간은 1961년 제정된 일본의 스포츠진흥법이었다. 이를 기본으로 하여 약간의 단어나 용어를 수정하여 우리나라 실정에 맞게 제정[5]된 것이 바로 국민체육진흥법이다. 해당 법으로 인해 1963년 10월 15일은 **'체육의 날'**로 지정, 지금도 시행되고 있다. 더욱 자세히 살펴보면 매년 체육의 날에는 학교의 경우 운동회를 열고, 일반 직장 등의 경우는 다양한 체육 행사를 실시했다. 매년 4월의 마지막 주일은 체육 주간으로 제정되었고

---

5) 손석정, 신현규(2008). 국민체육진흥법 제정 의도와 배경에 관한 연구. 한국스포츠엔터테인먼트법학회지. 11(3). p135.

학교 및 단체는 영화, 체조 등 모든 구성원이 다양한 문화체험, 체육활동을 할 수 있었다.

이렇듯 박 대통령은 자신이 집권하기도 전에 국민체육진흥법을 성안시켰다. 곧이어 돔 형태의 장충체육관이 개보수하며 문을 열었고, '박정희 장군배 동남아 여자농구대회'가 창설되었다. 활발한 체육계의 움직임은 정권 차원의 정통성 결핍을 보완하기 위해 정부가 엘리트 체육의 구체적 성장을 지향한 것이었다. 그리고 1963년 12월, 박정희가 이끄는 **제3공화국**이 탄생하였다. 제3공화국이 등장한 지 정확히 1년 후, 옆 나라 일본에서 올림픽이 열렸다. 바로 1964년 도쿄올림픽대회였다.

북한의 대규모 선수단이 도쿄올림픽에 출전한다는 사실은 우리나라 선수단이 가장 많이 출전해야 하는 당위성이 되었다. 다른 이유는 아무것도 없었다. 우리나라는 국가 경제가 넉넉지 않음에도 불구하고 **도쿄올림픽에 224명이라는 대규모 선수단**을 파견하였다. 북한에 비해 단 1명이라도 더 파견하겠다는 정부의 의지였다. 결국, 우리나라 선수단은 출전 선수 대비 메달 획득 결과가 그리 좋지 못했다. 대회에서는 권투 밴텀급에서 정신조와 레슬링의 장창선이 은메달을, 유도 재일교포인 김의태가 동메달을 획득하였다. 앞서 제시한 다수의 선수 출전에 비해 초라한 결과였다. 초라한 결과라지만 당시로서는 나름대로 의미 있는 결과였다. 그 결과물 모두가 **개인 격투 종목,** 그것도 대부분 경량급에서 이뤄낸 성과였다.

이는 세계대회와 올림픽대회에서 우리나라 선수가 외국 선수보다 상대적으로 체격이 작고 동양인의 한계가 있었기에 그랬을지 모른다. 또한, 경량급 종목은 훈련도 자연스럽게 혼자 할 수 있었기 때문이었을 수도 있다. 이를 모두 아우르는 종목이 바로 복싱, 레슬링, 유도 등이었다. 도쿄올림픽 이후 대한민국은 '침대만 과학'이 아니라, '스포츠도 과학'이라는 것을 비로소 깨닫게 되었다. 그 중심에 있던 스포츠 선구자, 제22대 대한체육회장 민관식은 도쿄올림픽의 참패를 만회하기 위해 빠른 판단과 파격적 행보를 선보였다. 그의 주도로 대한민국은 체육 성지인 **태릉선수촌과 무교동 체육회관**을 동시에 개관할 수 있었다. 1966년 6월 30일, 우리나라 체육 역사에 태릉선수촌과 대한체육회관이 동시에 등장한 역사적인 순간이었다.

태릉선수촌이 등장하기 불과 며칠 전, 레슬링의 장창선이 미국 털리도에서 열린 세계 아마추어 레슬링대회에서 광복 후, 우리나라 선수 최초로 금메달을 획득하였다. 9일 후 김기수가 세계 주니어미들급 챔피언에 등극하였다. 지금도 레슬링과 복싱, 유도 등은 우리나라의 소위 효자 종목이라 불린다. 경제가 성장하고 체육도 크게 성장하는 1980년대 이전까지, 구기 종목을 비롯한 단체 종목이 국민에게 주목받기 전, 개인 격투 종목은 먹고 살기 힘든 시절 민족의 혼과 열정을 우리에게 보여주며 치열한 경기만큼이나 큰 교훈을 남겼다. 작지만 강한 나라, 대한민국 선수는 키가 작지만, **무던히도 빠르고 치열하게 움직이는 격투 종목 선수**가 많았다.

> 때리고 맞고, 맞고 또 때리고, 그것이 대한민국의 체육 현장이었다. **때린다는 표현보다 공격**이라는 표현이, **맞는다는 표현보다 수비**라는 표현이 조금 더 고급스러울 수 있다. 하지만 현장의 선수는 다르다. 맞지 않으려면 때려야 하고, 패하지 않으려면 수비를 해야 했다. 이제 그토록 치열한 삶은 운동을 그만둔 이후에도 벌어진다. 그랬기에 우린 강했다. 작았지만 우리는 상대를 많이 때렸다. 우리의 역경 극복 유전자가 바로 체육에서 시작되었기 때문이다.

스포츠에 있어서 우리보다 한참 뛰어났던 일본의 자극, 여기에 북한의 세계 스포츠 무대 등장은 앞뒤 잴 필요도 없이 대한민국 체육의 저돌적 성장을 가져왔다. 누구에게도 더는 패할 수 없다는 민족적 자존감, 더불어 이곳에 생긴 커다란 '상처'가 새겨진 가슴 속 훈장이 대한민국 체육을 급격한 성장으로 전환시킨 것이었다. 민족적 자존감은 우리 민족 스스로 성숙한 사고와 가치를 통해 얻은 의식이었다. 현재 대한민국은 자존감을 넘어 **스포츠 선진국**으로 성장했고, 이제는 체육사가 분명하게 필요한 시기가 도래했다.

눈물은 슬플 때도, 기쁠 때도, 화가 날 때도 나온다. 특히 분노는 진한 눈물을 흐르게 한다. 어떻게 성장한 대한민국 체육인가. 개인의 분노가 아니라 민족의 분노로 승화되어 자존감이 된 지금, 그 마음과 열정이 대한민국의 체육을 성장시켰다. 그동안 외면당한 체육사적 기록이 더는 없도록 더욱 철저히 기록하여, 이로 인해 분노하고 상처받는 사람이 없도록 **올바른 체육사적 기록을 후대에 바르게 전달**해야 할 것이다.

3쿼터) 땀의 가치

처음 우리 민족은 땀의 가치를 잘 몰랐다. 아니 정확히는 체육의 가치에 대해 잘 몰랐다는 표현이 타당할 것이다. 땀 흘리며 체육을 왜 하냐는 반응, 하인들을 시킬 것이지 양반이 무슨 신체활동을 하냐는 반응이 스포츠를 접한 우리 민족의 첫 반응이었다.

구한말에 남대문 밖 세브란스 병원에서 미국인 의사가 베푼 테니스 파티에 초청되어 참석한 우리 선비들이 "보기에는 재밌으나 하인에게 시켜서 구경할 것이지, 당자들이 점잖지 못하게 땀을 흘려가면서 뛰어다니느냐?"고 했다.[6]

그랬던 우리 민족이 일제강점기를 겪으며 빠르게 변했다. 스포츠를 통해 평등을 배웠고 일정한 규칙 아래에 펼쳐진

---

6) 신태범(1983). 『인천한세기』. 서울: 홍성사., p166.

스포츠 활동은 식민지 시민이었음에도 민족적 우월감을 심어 주기에 충분했다. 여기서 체육인이 흘린 땀의 가치는 소중하기 이를 데 없었다. 일제강점기 체육은 곧 애국이었기 때문이다. 그 중심에 1936년 베를린올림픽의 금메달리스트 손기정이 있었다. 하지만 본 장에서는 화이팅 넘치는 복싱 관련 이야기로 설명하고자 한다. 일제강점기 우리나라 복싱선수들이 공통으로 갖고 있던 생각이 있었다. "일본 선수들에게는 판정으로 못 이긴다. 죽기 살기로 싸울 수밖에 없다"라는 생각[7]이었다. 일본 스포츠 논설위원인 가마다가 저술한 『일장기와 마라톤』에도 다음과 같이 저술되어 있다.

> 조선 선수들이 주먹 힘을 강하게 단련하는 것은… (중략) …여러 관중이 보는 앞에서 공공연히 일본 선수를 두들겨 패서 코피를 흘리게 하고 쓰러질 때까지 때려주는 데 목적이 있다.[8]

서슬 퍼런 일제강점기에 식민지 조선의 선수가 일본 제국주의 선수와의 복싱 경기에서 판정으로 간다는 것은 곧 패배를 의미했다. 약소국의 설움보다 더 큰 식민지의 설움이었다. 결국, 이러한 체육의 변화는 개인 투기 종목에서 두드러지게 나타났고, 마침내 상대의 코피는 그 하이라이트였다. 식민지 청년이 일본 제국주의 청년을 맘껏 때릴 수 있는 공식적인 장소, 뒤탈 없이 깔끔한 장소, 그곳이 바로 복싱 경

---

7) 이학래(2000). 『한국체육백년사』. 한국체육학회. p227.
8) 하웅용, 조준호, 김지연, 김지영, 최영금, 김상천, 양현석, 최광근(2018). 스포츠문화사. 경기: 한국학술정보. p303.

기장이었다.

> 베를린올림픽이 열리기 전 와세다 대학 선수들이 조선에 원정을 왔는데, 이때 일본 선수 6명이 모두 KO로 졌다. 그런데 어떤 경기에서는 와세다 대학 선수가 로프에 몰려 더는 경기가 진행될 수 없는데도 한국심판은 경기를 지속시켜 총독부에서 이를 문제 삼았다.[9]

그렇게 우리 민족의 체육은 담금질 돼 갔다. 마침내 민족은 광복을 맞이하였다. 이제 스포츠는 애국을 넘어 살기 위한 생존과 함께했다. 곧 생존을 위하여 경제를 성장시키는 땀은 체육의 땀과 일맥상통했다. 시간이 흘러 땀은 경제성장과 함께 더욱 가치가 높아졌다. 굳이 강조하지 않아도 삶에 있어 열정적인 '땀의 소중함'이란 한마디에 아마도 많이들 고개를 끄덕일 듯싶다. 즉 땀의 가치는 이제 삶의 진리가 되었다. 땀의 가치를 기록하는 체육사도 물론 마찬가지다. 체육사(體育史)는 매우 경제적이며, **분명 배울만한 가치**가 있다. 땀의 가치와 체육의 가치, 이를 증명하는 예를 체육사에서 살펴보자.

2012년 런던올림픽에서 금메달을 획득한 김현우는 한국레슬링의 희망이었다. 마침내 그는 그레코로만형 66kg급에서 우승을 차지하며 한국레슬링계에 8년 만에 금메달을 선사하

---

9) 고두현(1997). 이야기 한국체육사 1권. 베를린의 월계관. 국민체육진흥공단.pp32~33; 이학래(2000). 앞의 책. p227; 스포rv뉴스, 2018년 5월 30일.

였다. 그리고 다음과 같은 명언을 남겼다.

나보다 더 땀 흘린 선수가 있다면 금메달 가져가라.10)

이는 지금도 한국레슬링의 명언으로 기록되고 있다. 땀의
가치를 증명하는 또 하나의 예시가 있다. 2020년 대한체육회
의 스포츠영웅으로 선정된 조오련(趙五連)의 스토리다. 그를
아는 주변인들은 아직도 그를 '조오연', 이렇게 부른다. 기자
회견에서 두음법칙으로 조오연보다 조오련으로 부르는 것이
맞는다고 하여 지금껏 그렇게 불리고 있다. 그는 5남 5녀 중
막내로 5번째 태어났다고 하여 다섯 오(五)에 이을 연(連)의
이름을 갖게 되었다. 그는 수영이 좋아서 시작했고 태릉선수
촌에 입촌하자 돈을 내지 않고도 식사와 잠자리를 제공받을
수 있다는 행복감에 미친 듯이 훈련했다. 우리나라 선수가
타 종목보다 수영에서의 금메달이 뒤늦은 이유 가운데 하나
가 바로 강력한 사계절 때문이다. 즉 더운 여름에만 수영할
수 있는 한계 때문이다. 실내수영장이 많다면 모르겠으나 경
제가 어렵던 우리나라에 실내수영장은 그야말로 언감생심(焉
敢生心)이었다. 그래서 수영에서 금메달 획득이 더뎠다. 금
메달 소외 종목이었던 한국수영의 금기(禁忌)를 깨준 이가
바로 조오련이다.

---

10) 마이데일리, 2012년 8월 8일.

선수촌에서 크로스컨트리 훈련할 때 동료 선수들은 맨몸으로 훈련했지만 나는 8kg의 모래주머니를 두르고 뛰었고, 수영 훈련 중 100m 인터벌 스위밍을 할 때 동료 선수들은 30초씩 쉬고 출발하는데, 나는 3초에서 5초만 쉬면서 훈련했다. 또한, 선수촌 입촌 중에 잠이 오지 않을 때면 운동장을 뛰곤 했다. 건방진 소리로 들릴 수 있겠지만 적어도 남을 이기려면 남모르는 고통을 통한 부단한 노력이 필요하다.[11]

위의 글을 읽고 무슨 생각이 드는가. 그냥 한마디 한마디가 촌철살인(寸鐵殺人)이고 그 자체로 고개가 숙여지는 내용이다. 군이 설명하지 않아도 땀의 가치를 가슴에 새긴 체육인의 말 한마디 한마디는 삶의 마지막을 정리하는 노인의 지혜와 같다. 이게 체육사다. 한 명 한 명 다 정리하면 끝이 없을 듯하여 딱 한 명만 더 들어 땀의 가치를 말하고자 한다. 아시아의 마녀, 백옥자의 스토리다.

다른 선수들은 비가 오면 숙소로 들어가는데, 저는 비가 오나 눈이 오나 태릉선수촌 수영장의 야외 관중석 밑에서 훈련을 했어요. 코치 선생님이 우산을 쓰고 있고 제가 투포환을 던지면 그걸 주워다 주시고, 그걸 던지면 얼굴에서 피가 나죠. 투포환에 모래와 눈 등이 눌어붙거든요. 피가 나다 보면 이내 얼굴에서 피가 흐르죠. 저는 매일 던져야 하니까요. 그렇게 훈련을 했죠.[12]

그렇게 노력하여 그녀는 한국 여자육상의 여왕으로 군림하였고 여자 선수 최초로 아시아경기대회 2연패를 차지하였다. 땀의 가치가 이룬 최고의 영광이었고 땀은 배신하지 않는다

---

11) 동아일보. 1970년 12월 22일.
12) 국민체육진흥공단(2020). 2020년도 스포츠발전 공헌자 구술자료집. 백옥자편. 경기: 한국학술정보(주). pp94~114.

는 것을 증명한 그녀는 진정한 대한민국의 여장부였다. 여기까지 읽으며 여러분은 무슨 생각이 들었는가. 체육사는 몇년도에 태어나서 몇 년도에 무슨 사건이 일어났는지, 그런 것은 크게 중요하지 않다. 피와 땀이 뒤범벅된 훈련이 주는 감동, 남을 이기려는 **현실적인 고통의 노력 등이 전달하는 마음속 전율과 지금 그 감정**이 체육사에서는 훨씬 더 중요하다. 그 감동이 여러분의 미래를 움직일 강한 매력이 된다. 삶은 경쟁의 연속이다. 스포츠도 경쟁의 연속이다. 스포츠는 곧 삶의 축소판이다. 어떻게 삶을 살아야 하는지, 바로 체육사(體育史)에 답이 있다.

과거 우리 민족이 힘든 시절에는 "경량급의 개인 격투 종목이 강했다"라고 앞서 설명했지만, 구기 종목에서 화합으로 성공을 이룬 사례도 있었다. 개인 격투 종목이 강세를 펼칠 즈음, 1967년 4월 제5회 세계 여자농구선수권대회에 출전한 우리나라 여자 농구대표팀이 준우승을 차지하였다. 당시로서는 놀라운 쾌거였다. 이때 '박신자'가 준우승팀의 선수임에도 불구하고 대회 최우수 선수로 선정되었다. 우리나라 여자 농구는 광복 직후 이화여중과 숙명여중 등을 중심으로 빠르게 성장했다. 물론 일제강점기부터 다양하게 활약한 기록도 있었다. 먼지 풀풀 나는 운동장에서 주전자로 물을 뿌려가며 훈련했던 한국 여자 스포츠의 위대한 역사는 1967년 체코 프라하 세계 여자농구선수권대회의 준우승이란 쾌거를 만들어냈다. 오랜 시간 **땀이 이뤄낸 소중한 결실**이었다. 1968년 7월에는 우리나라 여자 농구가 아시아 여자농구선수권대회에서 우승했다.

여자 탁구도 이즈음 우승의 소식을 전하기 시작하였다. 1972년 12월, '이에리사'라는 위대한 탁구선수가 등장해 스칸디나비아 오픈 탁구대회에서 단식과 복식의 우승을 차지하였다. 1973년 4월에는 이에리사와 정현숙, 박미라 등이 유고 사라예보에서 열린 세계 탁구선수권대회에서 우승을 차지하였다. 11월부터는 여자 배구의 국제대회 입상 소식이 전해지기 시작하였다. 결국, 1976년 몬트리올올림픽에서 구기 종목 최초로 우리나라 여자배구가 올림픽 동메달을 획득하였다.

이렇듯 **체육사는 여러 체육학 가운데, 한눈에 한국체육의 현재를 가장 빠르게 파악할 수 있고 현장에서 바로 활용 가능한 지혜를 전하는 학문**이다. 땀의 쓸모를 강조한 체육사는 더욱 사실적으로 작성되어 모두가 쉽게 접근하고 이해할 수 있어야 한다. 현역 선수라면 체육사를 통해 경기에 임하는 **마음가짐**을 달리했으면 한다. 이는 경기의 승패에 더욱 유연히 대처하고 장기적 성장을 가져올 수 있을 것이다. 아니 경기에 초월할 수 있다는 표현이 맞다. 따라서 체육사는 더욱 **구체적이고 상세히 기록**하여야 한다. 체육사는 사실에 기초한 다양한 경우의 수를 살펴 경기자에게 교훈을 남긴다. 결국, 과거 승패의 경험을 근간으로 현재에 적용하고 오늘의 체육, 잠시 후의 체육에 대비할 구체적 방안이 담겨있는 지침서가 체육사다.

과거 우리 선조들이 사용한 **불한당(不汗黨)**이란 단어는 땀을 흘리지 않는 사람을 말한다. 즉 땀을 흘리지 않는 사람을 우리 선조들은 '떼를 지어 돌아다니며 재물을 마구 **빼앗**는 사람들의 무리'와 똑같다고 보았다. 아마도 불한당은 땀의 가치를 아는 우리 선조들의 지혜가 투명하게 녹아든 단어일 것이다. 즉 우리가 이렇게 풍족히 사는 이유는 우리 선조들의 땀의 가치를 통해 얻은 행복인 셈이다. **작게 말하면 부모님이 이룬 땀의 가치이고, 크게 말하면 국가가 이룬 땀 가치가 현세대의 풍족함**을 이뤄낸 것이다. 체육도 마찬가지다. 아무리 체육이 발전하여도 체육인의 땀의 가치는 줄어들지 않는다. 오히려 기술과 체력의 평준화로 땀의 가치는 더욱 급상승하고 있다.

체육사의 중심에는 사람들이 있다. 그들은 전쟁이 일어나면 군인이 되었고 경기장에 들어서면 선수가 되었으며 집에서는 그저 평범한 가장이자 우리의 아들, 딸이었다. 그들이 경기장에서 펼친 활약상이 기록으로 상세히 남으면 우리가 그것을 통해 시대를 볼 수 있는 또 하나의 보고서가 된다. 다만 요즘에는 이런 생각도 하게 된다. 과거 1등만 기억하는 우리의 못된 기억의 채찍(?)으로 인해 1등을 하지 못한 수많은 체육인의 기록 말이다. 승부에서 1등을 빛내준 2, 3, 4등, 아니 순위에 들어가지도 못했던 선수들은 이제 인생의 마침표를 찍을 만큼 세월이 빠르게 흐르고 있다. 즉 이름조차 남기지 못한 체육인의 삶, 초창기 체육 선구자들의 삶이 우리에게 기억되지도, 기록되지도 못하고 사라지는 것이 너무도 아쉽다. 1등은 2등과 3등이 있기에 더욱 빛난다. 이인자, 삼인자 선수의 삶도 우리에게는 소중하고 그 속에 더 많은 교훈이 숨겨져 있다. 그들을 간절히 기록하고 싶다. **누구에게나 땀의 가치는 무척이나 소중하기 때문이다.**

위의 내용을 정리하면, 우리는 처음 땀의 가치를 몰랐다. 하지만 일제강점기에 허가받고 상대를 코피 나게 때릴 수 있는 곳, 복싱이나 유도, 레슬링 등 격투 종목 등에 매료되었으며, 이는 땀의 가치에 대해 다시 한번 생각하는 계기가 되었다. 2012년 런던올림픽에 나선 '김현우'는 땀으로 금메달을 획득하였다. 2020년 '스포츠 영웅 조오련'은 다른 선수를 이기기 위한 남모르는 고통과 땀의 노력으로 메달을 획득하였다. '아시아의 마녀 백옥자'는 비가 오나 눈이 오나 투포환을 던진 피와 땀으로 아시아경기대회의 첫 여성 2연패를 차지할 수 있었다.

구기 종목에서는 여자 농구팀이 1967년부터, 여자 탁구는 1972년부터 세계대회에서 두각을 나타냈다. 이 모두가 땀의 가치, 땀의 조화였다. 이러한 땀의 가치를 전하는 학문, 실사구시의 학문이 체육사다. 앞으로 체육사가 더욱 실용적인 학문으로 남으려면 모두가 더 구체적이고 상세히 내용을 기록해야 한다. 불한당은 선조의 지혜가 녹아든 땀의 소중함을 기록한 단어다. 불한당이 되지 않기 위한 노력, 바로 체육사에 답이 있다.

여성, 그리고 이인자, 소외되었던 모든 분의 활약상도 체육사다. 이제는 그들이 주인공이 되어 대한민국 체육을 빛내고 있다. 이제는 조금 더 멀리 보자. 양지가 음지가 되고 음지가 양지가 되는 시대다. 분명 우리에게도 좋은 날은 온다. 그 대신 게으르지 말고 늘 준비하자.

4쿼터) 여러분의 연구를 기다리며

체육사는 땀 냄새나는 신체활동의 과거와 현재, 미래를 그대로 담고 있다. 다만 아쉬운 것은 체육은 늘 실기가 중요하기에 체육사는 그동안 외면받아왔다. 체육의 역사를 기록하는 것보다 직접 운동장에서 100m를 뛰어보는 것이 중요했다. 즉 인삼 등을 먹고 100m 기록을 얼마나 단축했는지가 더 중요했다. 머리로 고민하는 것보다 체육인에게는 승리를 위한 행동과 선수의 루틴(routine)이 더 중요했다. 하지만 강조하고 싶은 것이 있다. 훌륭한 선수들의 기량은 거의 비슷하다. 결국, 승패를 결정하는 것은 경기장에서 선수 간의 두뇌 싸움, 생각하는 능력, 바로 정신력이다. 체육사는 이것을 돕는다. 체육사는 오롯이 선수의 생각하는 능력을 키워주고 경기에 담대하게 임했던 수많은 선구자의 모습을 통해, 그들의 기록을 현실에서 활용 가능한 만족스러운 교훈으로서 구체적으로 전한다.

경기장에서 승리하기 위한 선수의 움직임과 몸짓, 훈련은 개인을 넘어 국가로, 생존의 기록으로 남는다. 전쟁에서 인간 생명의 생과 사가 결정되듯이 체육활동 초기에는 작은 전쟁이 바로 체육이었고 경기였다. 총과 탄약 대신 라켓을 들었고 군화 대신 운동화 끈을 조여 맸다. 그것이 지금 대한민국 체육의 세계화를 이뤘고 이제 외국의 선수들이 대한민국의 체육을 배우기 위해 몰려들고 있다. 그 아름다운 기록, 아니 아름답지 않더라도 그 인간적인 기록, 고통의 기록은 이제 **미래를 암시하는 가르침**이 될 수 있다. 이는 대한민국 체육의 과거를 읽어내 오늘의 체육을 풀어낼 수 있다. 지금은 과거의 체육 속에서 미래의 체육을 찾아내는 노력이 필요한 시점이다. 체육사는 곧 **체육인의 발자취이자 땀의 의미를 해석하며 앞으로 나아가는 '토정비결'**이다.

오늘의 토정비결, 조금은 과했다. 하지만 오늘을 알고 삶을 통찰하기 위해서는 사람을 알아야 하고, 사람을 알려면 사람을 믿어야 하며, 사람을 믿으려면 사람을 이해해야 한다. 스포츠라는 현장의 투쟁은 곧 삶의 이유와 경쟁, 갈등과 희망의 축소판이다. 경쟁과 갈등은 사람끼리 하는 것이라는 공통점도 있다. 즉 이 모두의 중심에 사람이 있다. 사람의 변천을 기록하는 것이 역사이고 체육인의 변천을 기록하는 것이 체육사다. 그보다 더 중요한 것이 **사람을 이해하고 체육**

인을 이해하는 것, 사람을 믿고 체육인을 믿는 것이다. 그것
이 체육사가 지향하는 궁극적인 가치, 체육사의 맥(脈)이라
고 본다.

1장을 마무리하며 내용을 다음과 같이 정리하고자 한다.
방의 한 귀퉁이에 있는 저자의 작은 노트북은 자판의 노후
화도 없을 만큼 시간의 흐름에 비해 꽤 상태가 좋다. 즉 흐
른 시간보다 사용한 흔적이 별로 없다는 것이다. **이유는 아
껴서 그렇다.** 본 서적이 그렇게 되지 않았으면 좋겠다. 여기
까지 읽고도 체육사를 잘 모르겠으면 오늘 밤 내 방에서 '일
기'라도 써보길 바란다. 그리고 시간이 흐른 뒤에 그 일기를
쭉 훑어보면 분명 내게 전하는 메시지를 알게 될 것이다. 아
니 오늘 경기가 너무 잘 풀렸다면, 또는 오늘 경기가 너무
잘 안 풀렸다면 그 내용을 보다 객관적으로 노트에 기록해
보자. 여러분이 할 수 있는 가장 사실적인 기록은 승리까지
는 아니어도 내일의 변화를 이끌 수 있는 가장 **실용적인 체
육의 지침서**가 될 것이다. 그것이 바로 체육사의 또 다른 이
름이다.

결국, 체육사란 미래를 점치고자 함이 아니라 다양한 환경
에서 이루어진 신체활동의 기록에 관한 경험이자 반성이고,
오늘, 내일에 대한 예측이다. 즉 체육사는 삶의 실용적 지혜
다. 본 서적에 마구 낙서하며 기록하고 이해하려는 당신에게
해주고픈 말은 오늘도 체육사는 우리의 손길을, 아니 연구를

기다리고 있다는 사실이다.

19세기 독일의 철학자 헤겔은 그의 저서 '법철학(1820년)' 서문에 다음과 같은 글을 남겼다. "미네르바의 부엉이는 황혼이 저물어야 그 날개를 편다." 이는 **역사적 사건에 대해 일정한 시간이 지나야 그것을 이해하고 풀 수 있는 지혜**가 생긴다는 뜻이다. 나무보다 숲을 보고, 생각하는 것을 바로 기록으로 남기는 것을 더욱 중시해야 한다는 의미를 지혜란 단어를 인용해 다시 한번 여러분께 당부하는 바이다.

한국체육을 **기록**으로 담아 지혜로운 삶을 사는 당신께 아름다운 **기억**으로 선물하고자 한다. 그 기억은 현대를 사는 우리에게 **유용한 메시지**를 전달할 것이다.

제2장

청년이 미래다

− 고대 한국체육사 − 화랑

Jump Ball

체육사(體育史)가 체육용품 파는 체육사(體育社)가 아니듯, 화랑(花郞)도 미술품을 파는 화랑(畵廊)이 아니다. 여기서 말하는 화랑(花郞)은 우리 역사에서 매우 중요했다. 화랑은 신라의 청년 수양단체로 귀족의 자제이며 외모도 뛰어났고 학문도, 수련의 정도도 높았다. **화랑은 조직의 무리이고 정신이며 그리고 리더다.** 화랑을 시대에 맞게 명확히 정의할 수는 없으나 국가에 충성을 다하는 조직이자 종교와도 관련된 단체임은 확실했다. 시대마다 요구하는 인재상이 각기 다르겠지만 오랜 역사 속에서 현재 우리 사회가 요구하는 인재상이 때론 아주 오랜 역사 속의 화랑이 아닌가 한다. 그리고 나이가 어린 미소년이었다는 화랑에게서 지금의 아이돌 스타의 모습이 겹쳐지기도 한다. 나이가 어림에도 애국심이 컸으며 귀족 집안에서 출생한 신분 좋은 아이돌 스타, 그들이 바로 신라 시대의 리더 '화랑(花郞)'이었다.

본 장에서는 현시대가 요구할 수 있는 화랑의 교훈과 화랑에 관한 다양한 내용, 그리고 그들의 인재 등용 방식과 그들이 정말 중시했던 세속오계에 관해 살펴보고자 한다. 이를 통해 현시대가 본받을 수 있는 화랑의 교훈을 직간접적으로 느껴보고자 했다. 현시대의 요구에 화랑이 답하는 이야기, 그들이 전하는 지혜를 살펴보면 다음과 같다.

1쿼터) 화랑은 올바른 아이돌?

5천 년의 시간, 도무지 감이 오지 않을 만큼 긴 세월이 우리의 소중한 역사다. 긴 세월 동안 우리 민족은 고유의 왕조를 세웠고 우리만의 독창적인 문화를 형성하며 지금에 이르고 있다. 강대국의 틈바구니에서도 민족은 지혜롭게 역경을 극복해왔고 국가적 위기와 어려움은 때론 민족을 더욱 강하게 담금질했다. 민족을 강하게 만드는 중심에 생존을 위한 체육이 있었고 체육은 곧 민족의 생존 양식이 되어 성실함의 근간이 되었다. 그리고 성실함의 근간에는 바로 화랑(花郎)이 있었다. **민족 체육의 시작점**이라 할 수 있는 화랑, 그들에 관해 좀 더 상세히 살펴봐야겠다. 우선 정의다.

화랑1)은 신라 시대 청소년의 민간 수양단체, 또는 인물을 말한다. 그리고 화랑도(花郎徒)란 화랑의 무리, 혹은 낭도를 의미하며 조금은 의미가 다른 화랑도(花郎道)는 화랑이 지키고 추구하던 ① 삼덕(三德), 유교 & 불교 & 선교 등 ② 삼교(三敎)와 ③ 오계 등을 말한다. 바로 이것이 화랑의 정신이다. 본고에서는 화랑도(花郎徒)와 화랑도(花郎道), 화랑(花郎)을 통칭하여 '화랑'이라 기술하겠다.

화랑은 고구려, 백제, 신라 가운데 두드러진 신체활동을 펼친 주역이고 삼국통일에도 중요한 역할을 하였다. 당시 삼국의 구성원은 서로 자신이 속한 국가의 이름을 더 빛내고, 더 오래 국가를 존속시키기 위해 싸웠다. 이때 국가는 신분적으로도 뛰어나고 무술이 뛰어난 무사를 지휘관으로 선정하였고 각 구성원을 휘하에 두었다. 그들은 무릇 모범이 되기 위해 **무(武)와 문(文)을 겸비**하였고 시대는 그들을 요긴하게 쓸 만큼 잦은 전투와 전쟁이 끊이질 않았다. 그렇게 시대는 화랑을 필요로 하였고 화랑은 시대에 부응했다. 그렇게 화랑은 민족 체육의 뿌리에 자랑스럽게 자리매김하며 터를 넓혔고, 시대는 그들이 전면에 등장하는 결정적 배경이 되었다.

위대한 이름 화랑은 우리나라 체육사의 초입에 자리매김하고 있다. 진흥왕 37년인 576년, 지금으로부터 약 1445년 전에 존재하던 단체가 화랑이다. 정말 오래된 단체다. 그런데도 한국인이라면 화랑이라는 단어가 전혀 낯설지 않다. 우리 주변에서 화랑과 관련된 이름이 너무도 많기 때문이다. 전철역의 이름도 그렇고, 국가대표축구팀의 이름도, 학교의 이름과 드라마의 이름도, 심지어 아파트 단지 태권도장 이름도, 군인에게 보급되었던 담배 이름 등도 모두 화랑이었다. 그만큼 화랑은 우리 곁에 위대하고 아름다운, **긍정의 메시지**로 지금껏 남아 있다. 이유는 무엇일까. 체육사적으로 바라보는

---

1) 본 장은 화랑도(花郎徒), 화랑도(花郎道)가 아닌 화랑(花郎)이란 이름으로 내용을 통칭하였다.

화랑의 무게는 어떠할까. 그것이 본 장의 첫 시작점이다. 화랑에 관한 양언석(2006)의 글로 시작하고자 한다.

> 우리 문화는 선비문화에서 시작되었고, 그 기원을 화랑에서 찾고 화랑은 신라의 꽃으로 민족에 전승된 정신적 신앙으로 화랑의 정신과 삶의 양식이 현재의 우리 민족에게 있어 영원히 살아있다.

2쿼터) 화랑이 답하다

혼란스러운 삼국 시대(서기전 57년~668년), 백성은 자신의 가족이나 부족, 더 나아가 국가를 보호하기 위해 싸움터로 나가야만 했고, 스스로 강한 전사로서 단련하기 위한 훈련을 여기저기서 이어갔다. 이러한 고된 훈련 속에서도 풍류(風流)를 기본으로 배양된 고도의 정신 무장은 시대에 있어 매우 중요했으며 고대부터 오늘에 이르기까지 전쟁 수양의 가장 기본이 되었다. 그 시작점이라 할 수 있는 우리 민족의 정신이자 뿌리인 화랑에 관해 체육사적으로 바라본 연구는 현대에 있어 필요한 연구다.[2] 이는 21세기를 살아가는 데 있어 명예(名譽)와 예(禮)를 중시했던 청년단체가 행동으로 전해준 삶의 지침서이자 훌륭한 교보재이기 때문이다.

---

[2] 조준호(2007). 화랑의 풍류 활동 고찰을 통한 여가 역사의 이해. 한국여가레크리에이션학회지. 31(1).

1. 인재 선발의 기준

가장 한국적인 것이 가장 세계적인 것이다.

다른 나라를 모방하고 닮아가려는 노력보다 때론 가장 한국적인 것이 세계를 움직이는 가장 강력한 힘이 되었고, 지금은 훌륭한 문화로 자리매김하였다. 지금 대한민국은 유무형의 강력한 힘으로 '한류(韓流)'라는 새로운 문화를 창출하고 있다. 1990년대 이후 한국 문화의 영향력이 타국에서 급성장하며 한류는 전 세계의 새로운 문화 원류로 조명받고 있다. 가장 한국적인 것의 시작점에는 바로 위대한 한글, 대중음악, 태권도 등과 그 한류의 중심이라 할 수 있는 '한국인의 정신'이 있다. 그 정신은 무엇일까. 뿌리에는 널리 인간을 이롭게 한다는 대한민국의 비공식적인 국시(國是)인 '홍익인간(弘益人間)'의 정신도 있다. 이에 더해 한국체육의 뿌리, 민족정신의 뿌리는 '화랑'이라 단언할 수 있다. 화랑은 한국의 정신이자 체육의 정신이다. 그렇다면 화랑은 어떻게 만들어졌는가.

화랑의 기원은 씨족 중심 사회의 비슷한 연령대의 계급 집단에서 시작되었다. 비슷한 연령대의 계급 집단, 선뜻 이해되지 않겠으나 이에 관해 김부식의 ≪삼국사기≫에는 다음과 같이 기록되어 있다.

"신라인은 사람을 살펴 알아볼 길이 없음을 근심하여, 같은 부류의 사람들로 무리 지어 놀게 하였고, 그 행실과 의리를 지켜본 다음에 등용하려 하였다."[3]

살펴보면 이는 공동체 생활을 통해 두드러진 인재를 가려 내는 그들만의 방법이었다. 즉 안 뛰어나면 안 뛰어난 부류 의 사람 중에, 뛰어나면 뛰어난 부류의 사람 중에 시간을 두 고 그들의 행실과 의리를 지켜보고 인재로 등용하려 했던 것이었다. 여기서 주목할 내용은 두 가지다. 하나는 신라 사 회를 부류에 따라 나누었던 점이다. 신분제, 능력에 따라 가 려냄 등을 의미하는 것으로 보인다. 그 내용은 다음 단락에 기술되어 있다. 또 하나는 바른 **행실과 의리**를 중시했다는 점이다. 평민 중에서, 귀족 중에서, 그리고 귀족의 귀족 중에 서 시간을 두고 바른 행실과 의리를 지켜본 후 두각을 나타 내는 인재를 선발해 관리로 등용했다는 점이 놀랍다. 어쩌면 이렇듯 인재 선발의 투명함이 신라가 삼국을 통일할 수 있 었던 이유였을 것으로 보인다.

씨족사회에서 사회 성원, 부류를 구분하는 방법은 세 가지 가 있다. 우선, 노동력을 남녀로 구분하는 것, 둘째, 제각기 4 ~5세 나이 차이를 두면서 한 무리로 묶어 비슷한 연령대의 계급 집단을 두는 것, 셋째 가족을 구성하는 것이다. 가족이 확대되면서 친족공동체로 발전하는 것이고 곧 친족공동체가 씨족공동체로 확대되는 것이다. 그 시작점에 비슷한 연령대의

---

3) 『삼국사기』, 권 47.

계급 집단이 있었다. 이들은 교류하며 강력한 친화력과 믿음을 갖춘다. 그리고 오랜 시간 그들을 지켜보며 바른 행실과 의리가 뛰어난 자를 뽑아 인재로 선발했다. 그들은 오랜 시간 강한 연대감을 느끼며 단체생활의 의미를 구체적으로 파악하게 되었다. 시간이 흐르며 그들은 강해졌고 그 힘은 전쟁터의 승리를 보장했으며 심지어 권력의 중심지 왕궁(王宮)으로도 이어졌다. 신라 사회의 강함은 그렇게 시작되었다.

신라는 같은 부류의 사람들을 시간을 두고 지켜보며 한 명 한 명의 **'행실'**과 **'의리'**를 보았다. 그곳에서 그들은 인재를 선발하였다. 투명한 인재 선발과 기준, 그것이 삼국통일을 이룬 신라 사회의 놀라운 강점이었다.

---

2. 화랑은 이랬다

신라(新羅) 사회에서 강한 연대감과 통솔력을 가진 청년들 가운데 대개 15에서 16세, 귀족 자제 중 영민한 자를 골라 '화랑'이라 하였다. 그리고 그 지방 농민의 자제들은 그 화랑에 속하는 '낭도(郎徒)'가 되었다. 화랑이 된 아들을 둔 귀족은 자기 아들의 낭도 훈련이나 활동을 지원하였다. 그리고 조정에는 여러 화랑도를 통솔, 지원하는 책임자로서 '화주(花主)'를 두었다. 이리하여 오늘날 전국 규모의 청소년단과 같은 조직이 편성되었다. 당시 화랑 조직은 국가의 자랑이자 근간이었다.

국가의 자랑이었던 화랑은 신라 시대 청소년들이 자치적으로 수양했던 민간의 단체, 또는 인물이다. 신라 사회에서 나름 투명하게 선발되어 성장해온 화랑은 시간의 흐름 덕에 사회에서 더욱 넓고 깊게 뿌리내렸다. 신분이 높았던 그들이 었기에 화랑을 중심으로 한 무리는 신라의 핵심 세력으로 성장하기에 이른다. 그들의 성장 저변에는 여성의 원화제도가 있었다.

> 화랑의 기원은 풍류부화(風流浮華)를 좋아하던 진흥왕 때에 시작되었는데 애초에는 이름을 화원(花源)이라 하여 미녀 2인, 즉 남모(南毛)와 준정(俊貞)을 임명하였다. 그들을 시험(試驗)하였으나 도리어 미녀 간에 쟁투(爭鬪)가 드러나 이를 폐하고 다시 미모(美貌)의 자제로 덕행(德行) 있는 자를 간택(揀擇)하여 명을 화랑(花郎)이라고 지어 혹은 선화(仙花), 혹은 국선(國仙)이라 했으며 무리를 교유(交遊)하야 도의(道義)로서 가락(歌樂)으로서 산수(山水)의 오유(娛遊)로써 인(人)을 시취(試取)한 후 우수선정(優秀善正)한 자를 택(擇)하야 이를 조정(朝廷)에 천거케 하였다.[4]

위의 내용을 살펴보면 화랑은 진흥왕 때 비로소 시작되었음을 확인할 수 있다. 애초에는 화원(花原), 즉 '꽃의 근원'이라 하여 여성 2인, 그것도 상당한 미모를 가진 여성 2명을 지도자로 선정하였고 그녀들의 이름은 남모와 준정이었다. 남모와 준정은 자신들의 아름다움에 취하여 여왕처럼 군림하였다. 그런 가운데 두 여인은 한 남성을 사이에 두고 무서운 질투로 싸우게 되었다. 서로 두 여성은 그 남성에게 아름답

---

4) 동아일보. 1923년 10월 25일.

게 보이기 위해 맵시를 가꾸었고, 마침내 준정이 남모를 죽인다. 이에 준정은 남자의 사랑을 독차지 하나 곧 남모를 죽게 한 사실이 들통나 사형에 처해진다.[5] 이 사건으로 진흥왕은 그들을 폐(廢)하였다. 곧 왕은 얼굴이 아름답고 어진 행동을 하는 젊은 남성을 '화랑'이라 하였다.

그들은 신선의 꽃, 국가의 신선이라 했으며 무리가 수행하고 서로 돕고 의(義)로서 음악을 더하여 산과 물의 즐거운 유희로서 사람을 시험하였다. 여기서 우수한 자로 선정되면 중앙의 관료로 나아갈 수 있었다. 곧 **바르고 의리 있는 화랑은 신라의 관리로서 뜻을 펼쳐나갈 수 있었고 실력을 갖춘 그들로 인해 신라는 더욱 투명한 사회**로 한 발짝 다가설 수 있었다. 화랑의 기록은 『삼국사기』, 『삼국유사』, 『화랑세기』에 다음과 같이 제시되어 있다. 우선 김부식의 『삼국사기』 신라본기에는 '최치원의 난랑비서문'과 관련하여 화랑에 관한 기록이 있다.

> 나라에 현묘한 도가 있으니 이를 풍류라고 한다. 풍류도를 만든 근원은 선사에 상세히 기록되어 있다. 유교, 불교, 도교 등 삼교와 다르지만, 삼교의 사상과 이념이 포함되어 있으며, 여러 생명을 접하여 교화하는 것이다. 이를테면 집에 들어와서 부모에게 효도하고, 밖에 나가서는 국가에 충성하는 것은 공자의 가르침과 같다. 매사에 무위(無爲)로 대하고 말 없는 가르침을 행하는 것은 노자의 가르침과 같다. 어떠한 악한 일도 하지 않고 착한 일을 행함은 석가의 가르침과 같다.[6]

---

5) 이현희, 교양국사연구회(2006), 이야기 한국사. 청아출판사. pp15~116.
6) 『삼국사기』, 권4. 「眞興王三十七年春」. .

살펴보면 화랑과 관련된 정신이라 할 수 있는 화랑도(花郎道), 풍류도에는 유교, 불교, 도교의 사상이 그대로 녹아있으며, 실천 역시 어렵게 설명하지 않았다. 작은 것의 시작이 바로 큰일을 시작하는 근간이었다. 바로 집에서 부모에게 효도하고 국가에 충성하는 것, **공자의 가르침**이었다. 매사 행동으로 모범을 보이는 것은 **노자의 가르침**이었다. 여기서 선한 덕을 쌓는 것은 **석가의 가르침**이었다. 이를 실천했던 화랑은 어느 사람보다 모범적이었고 곧았다. 일연의 『삼국유사』에도 화랑에 관해 다음과 같은 기록이 있다.

> 진흥왕이 즉위하여 신선(神仙)을 많이 숭상하였다. 민간의 여염집 처녀로서 예쁜 여자를 골라 받들어 원화로 삼고 무리를 모으고 인물을 뽑아 부모에게 효도하고, 형제간에 우애하고 나라에 충성하며 친구 간에는 신의를 지켜야 하는 도리를 가르치니 이것은 나라를 다스림에 있어 대요(大要)가 되는 것이다. 몇 년이 지난 후 왕은 나라를 흥하게 하기 위해서는 풍월도를 먼저 북돋워야겠다고 생각했다. 다시 명령을 내려 양가 출신 남자로서 덕행이 있는 자를 선정하여 이름을 화랑이라 하였다. 처음에는 설원랑을 국선으로 삼았는데 이것이 국선화랑의 시초다.[7]

살펴보면 앞선 준정과 남모의 이야기가 조금은 뭉뚱그려 등장하였다. 색다른 것은 민간의 여염집 처녀, 아름답고 예쁜 미인을 골라 원화로 삼았다는 기록이다. 그녀들은 부모에 효도, 국가에 충성, 친구 간에 신의를 지켜야 했다. 원화가 지킬 도리(道理)가 더욱 구체적으로 삼국유사에 제시되어 있

---

7) 단재 신채호, 원저. 박기봉 옮김. 『조선상고사』. 서울: 비봉사. pp346~347.

었다. 하지만 왕이 풍월도를 먼저 고려했고 마침내 덕행이 있는 양가 출신의 남자를 선정하여 화랑이라 불렀다. 해석이 틀릴 수도 있으나 신라 사회에서는 여성의 역할과 비중이 높았던 것으로 보인다. 그리고 ≪화랑세기≫[8) 서문에 기록된 화랑의 기록은 다음과 같다.

> 화랑은 선도(仙徒)이다. 우리나라에서 신궁을 받들고 하늘에 대제사를 지내는 것은 마치 연의 동산과 노의 태산에서 한 것과 같다. 옛날 연부인이 선도를 좋아해 많은 미인을 길렀는데 이름을 '국화'라 했다. 그 풍습이 동쪽으로 흘러 들어 우리나라에서는 여자를 원화로 삼게 하였다. 지소 태후가 이것을 폐하고 화랑을 설치해 백성들에게 그들을 받들게 했다. 이에 앞서 법흥대왕이 위화랑(魏花郞)을 사랑해 그를 화랑(花郞)이라 불렀다. 화랑이라는 이름은 여기서 비롯되었다.[9)

살펴보면 앞선 설명과 비슷하나 여기서는 화랑이 선도, 선한 무리로 신선의 도, 선도(仙道)를 구한 집단이었다. 즉 화랑이 제사장의 역할을 했던 것으로 보인다. 신라의 선도로서 화랑은 옛 연부인(燕夫人)이 거느렸다는 선도와 연관 지을 수 있으며, 이러한 풍습이 동쪽으로 흘러와 신라의 경우 여성을 원화로 삼았다는 사실은 매우 독특하였다.[10) 이러한 내용을 살펴보면 결국 화랑은 신궁을 받들며 하늘에 대제를 행하는 종교적 기능을 수행하였고, 일찍이 시조 묘 등의 제

---

8) 신라 화랑도의 초기 연구는 제사단이나 전사단으로 보았으나 1989년 화랑세기가 발견된 이후인 1990년부터 다양한 관점에서 연구가 주목되었다(최광식, 2016. 신라의 화랑도와 풍류도, 고려대학교 역사연구소. 총 87권).

9) 화랑세기(1999). 서문.

10) 앞의 같은 책(1999).

(祭)를 받드는 임무를 수행하는 집단이었던 것으로 보인다. 그들은 국가 유사시에 강력한 종교적 신념과 믿음으로 무리를 이끌며 임무를 수행하였으며, 이를 통해 국가가 신뢰하는 단체로 자리매김했던 것으로 보인다. 그래서 더욱 꼼꼼함이 필요했으며, 여성이 중심에 있었던 것으로 보인다. 하지만 그들의 역할은 더욱 확대되었고 전장에서의 역할이 커졌다. 그러한 가운데 여러 사건이 있었고 결국 이는 남자들이 맡게 되었다.

그렇게 화랑은 신라 사회의 주요 계급으로 등장하였다. 신라의 화랑이 등장할 즈음, 신라는 4세기 제17대 내물왕 때 활발한 정복 활동으로 낙동강 동쪽의 진한지역을 거의 차지하였다. 이를 기반으로 신라는 중앙집권 국가로 발전하였다. 화랑의 시작점이라 할 수 있는 제24대 진흥왕 시기에 화랑이 제도화된 것은 정복 전쟁을 수행하기 위해 군제를 개편했기 때문이었다. 신라의 삼국통일 이후 화랑은 왕과 진골 귀족 간의 균형 위에서 일정한 세력을 유지해왔다. 무엇보다 화랑은 국가에 충성, 애국하는 전통을 계승하였다.

이들 화랑에 관한 연구는 민족의 고통 시기라 할 수 있는 일제강점기에 본격화되었다. 따라서 화랑의 기록에 허점이 있을 가능성도 있다. 당시 화랑에 관한 초기 연구는 일본인들11)에게 맡겨졌다. 그들의 화랑 연구는 지극히 일본적 입장

---

11) 이마무라 도모에, 아유가이후사노신, 이케우치 히로시, 미시나 아키히데 등과 같은 일본 연구자들에 의해 화랑의 본질이 어지러워지는 결과가 나왔다. 三品彰英(1995). 이원호역. 신라화랑의 연구; 최재석(1987). 한국고대사회사방법론. 서울: 일지사.

에서 기술되었으며, 이로 인해 화랑 연구에 오류가 많이 등장하였다. 예를 들면 "고대국가를 형성한 신라는 일찍부터 진한지역을 병합한 왕국으로 성장하였고, 신라의 화랑은 미성년"이라고 기록하였다. 그러나 30세와 40세가 넘어 풍월주가 된 화랑들도 많았다. 여기서 풍월주는 화랑 가운데 음악과 문장, 검술 등에 능하고 미모와 덕망을 갖춘 인물을 천거받아 국왕 혹은 태후가 임명한 인물이다. 그리고 그들의 임기는 대략 3년이었다. 또한, 낭도들은 직에 따라 나이 제한이 있었으나 60살까지 재직할 수 있었고 낭도 가운데 대도는 30세에 물러나야 했다.[12] 결국, 이러한 자료는 오류와 혼돈을 가져와 내용을 신뢰하기 어려운 점이 있는 것도 사실이다. 깊이 있고 민족의 주체성 녹아있는 화랑 연구의 재해석이 분명 필요하다.

3. 화랑은 특별했다

화랑의 무리를 구성했던 낭도들은 그 신분이나 자격이 아마도 수도인 경주에 사는 6부민(六部民) 출신 자제들로 구축되었던 것으로 보인다. 종래에는 이들을 진골 귀족 이하 6두품과 5두품, 4두품에 이르는 상류층 출신의 청소년만으로 좁게 보았었다. 그러나 그들 가운데는 일반 병졸이 되는 경우도 적지 않았던 만큼 3두품 이하 2두품, 1두품에 이르는 평민들의 자제도 낭도에 포함되었을 것으로 추측된다. 이처럼 화랑

---

12) 문화원형백과 신라화랑편.

도(花郎徒)는 최고의 귀족부터 일반 평민에 이르기까지 여러 신분이 혼합되어 구성되어 있었고, 수도(首都)에 거주하는 청소년의 자발적 의사로 맺어진 특수 집단이었다. 오랜 시간 함께 어울린 그들만이 가졌던 친분의 결과로 보인다.

이처럼 화랑은 골품제도와 같이 혈연주의에 근거하여 만들어진 단체가 아니라 혈연주의를 초월하여 결성된 일종의 '결사대'였다. 결사대 화랑은 일정한 기간을 정해놓고 **단체생활**도 하였다. 신라 사회에서는 통상 3년을 하나의 서약, 수련, 의무 기간으로 정하고 있는데 대표적인 화랑이었던 김유신[13]도 수련 기간이 약 3년이었다. 추측건대 우리나라 군대의 광복 후 최초 복무기간이 36개월, 즉 3년 복무는 화랑의 영향이 아니었나 싶다. 주어진 3년이란 시간 동안 문무(文武)를 수련하며 그들은 지도자로서 본격적으로 활약할 때를 기다렸다.

화랑은 한 시대에 하나의 집단만이 존재한 것은 물론 아니었다. 화랑 운동이 크게 일어났던 진평왕 때의 경우를 살펴보면 많게는 7개 이상의 화랑 무리가 동시에 존재했던 것으로 보인다. 화랑은 민간수양단체의 성격을 띠며 일명 국선도(國仙徒), 풍류도(風流徒), 원화도(源花徒)라고도 불렸다. 화랑의 구성은 각기 화랑 한 명과 승려 약간 명, 그리고 다수의 낭도(郎徒)로 구성되었다. 이때 낭도의 인원은 일정하지 않으나 많을 때는 1,000명이 되기도 하였으며 그들은 화

---

13) 최근 충청북도 진천이 김유신의 탄생지로 화랑의 역사성을 무기로 국가대표 선수촌이 만들어졌고 세계무예의 조화를 외치며 세계청소년 무예마스터십 대회를 개최하고 있다(중부매일, 2017년 11월 27일).

랑이 주행천하를 할 때도 그의 곁을 호위했다.[14] 화랑은 무리의 우두머리이자 지도자로서 용모가 단정하고 믿음직하며 사교성이 풍부한 진골 귀족 가운데서 낭도의 추대를 받아 뽑혔다. 신라 시대를 통틀어 화랑은 모두 200여 명 정도로 추정된다. 여기서 중요한 것은 그들이 낭도의 추대로 뽑혔다는 사실이다. 자신이 모실 지도자를 자신들이 뽑았다는 점은 현대 민주주의의 모습 그대로다.

> 화랑의 '화(花)'는 아름다운 미모 등을 의미하며 '랑(郞)'은 남자를 지칭하였다. 국가의 어진 재상과 충성스러운 신하가 화랑에게서 나왔고, 훌륭한 장군도 화랑에게서 나왔다.

그토록 강력한 권한을 가진 화랑은 다양한 수련을 펼쳤다. 우선 화랑은 명산대천(名山大川)의 산신을 숭상하는 신앙적 순례와 자연과 국토 애를 몸소 표현하기 위하여 '주행천하(周行天下)'를 실시하였다. 화랑의 주행천하는 단순히 '내 조국의 자연경관을 보고 느끼는 데 그치지 않고 자신의 국토를 순례하며 나라를 사랑하는 마음과 고행을 통한 수련의 존엄하고 엄숙한 시간'이었다. 이렇듯 화랑이 내 조국을 순례하는 것은 **군사 훈련적 성격, 종교 의례적 성격, 군사 전략적 성격, 민심 수렴적 성격**이라는 4가지 의미를 담고 있었다.[15] 특히 주행천하는 군사적인 다양한 목적까지 포함하는

---

14) 문화원형백과.
15) 이문기(2014). 삼국사기, 삼국유사에서 본 신라 화랑도의 여행. 동방학문학. 59.

심신 수련의 중요한 방법이었다.

당시 주행천하는 진정한 화랑이 되기 위해 필수적으로 해야 하는 통과의례로 이를 다녀온 화랑은 출세의 길이 열렸다. 또한, 화랑은 편력(遍歷)도 시행하였다. 편력은 말 그대로 이곳저곳 야외를 돌아다니는 것을 말한다. 주행천하, 입산 수행 등과 개념이 비슷하나 편력은 신체의 고행을 통해 신체적, 정신적 수양 등 일정한 교육적 목적을 달성하고자 실시했던 고난의 수련(修鍊)으로 보인다.

이렇듯 고된 수행과 수련을 거쳤기에 화랑은 전투에 참전하여 물러섬 없이 싸웠다. 물러섬 없이 싸우는 지도자 화랑을 믿음이 강한 낭도와 그 무리는 묵묵히 따랐다. 자신들이 뽑은 리더고 의리가 있는, 타의 추종을 불허하는 바른 리더라는 신념이 그들을 더욱 강하게 했다. 이로 인해 화랑은 여러 전투에서 공을 세웠고 나라의 인재로 등용되었다. 즉 화랑에게 주어진 신체활동은 다양한 목적을 달성하기 위한 고되고 힘든, 하지만 화랑이라면 누구든 해야 하는 필수적인 행동 지침이었던 것으로 보인다.

누구든 최고의 성적을 위해서는 화랑의 주행천하 같은 고된 훈련을 필수로 거쳐야 하고, 훈련에는 구성원 간의 강력한 믿음과 신뢰가 동반되어야 한다. 그래야 비로소 진정한 국가의 인재로 거듭날 수 있다. 고된 훈련과 반드시 함께 있어야 하는 것이 **'구성원 간의 강력한 믿음'**이라는 메시지를 화랑은 우리에게 강력히 전달한다.

4. 세속오계(世俗五戒)는 지극히 순서에 관한 이야기다

화랑의 신체 수련은 전인적 인간의 육성에 초점이 맞춰져
있었다. 그들은 훈련뿐 아니라 다양한 놀이를 펼쳤는데, 놀
이로는 가무(歌舞), 편력(遍歷), 축국(蹴鞠) 등이 있었다. 여
기서 편력은 화랑의 야외 교육활동을 말한다. 편력은 목숨을
걸고 국토를 지킨다는 불국토 사상과도 연계되어있다. 이러
한 신체활동을 통하여 화랑은 전인적 인간으로 육성되었다.
화랑이 연마한 도의는 흔히 6세기 말 진평왕 때 원광법사가
전한 세속오계(世俗五戒)로 대표된다. 세속오계는 화랑 귀산
(貴山)과 추항(蕭項)이 원광을 찾아가 일생을 두고 경계할
금언을 청하자, 원광이 전한 다섯 가지 계율을 말한다. 이는
당시 화랑만이 지켜야 할 율법이라기보다 당시 신라 사회의
국민윤리(國民倫理)라고 할 수 있을 것이다.

---

1) **사군이충(事君以忠), 충성**으로 임금을 섬긴다.
2) **사친이효(事親以孝), 효**로서 어버이를 섬긴다.
3) **교우이신(交友以信), 믿음**으로서 **벗**을 사귄다.
4) **임전무퇴(臨戰無退),** 싸움에 임해서는 물러섬이 없다.
5) **살생유택(殺生有擇).** 살아있는 것을 죽일 때는 가림이 있다.
뜻보다 순서에 더 의미를 두어야 한다. 충(忠), 효(孝), 신(信), 용(勇),
인(仁)의 순서다.

화랑의 세속오계에는 그들이 특별히 귀히 여긴 사회윤리 덕목이 순서대로 나열되어 있다. 그동안 세속오계의 뜻만 중요하다며 암기하듯 외웠으나, 여기서 분명한 것은 그보다 세속오계의 **순서**가 더 중요하다는 사실이다. 삶에도 우선순위가 있다. 효율적 선택은 삶의 지혜와도 같은 것이다. 화랑에게는 반드시 순서가 있었다. 바로 임금에게 충, 애국심과 국가가 가장 으뜸이었다. 다음이 부모에게 효도, 가족에 관한 사랑이다. 가족 다음이 바로 신, 믿음 있는 친구다. 친구와의 믿음이 먼저고, 믿는 친구가 있어야 등 뒤를 맡길 수 있고 전투에 나아가 물러섬이 없는 것이다. 즉 임전무퇴는 함께 싸운다는 의미다. 한 시대를 함께 사는 사람들 간의 목표가 똑같다는 의미이기도 하다. 마지막으로 삶에 있어 작은 것도 함부로 다루지 말아야 하며 청렴하고 바르게 살아야 한다는 의미를 담은 것이 바로 살생유택이다.

세속오계는 화랑이 제정된 6세기 중엽부터 삼국통일을 이룩하게 되는 7세기 중엽까지 약 1세기 동안 가장 숭상되는 도의(道義)였다. 화랑이 활약하던 시기는 골품제도라고 하는 신라 고유의 신분제도가 확립되어 전국적으로 크게 퍼진 시기였다. 화랑은 이러한 신분 계층 사회에서 발생하기 쉬운 알력이나 갈등을 조절, 완화하는 데도 일정 부분 이바지했던 것으로 보인다. 즉 화랑은 최고의 귀족을 비롯하여 여러 신분 계층이 혼합되어있었던 시대의 중심이었다. 그런데도 집단 자체는 어디까지나 국가에 대한 충성과 애국심을 강조한,

시대를 앞선 세련된 집단이었다.

이렇듯 확실한 신분 관계 속에서 화랑은 지배층과 피지배층 사이에 집단적 체육이나 놀이, 수렵 등 다양한 신체활동을 시행하였다. 특히 화랑에게 수렵(狩獵)은 두 가지 목적을 위해 행해졌다. 첫째는 왕의 정치적, 군사적 목적을 위해 실시하였다. 둘째는 놀이와 유희 때문이었다.

화랑의 이념을 삼한 통합을 위한 지도이념으로 삼음으로써, 각 화랑이 융합하는 방향으로 나아가고 예술 창작이나 자연탐구를 통한 현묘의 도를 추구하였고 그 속에 풍류의 사상이 자리하고 있다.[16]

5. 벗(友)이 중요했다

화랑을 필요로 했던 시대는 주로 나라를 지키기 위한 방어적 개념과 삼국통일을 위한 호전적 개념이 모두 중시되는 시대였다. 이를 유지하기 위하여 매년 왕(王)은 선무(先務) 행사로 수렵, 즉 사냥을 가장 먼저 시행하였다. 왕이 사냥으로 한 해를 시작했듯이, 화랑은 이러한 수련과 함께 **노래와 춤**을 행했다. 정신교육에는 노래가 중시되었으며 특히 무리의 기세를 북돋우기 위해서는 춤이 큰 역할을 하였다. 당시의 '도령가(徒領歌)'나 '사내기물악(思內奇物樂)' 등은 지금도 화랑의 노래로 잘 알려져 있다. 이러한 관점에서 볼 때 화랑은 다른 민족의 청소년 집단이나 전사 조직과 마찬가지

---

16) 신재홍(2005). 화랑세기에 나타난 화랑의 이념과 향가. 겨레어문학회지. 34호; 조준호 (2007). 앞의 논문. p247~262.

로 가무 조합으로서의 면모도 갖추고 있었다. 즉 화랑의 노래와 춤은 그들의 명승지 순례인 주행천하와 더불어 놀이로서의 성격도 포함17)되어 있었다.

결국, 화랑은 원시 무속신앙에 바탕을 두고 노래와 춤을 더했으며 여기에 전통 선교(仙敎) 사상을 더했다. 신라가 고대국가의 형태를 갖추자 국가의 부국을 위해, 강병을 위해 시대에 맞게 원화에서 시작, 진흥왕 때 본격적으로 화랑도, 풍류도, 국선도의 모습으로 발전하였다.

> 화랑의 정신에 대해, 사람이 전쟁터에서 전사하면 죽은 뒤에 하늘나라에서 첫째 자리를 차지하고, 노인으로 죽으면 죽은 후의 혼도 노인이 되며, 소년으로 죽으면 죽은 후의 혼이 소년으로 된다고, 화랑들이 소년으로 전쟁터에서 전사하는 것을 영광스럽게 생각했다.18)

이처럼 죽음도 두려워하지 않는 화랑의 정신, 그들은 무서울 게 없었던 것으로 보인다. 제사장의 역할까지 했던 무리의 수장 화랑, 그들이 집단생활을 통해 실천과 가치를 증명하는 내용이 있다. 이러한 힘은 어디에서 오는 것일까. 바로 벗(友)이 아닐까 한다. 사다함과 무관랑이 맹우(盟友)의 관계를 맺었더니 무관랑이 병으로 죽으매 사다함은 애통을 이기지 못하여 마침내 따라 죽었다. 그리고 원광법사에게 세속오계를 받은 귀산과 추항은 전장에 나아가서 그 세속오계를 몸으로

---

17) 주술성과 심미성을 동시에 갖고 있었다. 양언석(2006). 화랑도의 풍류세계고찰, 한국국어교육학회지.
18) 단재 신채호, 원저. 박기봉 옮김. 앞의 책. p348~349.

실천하며 임전무퇴하다가 같이 전사하였다. 또 경주 남산에서 발견된 임신서기석(壬申誓記石)에는 그 이름이 나타나지 않으나 진평왕(579~631) 시대에 두 사람의 맹우(盟友)가 나라를 위하여 같이 싸우기를 맹세하고 시경(詩經), 서전(書傳), 예기(禮記) 등을 3년 안에 읽기를 서약하는 서문을 새겼으니 그 75자 중에서 '맹세할 서(誓)' 자가 일곱 번이나 나온다. 이같이 서약을 거듭 다지는 것은 그만큼 신라의 젊은이들이 사회와 국가에 대한 사랑과 의로운 일을 친구와 함께 실천한다는 **의리를 맹신**하고 있었음을 의미한다.[19]

21세기에도 자연과 인생의 철학을 일깨워주는 계기를 바로 화랑정신에서 찾을 수 있다. 21세기 화랑정신은 일천 년이 흘러도 우리에게 **애국과 효, 신의와 극복, 그리고 공존** 등을 요구하고 있다. 어쩌면 우리에게 지금 필요한 것이 바로 이것이 아닌가 한다. 체육사를 배우는 이유는 오늘의 체육을 알기 위해서다. 화랑은 이야기하고 있다. 체육사적으로 **화랑이 중시했던 것은 국가와 가족, 함께할 친구였다.** 그들을 위해서라면 화랑은 물러설 수 없을 만큼 간절했다. 화랑은 함께할 친구가 중요했고 보듬어줄 가족이 절실했으며 이 모두를 아우르는 국가가 가장 중요했다. 그것이 바로 그들 화랑이 짊어진 삶의 무게였다.

혹시 학교에 가며, 회사에 출근하며 두렵다는 생각이 든 적은 없는지 여러분께 여쭙고 싶다. 그렇다면 화랑이 전하는

---

19) 동아일보. 1984년 1월 14일.

공존의 윤리, 국민윤리인 세속오계를 통해 더 힘차게 훈련에, 직장 일에 임해야 함을 기억하자. 혼자라면 두렵지만, 동료와 함께라면 이겨낼 수 있다. 우린 21세기를 이끌 리더, 지도자가 아닌가.

> 화랑의 교육20)은 체육을 통한 실제 체험과 실천적 교육을 우선하였으며, 도의로서 연마하고 노래와 춤을 즐기며, 산천을 찾아서 노닌다는 통합적 교육 수행 방식으로 화랑이 갖는 인재 양성관과 효용성을 제시하여 화랑에 관한 연구를 극대화해야 한다.21)

화랑의 교육은

1) 도의로서 서로 연마한다. 여기서 도의는 사람들 사이의 관계를 좋게 하는 것을 연마하는 것,

2) 노래와 춤으로서 서로 즐겼다. 훈련된 조화를 중시, 향가에 종교, 애국 등이 묻어나는 것,

3) 산천을 찾아 노닌다. 유오산수(遊娛山水)의 전통으로 국토순례, 신체 단련, 종교적 의미 포함, 사회성 있게 믿음 가득한 사람들과 여가를 즐기는 것이 화랑이 전하는 큰 즐거움(樂)이다.

---

20) 당시의 화랑 교육은 지덕체의 조화로운 교육이었으며, 신체와 정신의 교감을 통한 심신의 조화를 목적으로 하는 교육이었다. 교육과 체육이 별개의 개념이 아닌 교육이 곧 체육이고, 체육이 곧 교육이었다(정기호, 2000).

21) 문제민, 정기호(2001). 화랑 체육에서 유희의 역할과 의미. 한국체육학회지. 40(3).

3쿼터) 청년이 미래다

화랑의 이해는 우리나라 고대 체육사 연구에 있어 필수다. 신라의 화랑과 비교할 수 있는 무사 집단이 분명 고구려와 백제도 존재했을 것이다. 그러나 신라의 화랑은 그들보다 더욱 견고한 조직이었다고 할 수 있겠다.[22] 그러나 보다 중요한 사실은 '신라'라는 나라, 즉 사방을 새롭게 하는 나라 신라(新羅)가 지닌 '체제의 건전성', '집단의 단결성' 등이 시대를 극복한 혁신적 단체라 할 수 있는 화랑을 만들어냈고, 인재가 이곳을 통해 지속해서 배출되었다는 사실이다. 즉 신라만의 독특한 분위기가 훌륭한 인재라 할 수 있는 화랑을 배출했고, 이들을 기반으로 신라의 삼국통일도 가능했다. 그 기저에는 분명 화랑의 정신이 있었다. 보다 구체적인 화랑의 정신은 다양하고 복잡한 개념이었다. 그것은 집단 속에서 리더로 도의(道義)에 제1의 목표가 있으며, 가무로 즐기고 산천에 노니는 종교적 의미와 단련의 개념 등이 모두 함축되어 있었다. 여기에 유불선 삼교와 오계도 이와 어우러진 정신 개념이었다. 즉 화랑정신은 복잡하다. 그렇다면 단순하게 생각해보자.

화랑은 신라 청년들의 무리다. 시작은 국선의 역사로 신궁을 받들며 하늘에 대제를 지내는 제사의 임무를 수행하는

---

22) 화랑도를 무사 집단이 아니라 샤머니즘을 주도한 집단이라는 글도 있다(동아일보, 1963.7.18.). 하지만 분명한 것은 국난(國難)의 상황에서 화랑의 역할이 대단했던 것은 사실이다. 종교계통의 일을 주도하였던 화랑이었을지 모르나 오래된 시간 만큼 추후 충분한 고민과 연구가 있어야 한다고 본다.

집단이 기원이었고 우리나라 팔관회23)와도 일정 부분 관련이 컸던 것으로 보인다. 나이가 들어감에 따라 성숙함이 물론 지금과는 사뭇 다를 듯하다. 하지만 어린 나이에 무리의 지도자로 '화랑'이 되고 '국선'이 된 이들은 분명 수많은 시행착오를 통해 배출된 우수 인재였을 것이다. 앞서 원화제도의 실패를 통해 신라의 통치자들은 수도 없이 고민하며 화랑에 관해 지속해서 조율하고 관리했을 것이다. 이를 통해 최고 **화랑은 사람을 감동케 하는 몸짓과 됨됨이**를 갖추고 있었다. 인간에게 준 신의 선물인 시간을 통해서다. 그들은 요즘의 SNS가 아닌 직접 온 국토를 여행하며 들은 견문과 호연지기(浩然之氣)를 통해 백성에게, 자신을 따르는 무리에게 얻은 믿음과 신뢰를 전하며 더욱 굳건히 성장해온 것이었다. 여기에 바르다 못해 올곧기까지 한 유불선의 삼교, 즉 '현묘의 도'는 화랑의 정신이 되었고, 그들이 목숨보다 더 가치 있게 여기는 명분(名分), 명예(名譽)는 화랑 자체가 되었다. 그리고 목숨을 나눌 친구와 가족이 있었다. 이토록 강력한 단체가 무엇인들 못 했겠는가.

앞서 설명한 정신 상태로 무장한 화랑의 궁극적 목적은 '용감한 병사를 육성'하여 조국을 위한 '실천적 인간을 육성'하고 심신의 단련을 통해 보다 수련된 '도덕적 인간을 육성'하기 위함이었다. 결국, 화랑의 체육사적 의미를 살펴보면

---

23) 삼국 시대에 시작되어 고려 시대 국가행사로까지 치러진 종교행사다. 호국적 성격이 강해 전쟁터에서 죽은 병사를 위로하기도 했다. 고려 태조는 천령 및 오악, 명산, 대천, 용신을 섬기는 대회라고 성격을 말하였다(두산대백과. 2020.3.9).

우선 '우리나라 고대사에서 체계적인 체육의 유형이 존재하였다'는 점이다. 둘째 '고대 우리나라에 전인교육을 지향한 체육의 형식이 있었다'는 점이다. 셋째, '역동적 국민성을 함양하기 위한 민족 고유의 정신적 양식이 고대사회부터 그대로 녹아 있었다'는 점이다.

화랑은 신라가 문화와 정신 수양, 체육 등의 다양한 분야에서 찬란한 역사로 빛날 수 있도록 한 근본이자 정신이었다. 그들을 어렵게 이해하기보다 화랑의 성장과 신라 사회의 독특한 문화를 살펴볼 필요가 있다. 화랑은 어린 나이임에도 불구하고 애국을 알고 가족을 알며 친구를 사랑했다. 또한, 화랑은 그들을 지키기 위해 집단생활을 하며 수련하였고 국난(國難)에는 앞다투어 맨 앞에 섰으니 죽음도 두렵지 않았다. 이유는 날 아끼는 조국과 가족과 친구가 있었기 때문이다. 죽음을 초월한 청년단체 화랑이 한편으로는 무섭고, 한편으로는 자랑스럽다. 화랑은 아직도 우리 곁에서 살아 숨쉰다. 자신들의 정체성을 이렇게 전달하며 말이다.

> 바른 행실과 의리를 통해 선발된 젊디젊은 화랑은 종교적 신념에 의해 고난을 극복하였고, 충효를 신념으로 모든 희로애락(喜怒哀樂)을 벗과 함께했던 시대의 리더들이었다.

21세기에도 무엇보다 친구를 소중히 여기는 사회성이 뛰어난 리더가 필요하다. 오늘날 우리 사회는 화랑을 닮고 화랑을 알아보며 화랑을 키워내는 리더를 대거 육성해야 한다.

따라서 우리 사회는 행실이 바르고 의리 있는 청년들이 많이 필요하다. 곧 **청년이 국가의 미래**라는 것이다. 화랑이 전하는 지혜가 바로 이것이다.

4쿼터) 화랑의 터, 그리고 진천선수촌

화랑은 신라의 청년 수양단체로 귀족의 자제이며 외모가 뛰어난 사회의 리더였다. 그들은 우리 민족 체육의 첫 시작점이었다. 모든 구성원의 지도자가 되고 모범이 되기 위해 그들은 무(武)와 문(文)을 겸비하였다. 그들의 활약상은 지금도 긍정의 메시지로 우리 주변에 살아 숨 쉬고 있다. 이들의 활약이 아직도 생생히 위대한 이름으로 살아있음은 그들의 독특한 인재 선발 방식에서 기인한다. 신라인은 알 수 없는 사람의 마음을 확인하기 위해 같은 부류의 사람들로 무리지어 놀게 하고 그 행실과 의리를 지켜보고 리더를 선발하였다. 그들은 단체생활에 무게를 두었고 이는 전쟁터로 이어져 권력의 중심에 서게 되었다. 그렇게 선발된 **시대의 올바른 리더**가 바로 화랑이었다.

화랑은 원래 여성, 남모와 준정이란 걸출한 외모의 여성 집단에서 기인하였다. 하지만 그들은 사건으로 인해 폐하였고 왕은 곧 얼굴이 아름답고 어진 행동을 하는 젊은 남성을 뽑아 화랑이라고 했다. 그들은 화랑정신으로 무장하였다. 여기서 화랑정신은 공자와 노자, 석가의 가르침 등을 말한다.

사회의 모범이자 리더인 그들이 하는 일은 미신(迷信)이 강한 시대에 하늘을 향한 제사장 역할까지 수행하였다. 이는 화랑에 대한 국가적 신뢰가 전폭적이었기에 가능하였다. 그들에 대한 국가적 믿음은 국가 존망이 달린 전쟁터로 이어졌고 결국 화랑의 역할이 변화되는 결정적 계기가 되었다. 그들은 3년 넘게 전국을 돌며 문무(文武)를 수련했다. 아니 그 이상의 기간이 소요되었을 것이다. 화랑은 무리의 리더로 신망이 깊고 학식이 높은 사회의 해결사였으며, 제사장이었고, 전쟁터의 장수였다. 한마디로 그들은 국가와 사회가 요구한 멀티플레이어였다.

사회가 요구하는 대로 멀티플레이어 역할을 했던 화랑에게 가장 중요한 것은 사람이었다. 더 자세히 설명하면 '벗'이었다. 그 벗과 화랑은 희노애락(喜怒哀樂)을 함께하며 국가와 가족을 지키기 위해 전쟁터를 누볐다. 그들에게 가장 중요한 것은 국가에 대한 충성심과 부모에 대한 효를 실천하기 위해 믿음을 가진 친구와 함께 생활하는 것이었다. 친구와 함께하니 두려울 게 없었던 화랑은 이로 인해 전쟁터에서 물러섬 없이 싸웠고, 죽음까지 초월한 선택을 쉽게 할 수 있었다. 그들에게는 믿음이 있었다. 전쟁터에서 전사하면 죽은 뒤에 하늘나라에서 첫 번째 자리를 차지한다는 믿음, 어디든 친구와 함께한다는 맹목적 믿음이었다.

시간이 키워낸 신라 사회의 리더 화랑, 그들은 신체활동을 통한 수련으로 얻은 **'바른 행실'**과 **'의리'**가 있는 국가의 미래였다. 그리고 놀랍게도 1,400여 년 전의 화랑이 뛰놀던 땅에 2021년 현재 우리나라 국가대표 선수촌이 건립되어 있다. 바로 진천선수촌이다.

화랑의 대명사로 불리는 김유신 장군이 태어난 충북 진천군 진천읍 상계리, 진천군은 1979년부터 매년 생거 진천 화랑제를 열고 있다. 최근에는 태릉선수촌 5배 규모인 국가대표 '진천선수촌'이 문을 열면서 진천은 체육과 무예를 육성하기 최적의 인프라를 갖췄다.[24]

진천은 오래전부터 전해진 구전(口傳), 생거진천(生居鎭川)이란 문구가 있다. 사람이 살아서는 진천에 살아야 한다는 뜻이다. 이는 진천이 그만큼 살기 좋은 명당임을 의미한다. 현재 그곳에는 국가대표 선수촌, 진천선수촌이 커다랗게 자리매김하고 있다. 정확히 진천선수촌은 진천군 광혜원면 선수촌로에 있다. 여기서 잠시 진천선수촌의 역사를 잠시 짚어보자.

진천선수촌의 공사는 2009년부터 시작되어 2017년 말에 완공되었다. 개촌식은 2017년 9월 27일 열렸다. 진천선수촌은 2004년 건립을 확정하고 13년 만에, 2009년 2월 착공하여 8년만인 2017년 완공했다. 태릉선수촌의 5배가 넘는 159만 4,879㎡로 조성되었고 5,130억 원이 진천에 투입되었다. 여기에 국가대표 선수의 숙소는 3개 동 358개 실에서 8개 동 823실로, 훈련시설은 12개소에서 21개소로 대폭 확장되었다. 진천선수촌은 35개 종목 1,150명의 선수가 동시에 훈

24) 한국일보. 2017년 10월 29일.

련할 수 있는 세계 최고의 종합 스포츠 훈련시설이다.[25]

화랑의 후예들에게 최고의 시설이 더해져 그들은 더욱 단련되어 간다. 이곳은 대한민국 스포츠의 영광이 새롭게 움트는 현장이다. 지금 그들에게 필요한 것은 과거 화랑의 올바른 행실과 동료들을 통한 화합이다. 이는 현대를 사는 국민 다수가 국가대표 선수들에게 원하는 최고의 모습이다. 최근 스포츠 선수들과 관련하여 스포츠인으로서의 능력과 함께 **학교폭력, 인성** 등이 새로운 이슈로 주목받고 있다. 그들에게 1,400여 년 전의 화랑이 전한 지혜를 답으로 제시하고자 한다. 더불어 그들은 2021년, 우리와 깊은 역사를 공유하는 도쿄로 향하고 있다. 시상식에서 거론되는 각종 메달도 중요하지만, 화랑의 후예들은 꼭 동료들과 최선을 다해 멀티플레이어로서 국가와 가족을 위해 최선을 다하는 믿음을 지키고 바른 인성을 실현해주길 바랄 뿐이다. 그뿐만 아니라 현대를 사는 우리 청년들에게도 **화랑의 체육사적 의미, 지혜**를 전하고 싶다.

> 충과 효를 중시하고 행실이 바르며 삶의 고난(苦難) 기를 능히 극복해낸 믿음이 강한 그대가 진정한 현재를 사는 우리 민족의 청년들일 것이다. 스스로 믿고, 친구와 함께 오늘 하루에 최선을 다하자.

이를 명심한다면 대한민국의 장래는 분명 밝을 것이다. 마지막으로 우리 민족의 화랑에 관해 단재 신채호 선생이 정리한 문구로 본 장의 내용을 정리하고자 한다.

---

25) 헤럴드타임즈, 2017년 9월 28일.

조선이 조선 되게 하여온 자는 화랑이다. 그러므로 화랑의 역사를 모르고 조선 사회를 말하려 하면 골(骨)은 빼고 사람의 정신을 찾음과 한가지인 우책(愚策)이다.[26]

---

26) 소이원(2010). 화랑도 사상의 연원과 현대적 재조명. 군사논단 제61.

제3장

민족 과격함의 비밀

– 민속놀이사 – 석전

Jump Ball

 총기 구매가 가능한 나라에서는 자신의 의지와 상관없이 생명을 잃는 사고사(事故死)가 많다. 이유인즉슨 세계 어디나 '감정의 동물'인 인간이 살고 있기 때문이다. 가끔은 우리나라 내에서 총기 구매가 가능하지 않다는 것에 감사할 때가 있다. 욱하는 성격으로 잠시를 참지 못하고 불같은 성질을 내뿜는 사람이 생각보다 주변에 많기 때문이다. 남의 이야기가 아니라 바로 우리 이야기다. 세계는 우리를 착하고 친절한 민족이라 인정한다. 우리 자신도 백의민족(白衣民族)이라며 순수(純粹)한 모습을 내심 자랑스러워한다. 하지만 오늘도 우리는 주차 문제로 처음 본 사람과 다투고 있다. 그뿐만 아니라 도로 위에서는 치열한 레이싱도 펼쳐진다. 좁은 길임에도 과격한 곡예 운전이 난무하고 그 옆에는 이를 비웃듯 오토바이와 자전거, 전동 킥보드가 인도를 빠르게 질주하고 있다. 가끔은 사고가 나지 않는 게 신기할 뿐이다. 내용을 조금 비약했지만, 솔직히 고개를 끄덕이는 이도 있을 것이다. 이것은 우리 자신도 이해하지 못할 민족의 과격한 성격(性格) 때문이다. 민족의 과격함에 대한 궁금증, 그 내용은 다음과 같다.

1쿼터) 사(싸)나운 민족

마냥 착한 민족이 아니다. 특이한 건 배고픈 건 잘 참는데 분한 것과 억울한 것은 또 못 참는다. 어려울 때 남을 도와주는 배려와 아픔을 함께 나누는 공감 능력은 가히 세계 최고 수준이다. 하지만 순간적으로 무시당하는 건 절대 못 참는다. 그게 우리다. 지리적 위치도 여기에 한몫했다. 최근이라 할 수 있는 일제강점기, 한국전쟁 등의 역사가 결정적 원인이라고 생각한다. 우리에게 고통스러운 기억인 일제강점기가 불과 얼마 전이었다. 인구가 얼마 되지 않는 나라임에도 불구하고 도시락으로 폭탄을 만들고, 조선을 침범한 수장(首長)을 찾아가 총알을 날리는 한 방도 갖고 있다. 한마디로 인구가 적은데 독종(毒種)들이다. 특이한 건 이렇게 독종임에도 남을 대접하는 것은 또 좋아한다. 가진 것이 없어도 말이다.

나는 굶어도 가족은 절대 굶길 수 없다는 신조(信條)도 가지고 산다. 특이한 민족, 역사 속에 분명 그 답이 있다고 생각했다. 그 답안을 석전(石戰)에서 찾고자 했다. 세계 최강의 돌(石)싸움 민족, 바로 우리다.

석전(石戰)은 개천이나 큰 도로를 사이에 두고 주민 간 서로 편을 갈라 돌을 마구 던지는 놀이였다.[1] 석전은 돌싸움 또는 편싸움 놀이로, 원래 한자로는 변전(邊戰)이라 쓰이던 것을 후에 편전(便戰)으로 변경하였고[2] 석전희(石戰戲), 혹은 돌팔매 놀이라는 명칭으로도 불리던 우리 민족 고유의 놀이다.[3]

석전은 한마디로 돌싸움이다. 우리 옛말에 '제일 재미난 것이 싸움 구경, 불구경'이라는 말이 있다. 불구경과 싸움은 현재 강력하게 처벌받는 범죄다. 하지만 허가받고(?) 놀이로 싸우며 이를 보며 즐겁던 때가 있었다. 허가받은 싸움, 그것이 석전(石戰)이다. 석전은 우리의 민속놀이다. 민족의 울분과 억울함을 어디 풀 곳이 없었기에 미친 듯이 상대에게 돌을 던졌다. 그런데 이 미친 듯이 던졌던 우리의 돌싸움 문화가 꽤 오랜 역사를 품고 있다. 그 역사를 살펴보고 싸움꾼 민족(?), 다소 과격한 우리 민족성의 비밀도 찾고자 했다. 비석 치기에서 시작하여 돌싸움까지, 고유한 우리의 돌 던지기 문화는 역사에 이렇게 기록되어 있다.

1) 임학래(2005). 한국세시풍속사전(여름편). 서울: 국립민속박물관. p189.
2) ≪東國歲時記≫正月 上元條.
3) 조준호(2009). 석전의 스포츠속성에 관한 해석. 한국체육학회지. 48(6). p2.

2쿼터) 저 동네로 돌을 던져라

1. 승리는 곧 풍년이었다

인류에게 돌은 매우 유용했다. 돌은 인류의 주변에 널려 있어 용량의 제한 없이 맘껏 사용할 수 있었다. 그랬기에 인류는 돌을 이용해 집을 짓거나, 때론 돌을 이용해 위협에 대항하기도 했다. 그렇게 돌은 역사 속에서 화약이 등장하기 이전까지, 아니 등장한 이후에도 인류 삶의 필수품으로 자리매김하였다. 인류와 함께한 돌이라며 거창하게 본 장을 시작한 이유는 돌을 이용한 싸움이 '성서'에도 등장하기 때문이다. 바로 '다윗과 골리앗' 이야기다. 다윗의 돌이 골리앗을 물리침에 있어 후에 '기적의 돌'과 '상식의 돌'로 서로 간에 이견이 있다. 분명한 것은 돌은 돌이고 인류가 어떻게 활용하느냐에 따라 그것의 쓰임새는 매우 다양했다는 사실이다.[4] 즉 예로부터 돌은 인류를 지키는 국토 방위의 수단이었으며, 유희의 수단이기도 했다. 물론 우리의 역사에도 돌은 지대한 영향을 끼쳤다.

> 석전(石戰)이 서양 무사의 희투제(戲鬪祭)와 같이 생명 관계를 나타내어 반생반사(半生半死)의 혼전을 이루니, 이런 풍습은 실로 동양에서는 유례가 없는 무풍이다.[5]

---

4) 기적의 돌과 상식의 돌, 아마 다윗의 돌은 오랜 노력과 훈련 끝에 얻어진 상식의 돌이라는 생각이 든다. 그의 돌이 믿음이 가득한 기적의 돌이라 하는 사람도 있겠으나 어디까지나 다윗의 돌은 훈련의 돌로 상식의 돌이라고 본다.

5) 안곽(1974). 朝鮮武士英雄傳. 서울: 정음문고. pp90～91.

우리에게 석전은 사람의 생(生)과 사(死)가 혼전(混戰)을 이룰 정도로 매우 격렬한 놀이였다. 누가 이길지 모를 정도의 다이내믹함은 응당 석전의 묘미라 할 수 있을 것이다. 이는 서양의 무사들이 펼쳤던 검투사 경기와도 비슷하다. 목숨을 걸고 노는 놀이가 한심해 보이고, 그런 놀이가 있을 수 있을까 하는 생각도 들지만, 석전은 우리에게 그런 놀이였다. 목숨을 걸 정도로 중요했기에 목숨을 담보로 즐기는 민속놀이, 그것이 우리의 석전(石戰)이다. 우리 역사 속의 석전은 다른 동양의 석전과는 분명히 레벨이 달랐다. 마치 석전은 무예 계승을 위한 풍습과도 같았다. '스파르타'가 유럽의 강한 민족의 기원이라면, **동양에는 우리 민족**이 있었다. 왜 우리 민족은 죽을 각오를 하며 석전을 했던 것일까. 이유는 석전 기원설에서 찾을 수 있었다.

우선 자연적으로 발생했다는 자연발생설(自然發生說)이 있다. 자연발생설은 자연스럽게 주변의 위협으로부터 인간 자신을 보호하기 위해, 즉 인류의 생존을 위해 석전을 했다는 설을 말한다. 돌은 근접전에서는 별로 효과를 볼 수 없다. 즉 맹수와 직접 근거리에서 대면했을 때, 돌의 힘은 약하다. 하지만 원거리에서 돌은 맹수나 위협으로부터 매우 큰 효과를 발휘한다. 그러다 보니 인류는 자연스럽게 자신을 안전한 곳에 위치시킨 후, 위협의 원점에 집중적으로 돌 던지는 연습을 했다. 마치 투수가 볼을 던지듯이 말이다. 이는 스포츠에서 훈련을 통한 신체 기능 향상, 기량의 증가도 충분히 가능함을 의미한다. 결국, 자연발생설은 석전이 인류가 생존을 위해 본능적으로 해왔던 신체활동으로부터 오랜 역사 속에서 자연적으로, 인류의 필요 때문에 생성되었다는 설이다.6)

다음으로 모의전쟁설(模擬戰爭說)이다. 사람들이 전쟁놀이하면서 석전이 발생했다는 설이다. 즉 석전은 인류 조상들만의 놀이가 아니라 모의 전쟁과 같이 실전을 방불케 하는 계획된 전쟁놀이를 통해 생성되었다는 설이다. "동이나 은 등의 금속 물질을 가공할 줄을 몰랐던 오랜 역사 시대에는 돌이나 봉 등이 중요한 생활 도구이자 무기였다." 즉 모의전쟁설은 돌과 봉 등의 무기를 지니고 실제 전쟁에 참여하기 위해 석전이 생성되었다는 설이다.7)

마지막으로 농경의례기원설(農耕儀禮起源說)이다. 이 기원설은 석전이 농사를 짓기 위한 하나의 절차, 경건한 의식이었다고 보는 설이다. 석전을 상무적 놀이로서 보았던 위의 기원설과 달리, 그것을 농업의 풍요를 점치는 하나의 행사였다고 보는 시각이다. 즉 석전은 고대에 상무적 훈련보다도 농경의 풍요를 위해 최초 시행되었고 중시되었음을 강조한다.8) 농업은 인류의 생명줄이었다. '농자천하지대본(農者天下之大本)'이라는 문장처럼, 농사는 백성의 삶에 있어 천하의 근본이었다. 이는 고대와 조선 시대의 석전이 거의 정월

---

6) 김재휘(1983). 朝鮮石戰에 關한 體育的 考察. 한국체육학회지. 22(2), p10.

7) 심우성(1975). 한국의 민속놀이. 서울: 삼일각. p173.

8) 장성수(2000). 餘暇文化 活動으로서의 石戰과 씨름에 관한 通史的 理解. 한국체육학회지, 39(3). p34

에 행해졌다는 내용을 근거로 제시한다. 또한, 그 밖의 흡사한 종류의 집단 민속놀이도 풍요를 기원한 종교적 제례 의식에서 생성되었음을 기록하였다.[9]

좀 더 와닿게 해당 내용을 설명한다면, 석전을 이긴 지역이 그해 풍년을 맞이한다는 것이었다. 석전으로 사람이 좀 다치거나 죽더라도 이는 성스러운 제사 의식일 뿐이다. 즉 석전은 제의(祭儀) 가운데 하나로 **풍년을 암시하는 메시지**였다. 결국, 석전의 농경의례기원설은 과학이 발달하지 못한 시절 백성을 안심시키고 기분 좋게 해주는 가장 화려한 긍정의 풍년 메시지였던 셈이다. 그러다 보니 백성은 석전에 목숨을 걸고 풍년을 기원했던 것이었다. 목숨을 담보로 말이다.

그 밖에도 기타 기원설로 서낭 기원설(城隍 起源說)이 있다. 서낭 기원설은 기원설 가운데 가장 구체적이라 할 수 있다.

전쟁과 신앙은 끊을 수가 없다. 마치 대회에 출전하는 선수의 믿음과 비슷하다. 원시 시대 석전과 원시 신앙 공간이라 할 수 있는 서낭, 둘만의 밀접한 관계 속에서 석전이 발생했다는 설이 있다. 여기서 서낭이란 신수(神樹)에 잡석을 쌓아놓은 돌무더기나 신수에 당집이 복합된 형태의 서낭당이 깃들여져 있다고 믿어지는 신격으로 성황(城隍), 선왕 등으로 불렸다. 마을 수호신적 성격이 강하며 경계 신적인 성격도 강하나 문헌에는 전쟁 수호신으로 믿고 따랐다.[10]

---

9) 김열규(1978). 한국민속과 문학연구. 서울 : 일조각. p176.
10) 한국민족백과사전. 2020.1.2.

위의 내용에서 주목할 부분이 바로 돌무더기다. 그 돌무더기는 분명 큰 돌무더기가 아니라 가장 던지기 좋은 크기의 돌이 모여있는 돌무더기였다는 점이다. 여기에 서낭당은 마을의 수호신적 성격으로 보이지 않는 무력(武力)의 상징이었고, 돌은 보이는 무력의 상징이었다. 또한, 경계신적 성격은 지역 방위적 성격을 갖는다. 그래서 서낭의 위치가 지역의 입구에 있었다. 즉 지역에 입구에 있는 돌무더기는 무력의 상징으로서 경계신적 성격을 띠는 마을의 수호자였다. 동아일보에는 이런 글도 있다.

> 서낭은 본시 부락((部落) 방어의 의미가 있다. 서낭이 제신(祭神)이나 제천(祭天), 제산(諸山)만을 위한 것이었다면 한적한 산꼭대기에 위치할 일이지 왜 많은 사람이 왕래하는 동네 첫머리, 어귀에 위치할 이유가 없다. 또한, 그것이 제단의 의미였다면 돌의 크기가 크고 웅장해야 함에도 불구하고 돌은 꼭 던지기 알맞은 크기였다.[11]

이에 관해 다양한 학자가 서낭 기원설에 관해 이야기하였다. 우선 신복룡(1982)이다.

> 그는 서낭기원설의 근거로 충남 瑞山郡 운산면 거우리 서낭, 慶南 거제시 장승포 서낭, 서울시 강동구 마천동 서낭, 경기도 광주군 서부면 고이리 서낭, 서울시 광진구 광장동 서낭 등을 구체적으로 제시하고 있다. 이러한 내용은 서낭이 석전을 위한 일종의 군사기지, 혹은 무기고와 같은 군사시설로도 볼 수 있음을 의미한다.[12]

---

11) 동아일보, 2001년 5월 12일.
12) 신복룡(1982). 서낭의 군사적 의미에 관한 연구. 건국대학교 학술지, 26, p231.

이에 관해 이규태(1993)의 글은 더욱 구체적이다.

돌무더기가 부족과 부족, 부락과 부락의 경계로 마을을 질병과 불행으로부터
수호하는 신앙기능과 외적을 방어하는 전투 기능이 있고 동구 밖이나 고갯마
루, 능선 등지에 석탄(石炭)을 쌓아놓고 투석을 대처하려 했다.[13]

미루어 짐작건대 서낭이 유사시에 외적의 침입을 막기 위
한 촌락의 석탄 저탄고(石彈 貯炭庫)였을 가능성은 충분하
다.[14] 즉 서낭은 부락(部落)의 방어를 위한 병참선과 제사
의식을 동시에 해결하는 곳이었다. 특히 역사 속에서 전쟁과
의식화는 서로 불가분의 관계다. 전쟁을 수행함에 있어 어디
나 제사를 지내는 풍습[15]이 분명 존재하였다. 이는 승리를
기원하고 병사의 무운(武運)을 비는 의미를 담고 있었다. 당
시 고대국가의 중대사로는 제사와 전쟁만큼 중요한 일도 없
었다. 즉 마을을 수호하고 제사를 지내는 것은 지역 내의 가
장 중요한 일이었다. 석전과 서낭당은 이런 점에서 불가분의
필연적 관계였을 것으로 추측된다. 이처럼 석전은 서낭과 밀
접한 관계를 통해서 민족에게는 민속신앙으로 자리매김했고,
전쟁 등의 전투에서는 마을 방어, 국가 방어적인 차원에서
시작되었다는 설이 바로 서낭 기원설이다.

---

13) 조선일보, 1993년 5월 18일.
14) 조선일보, 1988년 7월 13일.
15) 예를 들면 과거 고대 부여에서도 전쟁이 일어나면 하늘에 제사를 지내고 소 발굽을 이
용해 길흉을 점치는 풍속이 있었다. 국사편찬위원회, 전쟁의 기원에서 상흔까지(서울 :
두산동아, 2006), p49 참조.

이러한 석전의 기록은 고대를 거쳐 1970~80년대까지 이어져 왔다. 아직도 우리 민족은 냇물이나 강가를 지날 때면 반드시 작은 돌을 멋들어지게 던진다. 돌팔매질을 최소 두 번, 세 번은 해본 후 강을 건너는 유희(遊戱) 민족이 바로 우리다. 즉 우리 민족은 입구에 돌을 쌓아놓고 위협이 되는 모든 것에 돌을 던졌다. 돌을 던지며 기도도 했다. 지금은 그런 생각이 든다. 당시에는 위협이 되는 모든 것에 돌을 던졌으나 지금은 돌과 비슷한 더 큰 무언가를 주변에 던지고 있다고 말이다. 예나 지금이나 사는 건 별반 다르지 않기 때문이다. 하지만 꼭 알아야 할 것이 있다. 누구나 돌은 던질 수 있다. 하지만 그 대상이 누구든, 어디에 던지든 던진 사람은 피해자에게 반드시 보상해야 한다. 책임질 수 있다면 맘껏 돌을 던져도 된다. 그렇지 않다면 스포츠를 하여야 한다. 그래서 스포츠가 존재하는 것이다.

2. 돌싸움의 대중화

우리는 일반적으로 원시 시대를 구석기 시대와 신석기 시대로 구분한다.[16] 이러한 시대적 흐름 속에 청동기 시대를 기반으로 4C에서 3C로 바뀔 당시 고조선이 출현하였다. 고조선의 멸망과 한사군의 설치를 전후하여 금석병용기(金石倂

---

16) 우리나라에서는 기원전 5,000여 년 무렵까지를 구석기 시대로, 신석기 시대를 기원전 1,000여 년경 청동기 시대가 대두되기 이전까지로, 청동기 시대는 기원전 400여 년 무렵까지로, 이후를 철기 시대로 구분한다. 임재해·한양명, 한국민속사 입문(서울: 지식산업사, 1996), p. 451 참조.

用期)에 포함되었던 여러 부족 국가들이 철기문화를 수입, 완성하게[17] 됨으로써 본격적인 삼국 시대가 도래하였다. 이러한 역사적 흐름 속에서 석전은 국토 방위와 생존을 위해 활발하게 활용되었다.

※ 금석병용기(金石倂用期)는 청동이 본격적으로 사용되기 이전에 순동, 중심의 동기와 석기가 함께 사용되던 시대를 말한다.
※ 한사군 : BC108년에 중국의 한나라가 고조선을 멸망시키고 난 후 설치한 행정구역이다. 낙랑, 임둔, 진번, 현도 등 네 개의 군을 설치해 한사군이라고 부른다. 고조선 유민들의 강한 저항과 고구려의 공격으로 결국 한사군은 사라졌다. 이곳은 결국 무역의 기지로도 역할이 컸던 것으로 보인다.[18]

최초의 석전 기록은 《수서(隨書)》의 동이전(東夷傳) 고구려(高句麗) 편보다 앞서, 1세기 초의 상황을 전하는 기록이 《삼국사기(三國史記)》에 제시되어 있다.

11년에 왜인이 병선 100여 척을 보내어 해변의 민호를 노략질하므로, 왕은 6부의 정병을 일으켜서 막게 하였다. 낙랑(樂浪)은 우리의 내부(內部)가 빈 줄로 알고 쳐들어와서, 매우 급히 금성(金城)을 공격해와, 밤에 유성(流星)이 적진에 떨어졌다. 적의 무리가 두려워하여 알천[19] 위에 물러가 머물러 돌무

---

17) 이학래, 곽형기, 이진수, 임영무(1994). 한국체육사. 서울: 지식산업사. p33.
18) 네이버지식백과. 2020.1.8.
19) 신라 초기 경주에 있던 초기 사로 육촌 가운데 하나인 알천 양산촌이 위치했던 지역으로 추정된다. 경구 남산 서북 일대로 남천의 남쪽 담엄사 부근이었다고 한다(문화원형

더기 20기를 쌓아놓고 가버렸다. 6부의 군사 일천여 명이 이를 쫓아 토함산 동쪽으로부터 알천에 이르러 적이 쌓아놓은 돌무더기를 보고 적무리가 많은 줄로 알고 그만 그쳤다.[20]

위의 기록을 살펴보면 당시 100여 척의 왜구가 신라에 출몰, 우리나라 해안에 상륙하였다. 왜구는 민가를 습격하여 노략질함에 따라 왕이 6부에 명하여 날랜 군사들을 출동시켜 이를 막았다. 마침 이런 시기를 노린 낙랑군이 금성을 공격하였다. 금성이 긴급한 상황에 직면했으나, 밤에 유성이 적진으로 떨어져 이를 불길하게 여긴 적병들은 두려워하며 퇴각하였다. 왜인 병선을 격퇴하기 위해 파견된 날랜 군사들은 상류에 진을 치고 1,000여 명의 병사를 동원하여 토함산에서 알천에 이르기까지 돌무더기(石堆)를 20기를 만들었다. 이를 본 왜구들은 많은 석퇴(石堆), 돌무더기의 모습을 본 뒤 노략질을 멈추고 왜국으로 되돌아갔다는 내용이다.

이는 당시 돌무더기가 군사들 간에 인식하는 신호, 시대에 통용되었던 일종의 군사 기호였음을 보여준다. 즉 돌무더기는 상대의 심리를 이용한 하나의 군사 전략을 의미했다. 특히 언덕에 높이 쌓은 돌무더기는 앞서 제시한 서낭당의 돌무덤이 전투 시 병참기지였다는 또 다른 근거이며, 석전과 서낭이 충분히 관련되어 있음을 의미한다. 다음으로는 석전

백과. 2020.1.2.).

20) ≪삼국사기≫ 권 1, 신라본기 1, 남해 차차웅 11년; 왜인견병선백여소, 략해변민호, 발룩부경병, 이어지. 낙浪위내허, 來공金성, 심급. 야유流성, 추어적영, 중구이퇴, 둔어알천지상, 조석퇴이십이거. 六부병일천인추지, 자토함산동, 지알천, 뵌석퇴, 지적중, 내지.

이 고구려 시기에도 이루어졌다는 ≪수서(隨書)≫ 동이전(東夷傳)의 기록이다.

매년 초 패수(浿水)에 모여 놀 때 왕은 가마를 타고 의장(儀仗)을 갖추고 놀이를 구경한다. 놀이가 끝나면 왕은 옷을 입은 채로 강물로 뛰어든다. 신하들은 좌우 두 편으로 나뉘어 서로 물을 끼얹고 돌을 던지며 소리를 지르기도 한다. 달리고 쫓고 하는 놀이를 두세 번 하고 그친다.[21]

이는 매년 초 강물에서 왕과 신하들이 몸에 직접 물을 끼얹고 돌을 던져가며 놀이를 했다는 내용이다. 왕이 곧 국가였던 시대, 왕이 매년 물로 몸을 씻어내며 국가를 새롭게 한다는 의미와 함께 돌 던지기를 통해 국가를 강인하게 한다는 의미가 녹아들어 있는 행사였다. 이처럼 석전은 공식적이든 비공식적이든 고구려왕이 주도한 국가의 연중행사였다. 이는 여유가 있는 국가 지도자들의 놀이였으며, 매년 초 강물 속에서 물을 끼얹고 차갑게 물이 스며든 돌을 던지는 것은 강인한 남성 중심 사회를 강조한 내용이었다. 또한, 우리 민족은 매년 초에 신성한 물로 심신(心身)을 정화하였으며 돌(石)로 신체를 단련하였다는 의미로도 해석할 수 있다.

고려 시대에도 석전은 이어졌다. 고려 시대는 '석투반(石投班)'이라는 돌팔매 부대가 있었다. 즉 돌 던지기가 더욱 조직화하여 돌팔매 부대까지 결성된 것이었다. 공민왕 시대에는

---

21) 每年初 聚戲於浿水之上 王乘 列羽儀 以觀之 事畢 王以衣服入水分左右 爲二部 以水石
相 濺擲諠呼馳逐 再三而上.

격구와 석전을 금지했다는 기록22)이 있다. 이는 두 놀이가 매우 과격하여 일부 금지하였다는 것을 알 수 있다. 『고려사(高麗史)』 신우전(辛禑傳)은 석전을 다음과 같이 기록하고 있다.

> 5월에 신우23)가 석전을 보고자 함으로 지신사 이존성(李存性)이 "이것은 임금이 구경할 것이 아니다"고 간하였다. 신우가 불쾌히 여기고 소수(小竪)를 시켜 구타함으로 이존성이 피해 달아나니 신우가 탄환(彈丸)을 가져다 그를 쏘았다. 우리나라 풍속에 5월 5일 단오절(端午節)에는 무뢰배가 떼를 지어 큰 거리에 모여 2대(隊)로 나누어 편을 나누고 서로 조약돌과 깨어진 기왓장을 던지며 공격하면서 혹 몽둥이까지도 사용하여 승부(勝負)를 가리는데 이것을 석전(石戰)이라 하였다.24)

이처럼 고려 시대의 석전은 단오에 행하는 명절 풍속이었다. 명절 풍속인 석전을 신우, 즉 우왕도 좋아했고, 이를 방해하는 지신사가 임금에게 혼이 났다는 내용을 기술하고 있다. 석전을 행하는 돌로는 던지기 편한 조약돌뿐만 아니라 기왓장이나 막대기, 곤봉 등도 활용되었다. 당시 고려의 병제(兵制)는 기병인 신기군(神騎軍), 궁수들인 경궁군(梗弓軍) 등과 함께 투석군(投石軍)이 정규군으로 편성25)되어 있었다.

---

22) 《高麗史》 권 44, 世家 44. 恭愍王 23년 5월; 庚午 禁擊毬石戰戱.

23) 성은 왕, 이름은 우다. 고려의 제32대 왕으로 재위는 1374~1388년(14년)이다. 우왕은 이성계에 의해 왕위에서 쫓겨나 죽임을 당했을 뿐 아니라 신돈의 아들로까지 몰렸으므로 죽은 뒤에도 시호를 받지 못했다. 그래서 이름을 그대로 가져와 우왕, 고려사, 동국통감 등에서는 아예 성도 신으로 바꿔 신우로 기록하였다(네이버 두산백과. 2020.2.15.).

24) 《高麗史》 권 134, 列傳 47. 辛禑 2; 禑欲觀石戰戱知申事李存性諫曰 此非上所當觀 禑不悅使小竪敺存性存性趨出禑取彈丸射之國俗於端午無賴之徒群聚通衢分左右隊手瓦礫相擊或雜以短梃以決勝負謂之石戰.

이는 석전이 군대의 기능을 수행하였을 뿐만 아니라, 보다 전문화되어 전투나 전쟁에도 투입되는 특수부대였음을 의미한다.

석전을 좋아했던 우왕, 그의 기록에는 석전 관련 기록이 다수 등장한다. 신우 10년 5월의 기록에는 "치암에서 석전을 구경하고 돌싸움에 능한 사람 몇 명을 불러 술과 몽둥이를 상으로 주어 기예를 모두 발휘하게 하였다"라는 기록이 있다. 26) 또한 "왕이 석전 놀이를 연암(鳶岩)에서 보고 그 이튿날에도 석전 구경을 하였다"라고 기록하고 있다.27) 이러한 내용은 고려 말기 왕이 석전을 매우 좋아했고, 정사는 등한시했다는 것을 의미하고 있다. 이는 고려의 부패한 실정을 강조함으로써 조선왕조 건국의 정당성을 강조하려 했던 의도를 그대로 드러낸다.28)

조선 시대 석전은 전 기간에 걸쳐 나타난다. "고려 때 설치된 척석군을 근년에 와서 폐지했다가 다시 예전의 군졸을 모으고 인원을 보충하였다"29)라는 기록은 당시의 석전 부대가 꽤 오랜 시간 동안 유지되었음을 의미한다. 여기에 태조 이성계는 청심정에 올라 척석희를 구경했고30) 성안에 척석희를 하는 사람을 모아 '척석군'을 조직했으며31) 그들을 사

25) 조선일보, 2008년 2월 22일.
26) ≪高麗史≫권 135, 列傳 48. 辛禑 3; 禑觀석전戲于鴟巖召其能者數人與酒又與杖盡其技.
27) ≪高麗史≫권 136, 列傳 48. 辛禑 13년 5월조; 禑觀石戰戲於鳶岩 翼日亦如之.
28) 허인욱(2005). 옛 그림에서 만난 우리 무예풍속사. 서울 : 푸른역사. p180.
29) ≪世宗實錄≫권 12. 世宗 3年 5月 乙丑.
30) ≪太祖實錄≫권 3. 太祖 2年 5月 丙申.

열하는 등 석전에 큰 관심을 보였다고 한다.32) 당시 돌을 잘 던지는 사람들을 모아 편성한 척석군 부대는 태조 6년 7월 과 8월, 왜구를 막는 데 실제로 동원되기도 했다.33) 당시 석 전에 관한 기록을 살펴보면 다음과 같다.

> 임금이 궁성의 남문(南門)에 거동해 석전을 구경했다. 절제사 조온은 척석군(擲 石軍)을 거느렸고, 판중추원사 이근은 여러 위의 대부를 거느린 채 좌우편으로 나뉘어 해가 질 때까지 서로 시합했는데, 죽고 상한 사람이 자못 많았다.34)

조선 시대의 왕이 석전을 구경했다. 석전 부대 척석군은 왕을 기쁘게 하려고 돌 던지기(投石)에 전념을 다하였고, 이 로 인해 죽는 사람까지 발생하였다. 왕이 지켜보고 있기에 석 전은 해가 질 때까지 계속되었다. 그만큼 조선 시대에는 석전 부대가 강인하였고 군인의 신체적 단련도 중시되었다. 이는 조선 시대 중앙정부의 강력한 군 장악력과 실전 연습을 통한 군대의 훈련 모습, 석전을 통한 조선 시대 군율을 과시한 기 록이었다. 특히 임금이 석전 부대를 지켜보며 시찰(視察)했다 는 것은 강력한 왕권을 상징하는 내용이기도 했다.

이를 종합해보면 삼국 시대 신라에서는 돌무더기가 강력한 군대의 상징이었고 고구려 시대에는 왕과 신하가 강가에서

---

31) ≪太祖實錄≫권 5. 太祖 3年 4月 庚午.

32) ≪太祖實錄≫권 5. 太祖 2年 5月 壬申.

33) 삼포왜란, 임진왜란 등의 국난에 석전으로 조직된 石戰軍은 왜구를 무찌르는데 크게 기여하였다. 박종규, 조선시대의 세시풍속에 관한 고찰, 교양교육연구소논문집, 3 (1998), p.7.

34) ≪太祖實錄≫권 17. 太祖 7年 5月 辛亥.

석전을 하며 몸을 씻는 것이 나라를 새롭게 하고 국가를 강하게 하는 방법이었다. 고려 시대를 기록한 고려사에는 석전을 '척석희(石戰戲)'라 하였으며 우왕 때는 '투석군'이라는 군부대도 있었다. 조선 시대에도 '척석군'을 조직하여 석전의 조직적인 성장을 기록하는 등, 우리 역사에서 석전은 실로 다양하게 나타나고 있다.

심지어 조선왕조실록(朝鮮王朝實錄)에서는 석전을 '척석희(擲石戲)' 또는 '척석지희(擲石之戲)'라고 기록하고 있다. 여기서 '희(戲)'란 고대 전쟁의 유희성을 제시하는 좋은 예였다.[35] 당시 석전은 단순히 전승되는 민속놀이가 아니라 국가를 지키는 체계적 신체 단련과 군사 훈련을 목적으로 실행된 것이었다. 특히 조선 시대 태종은 왕좌에서 물러난 후 전승 놀이로 석전을 친히 관람하며 이렇게 강조하였다.

석전(石戰)이란 놀이가 아니라 곧 무예(武藝)다.[36]

그뿐만 아니라 석전은 그 과격함으로 인해 시대마다 금지되기도 했다. 고려 공민왕 때도 그랬고 조선 시대에도 그랬다. 조선 태종 때는 금지되었던 석전을 재개하기도 했다. 태종 때는 사신이 석전 보기를 요구하므로 병조에서 날랜 사람을 모아 석척패(石擲牌)를 만들어 해마다 단옷날에 종루가

---

35) 이기동(1984). 신라상고의 전쟁과 유희. 소헌남도영박사화갑기념 사학논총, pp19~20.
36) ≪世宗實錄≫권 12. 世宗 3年 5月 乙丑; 上王謂 今觀石戰 非戲事 及是武才也.

(鐘樓街)에 모여서 서로 싸워 용맹을 겨루었다. 여기서 몸을 상하여 목숨이 끊어진 사람도 많았다. 즉 석전은 과격함과 호전성으로 인하여 금지되기도 했지만, 왕들이 석전을 매우 좋아하였기에 일반인보다는 군인을 선발하여 석전 부대가 재조직되었다.[37)

특히 석전은 특정 기간에 시행했다. 조선조 순조 때 정동우(鄭東愚)와 정동유(鄭東愈)가 작성한 주영편(晝永編)에 다음과 같은 석전의 기록이 등장한다. 여기서 석전은 더욱 상세히 기록되어 있으며, 특히 우리 민족의 특이한 역사, 앞서 제시한 역사 속의 강인한 민족사가 그대로 등장한다.

> 우리나라 풍속에 매년 정월 보름을 전후하여 2~3일 사이에는 아동들이 떼를 지어 좌우로 대(隊)를 갈라 기와 조각 및 돌멩이 등을 서로 던지면서 싸운다. 가끔 머리가 깨지고 팔다리가 부러지기도 하지만 그들은 도무지 놀라거나 두려워할 줄 모른다. 지금 아이들의 놀이가 된 석전은 오히려 옛 풍속의 잔재이다. 옛날에는 아이들분만이 아니고 고을 안의 모든 장정이 다 나와서 싸웠다. 당시 싸움의 형세는 더욱 맹렬하였고 사람은 상해를 입기가 더욱 쉬웠다. 이것을 석전이라고 한다. 옛날에는 단오일(端午日)에 했다.[38)

석전은 아이들이 매우 좋아하는 놀이였다. 특히 석전은 남자다움을 강조하는 과격한 놀이였다. 조선 시대에는 정월 보름인 매년 음력 1월 15일에 석전을 했지만, 과거에는 단옷날

---

37) ≪世宗實錄≫권 44. 世宗 11年 6月 戊寅.

38) 國俗 每年正月十五日前後 數日兒童群聚分隊左右 瓦石相投爲戰 往往至於腦破肢折而都不知 怳然今之爲兒童之戱者 猶是舊俗之襄耳古則 非但兒童一鄕之壯丁者皆出戰勢愈猛傷人愈易 是乃所謂石戰 而實以端午日爲之.

인 음력 5월 5일에 거행했다. 즉 아이들이 떼를 지어 좌우로 무리를 나누어 기와, 돌 등을 던지며 싸웠다. 가끔 아이는 머리가 깨지고 팔다리가 부러지기도 했지만, 두려움 없이 또 싸웠다. 그만큼 조선의 아이들은 신체적 능력이 강인했다. 여기에 장정들도 뛰쳐나와 석전을 하였다. 과거에는 단옷날에 석전을 하였지만 시기가 변하였다.

이처럼 석전은 놀이의 측면과 함께 언제 있을지 모르는 외세의 침략에 대비, 적국을 공격하기 위한 군사 훈련의 성격도 내포하였다. 또한, 고려 때부터 조선 시대에 이르기까지 석전은 군인이 꼭 하여야 할 훈련과 놀이였다. 석전을 하는 조직적 단체인 '척석군'과 '편쌈군' 등이 의미하듯이, 국가의 유사시에는 민중의 힘이 돌(石)에 축적되어 적군을 물리치는 등 널리 활성화되었다. 18세기 말 유득공(柳得恭)의 저서인 『경도잡지(京都雜志)』의 석전조(石戰條) 편에서는 석전을 이렇게 기술하고 있었다.

> 삼문(三門) 밖과 아현(阿峴) 사람이 만리현(萬里峴)에서 돌을 던지며 서로 싸웠다. 속담(俗談)에 삼문(三門) 밖 사람들이 이기면 경기도 안에 풍년이 들고, 아현(阿峴) 사람이 이기면 다른 도에서 풍년이 든다고 한다. 이때 용산(龍山), 마포(麻浦)의 불량소년들이 결당(結黨)하여 아현 쪽을 도왔다. 이 석전이 한창 심할 때는 함성이 천지를 울리는 것 같고 이마가 깨지고 팔이 부러져도 후회하지 않으며 이 때문에 당국에서는 왕왕 못하게도 했다. 장안(長安) 아이들이 이를 본받기도 하고 행인(行人)은 돌을 무서워 피하기도 했다.[39]

---

39) 三門外 阿峴人 飛石相擲於萬里峴上 俗云 三門外勝 則畿內豊 阿峴勝 則諸路豊 龍山麻浦惡少結黨救阿峴 方其酣鬪時 喊聲動地 破額折臂 亦不悔也 當部往往禁斷 城中群兒 亦傚而爲之行人 皆畏石回避 按唐書高麗傳 筆者註 每年初 聚戲浿水之 上以水石 相濺擲馳

앞서 살펴본 조선 시대의 석전은 '척석희', '편쌈군', '척석
군' 등 마을이 위기에 처하거나 국가가 위기에 처했을 때,
임금이 유희적 놀이로 즐길 때 행하였으나, 『경도잡지』는 전
혀 다른 의미를 강조하고 있다. 바로 석전이 '농업의 풍년'
을 기원하는 주술적 의미가 있다는 것이다. 결국, 석전이 농
업의 풍요를 위해 행해졌음을 알 수 있다. 석전을 행하는 과
정 중에는 소리가 지축을 흔들며, 이마가 터지고 팔이 부러
지는 사상자(死傷者)가 발생하여도 이를 그치지 않았다는
것, 사망에 이르러도 후회하지 않으며 생명에 대한 보상이
없다는 것은 당시 석전이 얼마나 격렬했는지를 보여준다. 격
렬한 석전은 결국 관청이 금지하여도 풍습이 중지되지 않고
민간놀이로 계승되었다.

이러한 내용을 종합해보면 석전의 변천 과정[40]은 다음과
같다. 석전은 고대 삼국 시대에는 정월에 행하였고 고려 시
대에는 단오, 조선 시대에는 정월 대보름과 단오에 혼재하여
실시되었다. 특히 고구려와 고려, 조선 시대의 석전은 농경
의 풍요를 점치는 주술적 측면만을 강조하는 것이 아니라
국토 방위적 요소도 혼재했던 것으로 보인다. 이는 우리 민
족이 농업의 풍요를 위한 주술적 측면과 국토 방위적 측면

逐 再三而止. 此爲東俗石戰之始.

40) 즉 석전이 고대에는 농경의 풍요를 점치기 위해 주로 정월에 했고, 그 기능이 점차 바
   뀌어 고려 시대에는 단오에 행하는 풍속으로 바뀌고, 조선 시대에는 다시 정월대보름
   에 하는 형태로 시기를 달리하였다. 이러한 과정에서 석전은 경쟁 놀이에서 군사적 목
   적으로 활용되다가 다시 주술적 성격으로 변화하였다. 박종규(1998), 조선 시대의 세
   시풍속에 관한 고찰, 교양 교육연구소 논문집, 3, pp1~9.

등으로 석전의 시대적 의미를 한정 짓기보다는, 시대에 따라서 그것을 다양하게 활용하였다는 것이다. 우리 몸에는 석전의 뜨거운 피가 흐른다. 놀이가 전쟁이 되고, 전쟁이 놀이가되는 시대에 우리 민족은 목숨을 내걸고 전쟁을 했고 놀이도 즐겼다. 이 정도면 스포츠를 위한 완벽한 준비가 된 민족이라고 해도 과언이 아닐 것이다. 다만 성격이 급하고 불같으며 투사(鬪士) 같은 모습은 우리 민족이 안고 가야 할 아주 조그만 흠이었다.

> 민간에서의 석전은 올해 풍년을 기원하는 주술적 측면이 강했다. 군대에서의 석전은 국토 방위적 측면이 있었다.

3. 동양의 스파르타

수십 년 전 대동강 변에서 석전(石戰)을 실제 행하던 노인들은 젊은 시절 석전을 하다가 머리에 돌을 맞아 상처가 나는 것을 무슨 훈장처럼 자랑스럽게 여겼다. 또한, 아들이 싸움에 패하여 집으로 도망 오면 어머니는 대문을 열어주지 않고 꾸짖어 되돌아가게 하여 끝까지 싸우게 하였다.[41)]

이게 우리다. 우리가 원래 이런 민족이었다. 위의 인용문은 마치 서양의 고대사에서나 볼 법한 스파르타인의 무용담을 듣는 듯하다. 아니 로마 시대 강인한 군인의 이야기를 듣

---

41) 심우성(1996). 우리나라 민속놀이. 서울: 동문선. p300.

는 것 같기도 하다. 스파르타는 지금도 최고의 강인함으로 무장된 국가로 신비스러움과 함께 역사 속에 빛나고 있다. 로마는 선조의 강인함을 자랑스럽게 여기며 현재도 '로마~, 로마~'를 외치며 관광객을 불러 모으고 있다. 여기 동양의 한 작은 나라에는, 소년이 머리가 깨져가며 돌멩이를 던졌고 깨진 머리는 무슨 훈장처럼 자랑스러워하며 평생을 살아온 민족이 있다. 그뿐만 아니라 자기 아들이 석전에 패하여 집에 돌아왔을 때 문을 열어주지 않고 다시 가서 싸움에 이기고 오라 하는 어머니가 있었다. 한석봉의 이야기가 아니다. 떡을 썰고 글을 쓰는 이야기도 아니다. 어머니가 강인해지라며, 나가 싸워 이기고 오라는 민족성에 관한 내용이다. 석전은 우리 민족의 강인함과 투기(鬪技)의 근성을 대변한다. 강한 민족성의 이유가 석전 때문이 아닐까 하는 생각이 더욱 강하게 든다.

이처럼 우리 조상은 석전을 강인한 남성상의 실현을 위해 꼭 거쳐야 하는 성년식처럼 여겼다. 그렇다면 제일 궁금한 것이 석전은 어떤 절차에 따라 실행하였을까다. 석전의 진행 방식은 『조선상식(朝鮮常識)』의 <풍속> 편에서 다음과 같이 기록하고 있다.

> 도비(都鄙)는 물론이고 읍락(邑落)이 양변(兩邊)으로 나누어 상당한 거리를 두고 진형(陣形)으로 대립하여 처음 돌팔매, 곧 척석(擲石)으로써 서로 전의(戰意)를 도발하다가 적개심(敵愾心)의 고조를 타고 살도육박(殺到肉迫)하여 6모 곤봉으로써 장사(將師)급간의 백병전이 어우러져 일변(一邊)이 저적(抵

敵)치 못하고 패주하던 타(他)변이 그것을 궁추(窮追)하여 그 괴진도산(壞陣逃散)을 보고 마는 것이니 본대수렵 내지 전진(戰陣)의 연습적 의미를 가진 것으로서 그 기원이 유구할 것을 생각하는 자(者)며, 지난 지나(支那)·일본 기타에 약간 유속(類俗)이 없는바 아니로데 그 보편성·연례성(年例性) 또는 열광성으로 진역(震域)에 비(比)할 자가 없으며 어느 의미에서는 반도(半島)를 대표하기에 족한 공적대경기(公的大競技)였다.

조선 시대의 석전은 행정 구역상 도시는 물론이고 이보다 작은 고을에서도 실시하는 등 누구나 했던 보편적 놀이였던 것으로 보인다. 최초 양편으로 나눈 그들은 상당한 거리를 두고 처음 돌팔매를 벌인다. 돌에 맞으며 서로에 대해 느끼는 분노와 증오가 가득해질 때, 육모방망이를 든 대장들 간에 곤봉으로 백병전 등 육박전을 실시하며 본격적으로 석전을 벌인다. 본격화된 석전에서 한쪽이 밀려 도주하기 시작하면 다른 쪽이 이를 추격하고, 진이 무너져 흩어질 때쯤 석전이 끝난다. 이는 사냥 내지 진을 치는 군사적 의미가 있는 내용으로, 일본 등지에도 우리의 석전과 비슷한 풍속이 있다. 하지만 보편성과 연례성에서 볼 때 우리나라 석전은 그 진행 방식이 매우 흥미진진하였으며 나라를 대표하는 공식적인 대 경기라 할 정도로 의미 있는 대규모 행사였다. 이에 더하여 세종실록(世宗實錄)에도 군대의 석전 방법이 구체적으로 기록되어 있다.

1421년 성안에서 방패군과 돌팔매군이 경기를 하였다. 방패군 300명을 왼편으로 하고 돌팔매군 150명을 오른편으로 해서 팔매 놀이를 하였는데 방패군이 매번 져서 쫓기므로 장군들이었던 총제 하경복, 곽승우, 권희달 등이 기병을 끌고 공격하였으나 역시 패하였다. 돌팔매군은 방패군의 말을 빼앗아 왕에게 바쳤다. 왕이 방패군에게 계속 지는 이유를 묻자 "저녁 햇빛이 눈이 부시고 먼지가 자욱하여 돌을 보기 대단히 어려웠기 때문이다"라고 말하였다.[42]

앞선 석전이 민간에서 진행된, 결국 풍년을 위해 시행된 것이었다면, 해당 내용은 군대에서 돌팔매군 등이 실시한 석전에 관한 내용이다. 돌팔매군은 상당한 군사적 전략이 있었다. 군대에서 석전은 두 팀으로 나눈다. 우선 돌팔매군과 방패군으로 나뉜 석전 경기는 마치 공격과 수비를 하듯 뛰어난 전략을 선보였다. 돌팔매군은 방패군과 비교하면 인원수가 반밖에 안 되었으나, 그들은 고도의 돌 던지는 기술이 있었고 파괴력이 커서 인원수의 배가 넘는 방패군을 쉽게 물리칠 수 있었다. 이는 군대에서 석전 부대의 파괴력과 조직력을 확인할 수 있는 내용이다. 더불어 왕이 직접 석전 경기를 보며 패한 부대에 이유를 직접 물어보았다는 것은 석전이 공식적 행사처럼 그 위상이 높았음을 의미한다. 민간과 군대에 이어 또 다른 석전의 방법은 바로 깃발 빼앗기 방법이었다.

> 우선 왼편과 오른편 두 패로 나누어 힘 꽤 쓰는 사람들을 뽑아서 대열을 보충하였다. 왼쪽은 흰 기, 오른쪽은 푸른 기를 세워 표적으로 삼았다. 두 패의 거리를 200보가량 두게 하고 명령하기를 "깃발을 넘어서까지 추격해가면 안 된다"라고 강조하였다. 그리고 깃발만 뺏으면 이기는 놀이였다. 이긴 편에는 상을 후하게 주었다.[43]

---

42) ≪世宗實錄≫권 12. 3年 5月 갑자, 을축, 병인.

43) ≪世宗實錄≫권 12. 3年 5月 병인.

위의 석전은 군대에서 시행했던 기록으로 보인다. 상대방의 깃발을 빼앗는 방법으로 승부를 가렸다. 여기서 중요한 것은 석전을 하던 중 "깃발을 넘어서는 추격하지 않는다"라는 내용으로, 일종의 스포츠맨십이 석전 경기 내에 존재하였음을 의미한다. 즉 석전을 함에 있어 깃발을 먼저 빼앗는 것이 승부의 중요 관건이지, 그 외의 격렬함에는 분명한 선이 있었다. 이처럼 석전을 생활 속에 실시하며 성장해온 우리 민족은 수많은 외세의 침입을 물리칠 수 있었다. 앞서 살펴본 깃발 빼앗기 석전의 내용은 『신증동국여지승람(新增東國輿地勝覽)』의 <경상도 김해도호부 풍속조>에서도 확인할 수 있다.

> 김해지방 풍속에 매년 4월 초파일부터 아이들이 성의 남쪽에 모여들어 돌팔매 싸움 연습을 한다. 그러다가 단오절이 되면 장정들까지 모두 모여 좌우로 편을 갈라 깃발을 세우고 북을 울리고 고함을 치며 날뛰면서 마치 비가 오듯 돌을 던지다 승부가 결정되고야 끝이 난다.[44]

다시 민간의 석전이다. 군대에서 행하여진 깃발 빼앗기 형태의 석전은 신체 단련을 위해 실시하는 민간 석전보다는 뛰어난 군사 전략이 있었고, 구성원의 돌팔매에 전문성이 있어야 승기를 잡을 수 있었다. 김해지방의 민간 석전은 부처님 오신 날에 실시하였고, 아이들이 돌팔매 연습을 하였다.

---

44) 好石戰 每歲 自四月八日 兒童群聚 習石戰于城南 至端午日丁壯畢會 分左右 竪旗鳴鼓 叫呼踊躍 投石如雨 決勝負乃已 雖至死傷 無悔守令不能禁 庚午征倭時 以善投石者 爲先峰 賊兵不能前.

그러다 음력 5월의 단옷날이 되면 마을의 장정들까지 합세하여 규모가 상대적으로 커졌다. 그들의 방식은 전투에 임하는 군인들의 모습과 비슷했다. 좌우로 편을 가르고 깃발을 세우며 북을 치는 등 조직적 활동을 펼쳐 승부가 결정 나면 끝났다. 당시 석전을 통해 일정한 규칙성과 규모 등을 확인할 수 있다.

이제 돌(石)을 던지는 구체적인 방법45)을 살펴보자. 내용은 정약용의 『민보의(民堡議)』46)에서 찾아볼 수 있다.

적이 50~60보 밖에 있으면 가죽끈 사이에 작은 돌을 넣고 돌리다가 던졌다. 이때 사용되는 투석기를 우리말로는 물풀매, 줄팽개라고 했다. 물풀매는 주로 닥나무의 질긴 섬유질로 노끈을 꼬아서 만들고, 양쪽으로 약 60~80cm 정도의 길이로 늘어뜨리며 가운데는 오목하게 짜서 돌을 얹는다.

이렇게 던졌다. 가죽끈 사이에 작은 돌을 넣고 돌렸다가 정확한 타이밍에 놓아 날렸다. 질긴 노끈과 부드러운 가죽을 조화롭게 하여 투석기가 던지듯 돌을 정확히 날린 것이었다. 석전에 활용되는 도구, 용품을 물품매, 줄팽개라 불렀다. 이를 활용한 기술도 나름의 훈련으로 단련되어 섬세하게 과녁을 조준했다. 마치 새총을 날리는 모습과 같이 우리 민족은

---

45) 돌을 던질 때는 노끈의 한끝을 손목에 매거나 손바닥에 쥐고 나머지 한끝은 집게손가락에 걸어 빙빙 돌리다가 집게손가락을 놓으면 돌이 날아간다. 이때 돌을 올리는 물풀매는 꼭 가죽으로 만들어야 한다. 민승기, 조선의 무기와 갑옷(서울 : 도서출판 가람, 2004) p. 325.

46) 다산(茶山)의 국방에 관한 저서. 외침과 반란에 백성이 자치적으로 대처할 전술·장비·조직 등에 관해서 상세히 서술한 것이다. 이조 후기의 국내외적으로 불안한 상황과 관련해서 저작된 것이다.

빠르게 적을 향해 돌을 날렸다.

 이상의 내용을 종합해보면 우리 민족은 석전을 크게 두 가지로 나누어 실시한 것으로 보인다. 우선 민간인, 일반인의 석전에서는 편을 나눠 상대방에게 돌을 던졌고 일정 시간이 흘러 서로 상대에 관한 분노가 치밀어 오를 때 육모방망이를 든 장사들 간의 백병전이 시작되었다. 군대의 경우 석전의 형태는 각 편을 방패군과 돌팔매군으로 나누어 경기하는 방식과 청기와 백기 팀으로 나누어 깃발을 뺏는 방식으로 진행되었다. 또한, 돌(石)을 던지는 방법에는 가죽 물풀매를 적극적으로 활용하였다. 물풀매는 닥나무의 질긴 재질로 노끈을 꼬아 만들었으며 집게손가락을 활용하여 정확한 타이밍에 돌을 날렸다. 이처럼 석전은 우리 민족의 오랜 민속놀이이자 신체단련 방법이었다. 당시 석전은 시대의 대세였다.

3쿼터) 싸움에 남녀노소는 없다(싸움을 무용(石戰舞)으로 승화시킨 민족)

 석전을 즐겼던 민족이다. 주로 개천이나 강을 경계로 두 편의 마을 사람들이 마구 돌을 던지면서 싸웠다. 이내 흥분한 마을 사람들은 백병전을 벌이는 편싸움으로 발전하였다. 석전의 진화(進化)라고 봐야 할지 모르겠으나 마을 단위로, 지역 단위로 편싸움을 하여 이뤄낸 승리는 곧 소속된 지역의 풍요로운 내일, 풍요로운 먹거리를 보장받는 것과 같았다.

1970~80년대까지도 우리나라는 돌싸움의 풍습이 남아 있었으며 마을끼리 몽둥이질까지 하며 싸웠다.[47] 이것이 꾸준히 성장하여 편 가르기와 지역감정이 된 것은 아닐까 생각도 든다. 결국, 그 뿌리에는 농경민족, 풍년을 이루려는 기원이 맞닿아 있는 것으로 보인다. 이와 비슷한 돌 놀이는 여러 나라의 다양한 기록으로 발견[48]된다.

과거 우리나라 조선 시대 역사 속에서 석전이 가장 성행한 지역은 평양을 중심으로 한 서북지방과 개성, 경상도, 안동, 김해지방 등이다. 평양에서는 9월에서 10월까지 늦가을에 돌팔매 놀이가 시작되어 이듬해 정초까지 계속되었다. 석전은 모든 평양 시민이 즐기는 관람 스포츠였으며, 구경하는 사람들로 인산인해를 이루기도 하였다.[49] 북한 서적인 『조선풍속사』와 『조선민속사전』은 석전을 다음과 같이 기록하였다.

> 석전, 돌팔매 싸움, 척석희(擲石戱), 석전 놀이 등에서 유래되었으며 고구려 때는 정초, 고려 때에는 수리 날에 벌어졌다. 부락과 부락 사이에 강을 놓고 남성들이 삼으로 엮은 띠[50]에 돌을 놓고 휘두르다가 상대방으로 날려 보내는

---

47) 허인욱(2005). 앞의 책. p179.

48) 일본의 체육사학자 岸野는 그의 저서인 ≪體育의 文化史≫에서 조선의 석전과 일본의 因地打를 비교하며 生産의 呪術的 意義가 깊음을 제시하고 있다. 즉 석전은 이웃한 일본과 중국등지에서도 발견되는 보편적인 문화였다. 伊能嘉矩, 석전風習た就きて思ひ出づるまにく(人類學雜誌, 1917), pp. 32~33 참조.

49) 김내창(1992). 조선풍속사. 평양: 평양종합인쇄공장. p303; 유광수, 이완형, 홍수일, 조도현, 이대중(2006). 전통문화의 세계. 서울: MJ미디어. p212.

50) 북한 학자인 안용철은 이를 '망패'라고 기록하고 있다. 안용철, 조선민속사전 (평양 : 평양종합인쇄공장, 2004), p 103 참조. '왕패'는 무명실로 꼬아서 만든 약 50-60cm의 노끈으로 그 중간에 돌을 쌓을 수 있도록 했다고 한다. 새로운 무기가 발전하고 실전에서 의미가 감소 되긴 하였으나 '왕패'의 파괴력과 과격함으로 인하여 '왕패'의 사용은 점차 사라졌다. 김내창, 조선풍속사 (평양 : 평양종합인쇄공장, 1992), p. 303.

놀이이다. 이때 이기는 편은 농사가 잘된다.

북한에서는 왕패 혹은 망패라는 이름의 띠를 활용하여 돌
(石)을 멀리 날리고 파괴력도 높였다. 앞서 제시한 정약용의
서적에서는 이러한 띠를 물풀매라고 기록하였다. 당시 석전
에 사용하는 노끈은 시대에 따라 돌띠, 왕패, 망패, 물풀매
등 다양한 이름으로 불렸던 것으로 보인다. 석전의 시행은
수리날, 단옷날에 시행되었다. 이러한 내용 가운데 변화된
석전의 새로운 모습을 발견할 수 있다. 바로 '석전무'다. 안
용철(2004)의 『조선민속사전』은 다음과 같이 기록하고 있다.

> 석전무(石戰舞)는 서도지방51)의 민속무용이다. 평안도 지방에 널리 퍼졌던
> 춤으로 돌팔매 싸움하는 내용이다. 석전무(石戰舞)는 일종의 집단적인 경기
> 놀이인 석전에서 남녀가 한데 어울려 바가지장단에 맞추어 추는 춤이다. 이
> 춤의 특징적 춤동작은 남성들이 집단으로 돌 띠를 휘둘러 돌을 던지는 동작을
> 하고 여성들은 손목을 굽히며 어깨를 가볍게 움직이는 동작 등을 펼친다. 매
> 우 박력 있고 씩씩하며 흥겨운 춤으로 유명하다.

위의 내용을 살펴보면 석전이 실제 형상화되며 돌 띠까지
사용하는 구체적인 방법이 무용으로 승화된 것으로 보인다.
그리고 석전무를 할 때 여성들이 손목을 굽히며 어깨를 가
볍게 움직이는 동작은 현대스포츠에서도 사용되는 손목 스냅
을 이용한 동작이었다. 여기서 특이한 것은 이러한 석전무가

---

51) 황해도와 평안도 지방을 지칭한다. 서도민요가 경기민요와 함께 전국적으로 매우 뛰어
나듯이 서도지방의 석전(石戰舞)에 관한 연구는 차후 연구될 필요성이 크다.

남녀가 함께 춤을 추는 혼성무용이었다는 점이다. 과거 서양 고대사에서 등장하는 스파르타의 군사무용인 피릭(phrhic)[52]과도 매우 유사하다. 석전무에서 남녀가 같이 춤을 추었다는 것은 당시 석전이 매우 대중화되어 있었고 여성에게도 신체 단련을 위한 동작으로 여겨졌다는 것을 의미한다. 나아가 이로부터 강인한 여성상의 모습도 확인할 수 있다.

이처럼 우리 민족은 오래전부터 석전을 했다. 또한, 석전을 무용으로까지 승화시켰다. 즉 남녀노소의 구분이 없이 우리 민족은 싸움을 잘했다. 이는 당시의 석전이 우리 민족에게 단순한 놀이의 의미를 넘어선 대중 스포츠로, 생활 체육의 역할도 수행하였음을 의미한다. 석전은 우리 민족의 오랜 풍습이었다. 풍습은 습관이 된다. 바로 과격한 민족성의 비밀, 어쩌면 그 비밀은 석전(石戰)에 있다고도 할 수 있겠다.

4쿼터) 건들지 마라

석전(石戰)의 역사를 살펴보면 분명히 우리 민족에게 야구를 위한 최적의 피가 흐르고 있음을 확인할 수 있다. 우리는 길을 지나다가 물이 흐르는 곳이 있으면 그냥 지나치지 못한다. 꼭 넓적하고 작은 돌멩이, 던지기 좋은 돌을 골라 이윽고 물을 향해 던지며 물수제비를 떠야만 한다. 어린 시절

---

52) 군사 무용의 성격을 지닌 피릭은 칼과 방패로 무장한 나체의 청년들이 같은 율동으로 움직이면서 각종 전투행위를 모방한 무용이다. 하웅용외7, 앞의 책, p.236.

에는 물수제비를 잘 띄우는 사람이 부러운 적도 있었다. 지금도 아버지나 아들, 딸 등이 돌을 힘차게 던져 물수제비가 마치 숭어처럼 뛰어오르듯 움직이면 온 가족이 환호성을 지르던 모습도 눈에 선하다. 넓적한 돌을 고르고 정확히 손가락 사이에 끼워 수평을 유지해야 물수제비가 잘 띄워진다는 게 비법이다. 마치 야구에서 커브를 던지듯이 말이다.

심지어 야구가 우리 민족의 자치기를 뿌리에 두고 있다고 말하는 사람들도 있다. 체육사는 분명한 근거가 있어야 한다. 이를 주장하기는 근거나 논리가 부족한 것도 사실이지만, 이 글이 논문이 아닌 저서이기에 심적으로 조금의 여유 공간은 있다고 본다. 역사가 짧은 미국에서 등장한 야구지만, 야구는 여러 나라의 역사적 움직임이 더해져 시대 위에 등장했다. 마치 올림픽의 역사처럼 고대올림픽이 이미 있었고, 쿠베르탱이라는 선구자가 근대올림픽을 조직하였기에 지금의 올림픽이 존재하는 것과 마찬가지다. 야구의 개발은 분명 미국이지만 그 뿌리 깊은 곳을 살펴보면 몽골 등 아시아를 통해 우리의 전통 놀이가 전해졌고 이는 분명 '미국 야구에 일부 영향을 줄 수도 있었겠다!'라는 추측을 하게 된다.

거두절미하고 우리 민족은 야구를 잘한다. 석전의 민족, 돌싸움의 민족이라는 특수한 성질이 우리 핏속에 투수의 기질을 안겨줬다. 여기에 그치지 않고 우리 민족은 자치기 등을 통해 타자의 기질도 갖고 있다. 한마디로 우리 민족은 크게는 스포츠의 기질을 타고난 민족이며 작게는 야구의 기질을 타고난 민족이다. 그리고 또 하나, 과격한 민족성도 내재하고 있다. 농사로 풍년을 이루겠다는 염원이 성격 급하고 자존심 강한 민족을 만들었고, 군대에서는 돌팔매군, 척석군 등이 국토 방위의 힘을 과시하였다. 이는 전쟁도 놀이처럼, 놀이도 전쟁처럼 시행했던 역사가 우리 민족을 강하게 단련시켰다는 사실을 알 수 있다.

그랬기에 우리는 오늘도 열정적으로 산다. 그 열정이 때론 급한 성격과 욱하는 모습, 결과를 중시하고 심하면 편을 가르는 모습으로 비치기도 한다. 이런 모습은 그동안 역사 속에서 민족의 아픔이 컸기 때문일 것이다. 이제는 우리가 서로 위로하고 석전의 아픔을 치유할 때다. 스포츠도 마찬가지다. 전략과 전술이 아닌 경기장에서 죽기 살기로 덤비는 스포츠인은 승부에서 이겨도 그 모습은 좋지 못하다. 석전을 하듯 자신의 공격적인 모습이 때론 우리에게 패배보다 더 큰 상처를 주곤 한다. 스포츠를 좀 즐겼으면 좋겠다. 이제는 당연히 그럴 때가 되었다. 석전으로 우리의 민족성이 강해졌다면 스포츠는 서로 함께하고 즐기는 모습이 되어야 한다. 그것이 스포츠의 역할이고 석전이 현시대를 사는 우리에게 전하는 실용적 가치다.

석전에서 돌을 맞아본 사람은 아프다는 것을 너무도 잘 안다. 아픔을 간직한 돌은 가장 아래에 위치해 흙과 맞닿아 있다. 어쩌면 돌은 가장 낮고 가장 큰 힘을 가진다. 큰 힘을 가졌던 돌은 가장 흔해 우리가 무시하기도 하지만, 돌로 한 대만 맞으면 정신이 번쩍 들고 심할 경우 다치거나 죽기도 한다. 이렇듯 돌의 힘은 무섭다. 마치 돌은 우리네 백성, 우리 국민 같다. 그 백성이 좀 드세다. 민족은 마치 경연장에 나서는 투사(鬪士) 같은 성질로 지금껏 살아왔다. 이런 성질의 민족이었기에 보기 드문 경제적 성장도 이룰 수 있었다. 하지만 우리는 급성장한 역사의 과거를 미처 돌아볼 겨를이 없었다. 이제는 석전의 역사를 살펴보고 그 **메시지**를 우리 스스로 이해하고 삶에 적용해보자.

즉 석전이 우리에게 전하는 가장 중요한 지혜는 '**깃발을 넘어선 추격하지 않는다**'는 스포츠맨십이라고 본다. 풍년도 좋고 국토 방위도 좋다. 하지만 더 중요한 것은 모든 국민이 따라야 하는 규칙, 법규를 정확히 지키고 국민 간에 서로를 배려하며 함께 살아가는 것이다. 또한, 우리 민족은 그리 유순하지 않다. 자존감이 센 우리 민족, 주변에서 건들지 말길 바란다. 정말 큰일 날 수 있다. 그것이 석전이 우리에게 전하는 실용적인 지혜다.

어느 민족이나 돌팔매 놀이는 할 수 있다. 하지만 우리 민족은 돌팔매를 조직화하였고 이를 놀이로, 무용으로, 전투로까지 변화, 성장시킨 역동적인 민족이었다. 더불어 놀이를 목숨 걸고 했던 민족이다. 이렇듯 우리 선조는 석전을 통해 강인한 신체를 단련하였다. 강인하고 사나운 민족성의 비밀, 바로 '돌싸움'이었다.

제4장

실전에 강하다
- 무예사 - 무예도보통지

≪무예도보통지≫는 시험에 강하다. 이 말이 무슨 뜻이냐면 ≪무예도보통지≫는 무예 서적으로서의 가치와 의미도 크지만, 최근 체육 관련 자격증 시험에 자주 출제된다는 의미다. ≪무예도보통지≫는 ≪무예제보≫의 6기와 ≪무예신보≫의 18기가 합쳐져 24기의 종합무예로 집대성된 서적이다. 우리는 ≪무예도보통지≫가 단순히 이덕무, 박제가, 백동수가 집필했고 정조에 의해, 즉 왕명에 의해 편찬된 조선 시대 최고의 무예 서적이라고만 알고 있다. 하지만 ≪무예도보통지≫는 우리가 알고 있는 그 이상의 가치가 있는 서적이다. 본 장에서는 그 의미를 ≪무예제보≫와 ≪무예신보≫, 마지막으로 ≪무예도보통지≫와 관련하여 더욱 상세히 살펴보고, 서적이 전하는 지혜를 들여다보고자 했다. 그리고 ≪무예도보통지≫가 우리 민족사를 대표하는 최고의 실전 무예 서적임을 직접 확인하고자 했다.

1쿼터) 동방불패의 규화보전이다

호기심이 가득했던 대학 시절, 꽤 인상 깊었던 한 편의 영화가 있었다. 영화 제목은 '동방불패', 왠지 제목에서부터 무언가 강인함이 느껴졌다. 또한, 무림에서 활약하며 절대 패하지 않는다는 신비스러움이 영화에 호기심을 더했다. 영화를 보고 난 후에도 그 여운은 오랜 시간 남았다. 영화 내용의 중심에는 한 권의 책이 있었다. 주인공이 절대 무공의 '동방불패'가 될 수 있었던 이유는 바로 이 책, '규화보전'을 소유했기 때문이었다. 이 책을 보면 누구나 어마어마한 무공을 가질 수 있다. 책은 세상 속에 숨겨진 비급(祕笈)이었고, 이를 차지하기 위한 등장인물 간의 권모와 술수, 화려한 액션이 바로 이 영화로 몰입시켰다.

체육사를 하다 보니 이와 유사한 우리나라 무예 서적이 있음도 알게 되었다. 당대 최고의 무예(武藝)가 이 책 안에 모두 수록되어 있었다. 영화 속 '규화보전'보다 훨씬 대단한 조선 최고의 실전 무예서, 정조의 ≪무예도보통지(武藝圖譜通志)≫다.

이 책의 첫 장에 책의 편찬자이자, 조선의 제22대 왕인 정조(正祖)는 즐풍목우(櫛風沐雨)라 했다. 이는 '바람으로 머리를 빗고 빗물로 목욕하라'라는 뜻이다. 이는 무예도보통지가 야전 중심의 실전 무예 서적임을 강조하고 있다.[1]

---

1) 중앙일보, 2018년 1월 27일.

우리나라 백성은 무예 서적이 필요, 아니 절실했다. 우리나라는 워낙 주변 나라의 공격을 많이 받았기 때문이었다. 백성이 강해야 이를 견뎌낼 수 있었다. 따라서 백성을 위한 무예가 발달하고 이를 위한 무예서가 존재했음은 어쩌면 당연한 일이었다. 고대 삼국 시대, 고구려의 무덤에는 수박을 하는 선인의 모습이 선명히 드러나 있다. 비슷한 모습이 ≪무예도보통지≫에도 등장한다. 벽화의 그림은 ≪무예도보통지≫의 시범 자세와 서로 비슷하며, 동시에 우리나라의 오랜 무예 역사를 스스로 증명하고 있다. 고구려 수박은 고려와 조선에 이르기까지 백성에게 매우 중요한 수련 종목이었다. 이는 수박이 실전에서 쓰임새가 좋았기 때문이었다. 무예의 역사는 그렇게 흘렀다. 그리고 조선 시대에 이르러 물이 오른 정점에서 무예 서적이 하나 등장하였다. ≪무예도보통지≫다.

무엇을 얘기해도 결론은 ≪무예도보통지≫다. 이렇듯 대단한 우리 고유의 무예 서적이 있음에도 우리 스스로 타국의 규화보전을 찾고 있는 것은 아닌가 한다. 유교의 시대 조선, 조선 최고의 전성기라고 하는 영·정조 시대, 현명한 왕은 미래를 보았다. 특히 정조는 힘을 통해 왕권 강화를 노렸다. 그가 그렇게 중시했던 화성 행차는 왕의 군대를 과시하며 군사력을 백성에게 보여주기 위함이었다. 이에 정조의 국방 개혁은 속도를 더했고 결국 이렇듯 대단한 서적이 나오기에 이른다. 본 내용을 읽을 때 강조하고 싶다. 우리 것이 어쩌면 세계 제일일지 모른다는 놀라운 사실 말이다.

2쿼터) 실전 무예서다[2]

정조가 만든 '굳세고 용감한 군대'라는 뜻의 장용영(壯勇營)과 개혁의 중심지인 규장각, 이곳을 토대로 정조는 ≪무예도보통지≫를 편찬했다. ≪무예도보통지≫에는 창, 검술 등 24가지의 무예가 등장한다. 정조는 ≪무예도보통지≫에 근간하여 병사를 단련시켜 북벌(北伐)을 대비케 했다. 이를 위한 정조의 실천이 바로 화성 행차였다. 화성 행차는 군사력을 과시하기 위한 목적에서 시행되었다. 군사력의 과시는 곧 '왕의 힘'이었기 때문이다. 이렇듯 정조의 국방 개혁으로 백성의 군역 부담은 줄어들었고 왕권도 크게 강화되었다. 정조가 이러한 정책을 펼 수 있었음은 조선 최고의 무예 서적 ≪무예도보통지≫가 있었기 때문이었다. 만약 그의 최고 부대 장용영이 온전히 남아 군사력을 확대 개편하여 줄곧 조선이 강했다면, 외세의 침입이 어쩌면 아주 조금은 줄어들지 않았을까 하는 생각을 하게 된다.

1. 1598 ≪무예제보(武藝諸譜)≫

힘이 없었다. 왜구가 순식간에 국토를 짓밟았음에도 조선은 이를 막아낼 힘이 없었다. 힘이 없으면 누군가 힘센 곳에 구원해 달라 요청해야 하는 것이 인지상정(人之常情), 결국

---

2) 본 장은 조선의 실전 무예의 기본 틀이라 할 수 있는 ≪무예제보≫, ≪무예신보≫, ≪무예도보통지≫ 순으로 기술하였다. 특히 학습에 효과적으로 도움을 주기 위해 이름 앞에 서적의 출간연도를 적시하여 독자의 이해를 돕고자 하였다.

조선은 명나라에 지원군을 요청하게 되었다. 따라서 우리에게 익숙한 이름, 이여송이 이끄는 군대가 조선군과 함께 이틀도 되지 않아 평양성을 탈환하였다. 하지만 평양성을 탈환했음에도 왜군의 칼에 1,000명이 넘는 병사가 전사하였다. 이에 선조는 특별한 조처를 내렸다. 바로 적국의 검법인 왜검법을 항왜[3]를 통해 조선 병사들에게 가르치게 한 것이었다. 이에 관해 최형국(2018)은 『병서, 조선을 말하다』에서 다음과 같이 기록하였다.

> 투항한 왜병에게 한양에 머물게 하고 군직을 제수하여 총검을 주조하거나 검술을 가르치거나… (중략) …또한 항왜병 중 검술이 뛰어난 자에게 군영에서 교습시킬 것을 명령했으나 관심을 두지 않고 흩어 보냈다며 답답해했다.[4]

하지만 조선의 병사들이 정작 왜검법에 관심이 없었다. 그러자 선조는 급히 명나라 검법에 관심을 두게 되었다. 곧 선조는 평양성 탈환의 주역 이여송에게 승리의 이유를 물었다. 이여송은 놀랍게도 한 권의 책을 답으로 내었다. 바로 『기효신서(紀效新書)』, 척계광이 저술한 『기효신서』를 정답으로 제시한 것이었다. 책 한 권이 그토록 놀라운 힘을 발휘할 수 있다는 것에 선조는 놀랐다. 선조는 이 책의 내용을 배우자며, 모르면 배우자고 기효신서를 조선군에 빠르게 이식했다. 하지만 중국의 기효신서를 우리나라 실정에 적용하기는 어려웠다.

---

3) 조선에 항복한 일본인을 말한다. 임진왜란 때 약 1만 명 정도의 항왜가 있었다고 전한다.
4) 최형국(2018). 병서, 조선을 말하다. 서울: 인물과 사상사. pp75~76.

선조는 우리나라 실정에 맞게 해당 서적의 재구성을 명했다.

그의 명에 의해 독특한 형태의 무예 서적 3권이 나온다. 우선 『기효신서』의 내용을 쉽게 이해하고자 만든 『촬요서』, 즉 들고 다니기 편한 작은 서적으로 만든 것으로 『기효신서 절요(紀效新書節要)』다. 다시 말해 『기효신서절요』는 『기효신서』를 중심으로 조선의 군사 실정에 맞도록 더욱 효율적으로 정리한 무예서다. 여기에 군대의 조련과 진법에 관한 그림을 수록한 『병학지남(兵學指南)』이 있다. 조금 더 상세히 설명하면 병학지남은 명나라의 기효신서 중에서 군대의 육성 및 조련 방법만을 집중적으로 요약하여 편찬한 병서다. 특히 이 책은 조직적 군사 훈련인 기고(旗鼓), 행영(行營), 포진(布陣) 등과 관련한 부분을 조선의 현실에 맞게 추려내고 정리한 책이다.[5] 즉 진을 치고 행군하며 호령을 하는 방법 등을 그림과 함께 설명하는, 17세기 이후 군대 연병의 기본 지침서다. 이 책은 서울과 지방의 여러 진영(鎭營)에서 꾸준히 간행되었고 조선 시대 장병들의 대표적 병서이자 필독서였다. 여기에 군사들이 실제 무예 수련을 위한 그림, 연결 동작인 보를 구성한 ≪무예제보≫가 있다. ≪무예제보≫는 당연히 임진왜란으로 고생한 선조가 1598년 낭청(郎廳)과 한교(韓嶠) 등에 직접 지시하여 편찬한 서적이다.[6] 이에 관해 상세히 내용을 살펴보면 다음과 같다.

---

5) 고성익(2015). 언해문의 내용과 표기를 근거로 한 병학지남(兵學指南)의 서지적 계통분석. 진단학보 125. p122.
6) 최형국(2018). 앞의 책. p78.

1594년(선조27년)에 왕의 명으로 중국의 《살수제보(殺手諸譜)》라는 책을 번역하게 되었는데, 그 역할 및 책임을 당시 훈련도감의 제조지휘(提調指揮)였던 한교가 맡아서 명나라의 장군인 허국위(許國威)에게 다수의 질문을 한 끝에 1598년 10월에 번역을 끝냈다.[7]

여기에는 기효신서에 수록된 무예 중 근접전에서 다양하게 활용할 수 있는 6가지가 수록되어 있다. 당시에는 이 책이 전쟁을 종식시킬 수도 있는 비책이었다. 《무예제보》에는 6가지 무예인 곤방, 등패, 낭선, 장창, 당파, 장도 등이 수록되어 있었다. 해당 무예의 실제 모습은 『병학지남연의』에 자세히 기록되어 있다. 장창과 당파는 적을 죽이는 기구이고, 방패와 낭선은 적을 방어하는 기구다. 창과 낭선은 단병 중에 장병이고 방패와 당파는 단병 중에 단병이다. 이 책에서 남선은 등패, 당파는 장창과 함께하며 신속한 방어와 공격을 할 수 있었다. 일종의 변칙 공격 같은 방식이었다. 이렇듯 《무예제보》에는 병사의 적절한 배치, 조화로운 배치를 통해 펼치는 원앙진법의 운영 시 필요한 무예 6가지가 정리되어 있다. 《무예제보》에 대해 김동소(2000)는 다음과 같이 표현하였다.

《무예제보》는 16세기 최후의 한글 문헌이고, 임진왜란 이후 최초로 발간된 새로운 문헌이며, 최초의 언해 병학서(兵學書)이다.[8]

---

7) 김동소(2000). 《무예제보(武藝諸譜)》 해제·색인·영인, 한국말글학 제17집. p455.
8) 김동소(2000). 앞의 책. p451.

이렇듯 가치가 높은 《무예제보》의 전래는 오랫동안 확인되지 않았으나, 최근 세상의 빛을 볼 수 있었다. 1993년 9월 11일, 강원대학교 박기동 교수가 국립중앙도서관의 비도서 자료실에서 《무예제보》의 마이크로필름을 발견하였다. 원본은 프랑스 파리의 동양언어문화학교 도서관에서 소장하고 있는 것으로 알려져 있다. 최근 경기도 수원시에 의해 이 문헌이 공개되었다. 즉 수원시는 2017년 초, 개인 소장자가 가보(家寶)로 여기며 소장 중이던 《무예제보》를 수집하여 세상에 드러냈다. 병자호란, 한국전쟁 등으로 자취를 감추었던 《무예제보》가 드디어 한국 무예 역사 전면에 등장한 것이었다. 가로 약 31.4, 세로 20.4㎝ 크기의 《무예제보》는 앞서 설명한 곤방, 등패, 낭선, 장창, 당파, 장도 등으로 구성돼 있다. 각 보의 형식은 무기 그림과 제원, 무기 사용법, 기예의 도보, 제세총도(諸勢總圖)의 형식을 띠고 있다.9)

《무예제보》는 중국 기효신서의 주요 단병기(短兵器)를 습득하기 위해 전쟁 중 단기간에 만들어진 무예 서적이다. 시간이 흘러 이를 토대로 훈련도감의 도청 최기남에 의해 전쟁을 통한 민족의 경험치가 녹아들면서 『무예제보번역속집』이 1610년 완성되었다. 이는 《무예제보》보다 내용이 보강된 서적이라 할 수 있다. 이후 선조는 사망했고 광해군에 이르러 속집 간행을 통해 일본고 4권을 수집, 내용의 후미를 보강하여 출간하였다. 즉 『무예제보번역속집』은 후에 후금(後金)을

---

9) 인천일보, 2017년 11월 7일.

대비하여 조선이 만든 또 하나의 무예 서적이었다.[10)

이렇듯 『무예제보번역속집』의 초안이 된 ≪무예제보≫는 조선 초기 무예 서적의 서막을 연 첫 번째 한글 무예서였다. 그리고 임진왜란 막바지에 만든, 아주 단기간에 만들어낸 무예 서적으로 진정한 실전을 위한 서적, 또한 지긋지긋한 왜란의 고통을 격파하려는 선조의 간절함이 녹아든 조선 무예사의 걸작품이었다.

임진왜란의 고통스런 시간이 사무치게 스며든 무예 서적, 왜란을 극복하려고 왕의 간절함 속에 명나라의 『기효신서』를 녹여낸 서적이 바로 ≪무예제보≫다.

여기서 ≪무예제보≫의 실체를 처음 세상에 드러낸 수원시의 활약상을 살펴보자. 수원시는 ≪무예제보≫를 세계기록유산에 등재하기 위해 우선 이를 국가지정문화재로 신청하였고 차근히 순서를 밟고 있다.[11) 현재 ≪무예제보≫는 서울특별시 유형문화재 제437호로 선정되어 있다. 과거 4년 전인 2017년 10월 27일, ≪무예도보통지≫가 북한에 의해 세계기록유산 목록에 올랐던 안타까운 기억이 있다. 여기에 ≪무예제보≫가 대한민국에 의해 세계기록유산에 선정되길 진심으

---

10) 중부매일, 2020년 2월 13일.
11) 경기일보, 2018년 11월 15일.

로 바라는 바이다. 이는 ≪무예제보≫가 전쟁 중 편찬되어야
했던, 왕과 백성들의 간절함이 녹아든 유서 깊은 서적이기
때문이다. 우리 민족이 하나 되어 노력한다면, ≪무예제보≫
의 세계기록유산 등재도 충분히 가능할 것으로 보인다.

2. 1759 ≪무예신보(武藝新譜)≫

사람은 살면서 술을 조심해야 한다. 술은 목구멍에 술술
넘어가 술이라고 하지만 술(酒) 때문에 삶에 문제가 생기는
것도 다반사다. 먹고살기 가장 힘든 시절임에도 왕권이 강력
했던 시대가 조선 시대다. 특히 영조와 정조는 그나마 백성
의 삶이 윤택했던 때로 지금도 널리 알려져 있다. 여기서 영
조는 태생의 한계 때문이었는지 원칙을 매우 중시했다. 그는
술을 멀리했고 집권 51년 가운데 50년 동안 국가에 금주령
을 내린 금욕의 왕이었다. 술을 멀리했던 군주 영조, 그가
42세에 낳은 아들이 사도세자다. 아들을 엄청나게 사랑했던
영조가 사도세자에게 크게 실망했던 첫 단추가 바로 술이었
다. 어쩌면 그것이 사도세자가 뒤주에 갇혀 죽을 수밖에 없
었던 사건의 발단[12])이 되었는지도 모르겠다.

아버지 영조는 사도세자에게 완벽한 왕이 되길 원했고, 아
들은 그런 기대가 사뭇 부담스러웠다. 사도세자에게 술은 탈
출구였다. 어긋난 탈선 속에서 사도세자는 아버지에게 인정
받기 위한 마지막 노력을 펼쳤다. 그것이 바로 ≪무예신보≫

---

12) 최형국(2018), 앞의 책. pp146~147.

의 출간이었다. ≪무예신보≫는 1759년 훈련도감의 군교 임수웅(林秀雄)이 사도세자의 명에 의해 편찬한 서적이었다. 책의 편찬을 위해 사도세자가 장수들과 자주 접촉하고 군영 파악을 위해 주요 도시를 순찰하였음은 어쩌면 뒤주에 들어간 결정적 이유가 되었을지도 모르겠다. 높은 위치에 있는 사람이 술과 함께 권력자들과 어울림은 이를 지켜보는 또 다른 권력자들에게 위협을 느끼게 했을 수 있었을 것이다. 옛말에 "오이밭에서는 신발 끈도 매지 말라"라고 했다.

　사도세자의 이러한 활약 때문이었는지 그는 뒤주에 갇혀 죽음을 맞이했다. 더불어 그가 출간한 ≪무예신보≫도 지금까지 발견되지 않고 있다. 다만 사도세자의 문집은 ≪무예신보≫가 ≪무예제보≫ 6기와 연결한 18가지 무예를 담고 있다고 전한다. 아직 ≪무예신보≫의 행방을 알 수는 없으나 2016년 발행한 박귀순(2016)의 논문은 다음과 같이 기록하고 있다.

> ≪무예제보≫ 6기에 죽장창(竹長槍), 기창(騎槍), 기창(旗槍), 예도(銳刀), 왜검교전(倭劍交戰), 월도(月刀), 협도(挾刀), 쌍검(雙劍), 제독검(提督劍劔), 본국검(本國劍), 권법(拳法), 편곤(鞭棍) 등 12기 무예가 더해져 총 18기 무예가 기재…(중략)…사도세자의 시문집인 능허관만고(凌虛關漫稿)를 통해 ≪무예신보≫의 내용을 짐작할 수 있다. 연병지남(練兵指南)과 관련된 12기를 나열했는데, 십팔기 명칭이 처음 있기 시작했다. ≪무예신보≫가 가진 가장 큰 의미는 ≪무예제보≫와 ≪무예도보통지≫를 연결하는 중요한 사료로서 가치가 매우 높다는 점이다.[13]

---

13) 박귀순(2016). 무예도보통지의 반 개념 형성에 관한 연구. 한국체육사학회지. 21.4호. pp5~8.

≪무예신보≫에는 ≪무예제보≫의 6기에 연병지남과 관련된 12기가 더해졌다. 이는 곧 ≪무예신보≫에 십팔기가 수록되었음을 의미한다. 즉 6기는 ① 곤방, ② 등패, ③ 낭선, ④ 장창, ⑤ 당파, ⑥ 쌍수도를 말한다. 12기로는 ① 본국검, ② 제독검, ③ 예도(조선세법), ④ 쌍검, ⑤ 월도, ⑥ 쌍수도, ⑦ 협도, ⑧ 죽장창, ⑨ 편곤, ⑩ 권법, ⑪ 왜검, ⑫ 교전을 말한다. 이렇게 무예제보 6기와 12기가 더해져 조선 고유의 십팔기가 완성되었다.

십팔기에 관해 박금수(2007)는 조선 후기 공식 무예의 명칭이 '십팔기'임을 강조하였다. 그리고 십팔기는 한, 중, 일 삼국의 공통된 전통과 흐름을 같이 한다고 하였다. 무엇보다 그는 십팔기의 형성이 무예제보 6기를 시작으로 무예도보통지가 편찬되기까지 200여 년간 국가적 차원에서 이뤄낸 결실임을 자신의 논문에서 강조하였다.14)

십팔기는 조선 후기에 체계화된 18가지 종합 병장 무예로 ≪무예도보통지≫를 통해 전해진다.

≪무예신보≫는 명의 검법이라 할 수 있는 6기에 조선만의 경험치를 더하고자 한 것으로 보인다. 그리고 이때 십팔

---

14) 박금수(2007). 조선 후기 공식 무예의 명칭 십팔기에 대한 고찰. 한국체육학회지. 46(5). p63.

기의 명칭이 처음으로 사용되었다. 마침내 임진왜란 후기에 간절함으로 완성된 ≪무예제보≫가 명나라 무예의 기록에 조선의 기록을 조금 더 했다고 볼 수 있다. 여기에 사도세자는 조선의 경험치를 듬뿍 더해 십팔기를 완성, ≪무예신보≫를 통해 십팔기 무예가 조선만의 무예로 급성장한 것이었다. 십팔기는 후에 정조의 친위 부대라 할 수 있는 장용영에서 반복 훈련을 하며 더욱 강력한 조선 최고의 무예가 되었다.

우리가 현재를 살아가며 기억해야 할 ≪무예신보≫의 핵심 내용으로, 사도세자의 문집인 능허관만고(凌虛關漫稿)의 <예보육기연성십팔반설>에 한교가 중국의 장수 허유격(許遊擊)과 나눈 이야기가 있다. 그 내용에 총 4가지의 '무예의 요체(要諦)'가 등장한다.

무예의 요체 중 첫째는 **대담함**, 둘째는 **힘**, 셋째는 **정밀함**, 넷째는 **날램**이다.15)

무술의 핵심은 이 4가지였다. 순식간에 생사(生死)가 왔다 갔다 하는 전장(戰場)에서 대담함은 그 무엇보다 중요했다. 여기서 영화를 비교하는 것은 무리가 있겠으나, 대담함이 필요했던 기억에 남는 영화 명장면이 있다. 바로 제2차 세계대전 노르망디 상륙작전을 배경으로 1998년 개봉한 「라이언

15) 최형국(2018), 앞의 책, pp246~248. (一膽, 二力, 三精, 四快).

일병 구하기」라는 영화다. 영화에서 동료들이 총을 맞는 결정적 상황에서 같은 편 병사의 두려움에 찬 무기력함이 동료를 죽음으로 내모는 아쉬움 가득한 장면이었다. 이처럼 때로는 대담함이 여러 명의 생사를 가르는 열쇠가 되기도 한다. 전쟁 같은 삶, 현대인의 삶에서 꼭 필요한 덕목 중 하나가 또한 '대담함'이라고 할 수도 있다. 최고의 리더의 삶 속에는 좌절을 모르는 대담함이 녹아있다.

여기에 힘, 즉 체력도 필요하다. 2014년 등장한 「미생」이란 드라마가 있다. 이 드라마에서의 대사가 본 덕목과 딱 들어맞는다고 본다.

> 네가 이루고 싶은 게 있거든 체력을 먼저 길러라. 네가 종종 후반에 무너지는 이유, 대미지(Damage)를 입은 후에 회복이 더딘 이유, 실수한 후 복구가 더딘 이유, 다 체력의 한계 때문이다.

이 대사는 우리에게 많은 생각이 들게 한다. 힘, 즉 체력은 무엇을 함에 있어 가장 필요한 삶의 기본 요소다. 그리고 무예는 여기에 정밀함과 신속함을 더한다. 무예를 시행하기 위해서는 대충이 아니라 정밀함이, 느긋함이 아니라 신속함이 필요하다. 이렇듯 ≪무예신보≫가 전달하는 단편적 내용 하나로도 사도세자는 우리에게 강력한 메시지를 전하고 있다.

이토록 의미 있는 ≪무예신보≫는 아직 우리에게 전해지지 않고 있다. 시간이 흘러 ≪무예신보≫가 세상 누군가에 의해 빛을 볼 날을 기대한다. 뒤주와 함께 암흑에 갇혀버린

≪무예신보(武藝新譜)≫, 세상을 밝히는 신보(新報)로 수면 위에 드러나길 기대하는 바이다.

3쿼터) 왕이 명 하느니 '실전에 강해라'

병서는 국가의 흥망성쇠와 관련되어 있고 작게는 뭇 백성의 삶과 죽음에 이른다. 그러니 어찌 두려워하지 않을 수 있겠는가.[16]

정조 집권 1년 만인 1777년에 왕궁에 자객이 침투하였다. 자객 가운데는 그를 호위하는 금군도 포함되어 있었다. 이는 단순한 자객 사건이 아니었다. 금군 150명 중 50명이 가담한 정조 시해 사건이 일어난 것이었다.[17] 이로 인해 정조는 왕의 직속 명령을 따르는 장용영을 만들었고 그들에게 자신의 아버지인 사도세자의 18기를 연마토록 하였다. 여기에 더불어 그동안 조선이 소홀했다는 단병무예와 마상무예를 집대성하여 강한 전투민족을 꿈꾸었다. 심지어 정조는 해당 서적에서 중국의 쌍수도와 일본의 왜검까지 수록하며 '**지피지기면 백전백승**'을 꿈꾸었다.

이를 위해 정조는 커다란 결심을 하기에 이른다. 실전에 강해지기 위해 5천여 년의 역사 동안 꾸준히 해왔던 활쏘기를 버리고 실전 무예를 선택, 집대성한 것이다. 그 서적이

---

16) 최형국(2018), 앞의 책, p4.
17) KBS(2011). 역사스페셜, 이것이 조선의 무예다. 무예도보통지. 방송: 2011.9.15.

바로 무예도보통지다. 솔직히 버렸다는 표현보다는 더 필요한 것을 적시해놨다는 표현이 타당할 것이다. 하지만 그만큼 **우리 민족에게 활쏘기를 제외했다는 것은 대단한 변화**였다. 무언가를 오랫동안 해왔었는데 버린다는 것은 쉽지 않다. 하지만 그만큼 절박했기 때문이었다. 살다 보면 세상에서 가장 하기 어려운 것이 '변화'다. '반드시 변화하셔야 살 수 있습니다'라며 지금도 우리에게 말하고 있는 대표적인 사람들이 바로 의사, 다이어트 전문가 등이다. 그들이 삶 속 '변화'를 입에 달고 사는 이유는 '변화'가 절대 쉽지 않기 때문이다. 성인병과 다이어트, 이 2가지만 예를 들어봐도 '삶 속 변화'가 얼마나 어려운지를 여러분도 단박에 이해할 수 있을 것이다. 과거 변해야 우리 민족이 살 수 있다며 왕이 직접 명하여 편찬한 병서(兵書)가 바로 본 장의 하이라이트, ≪무예도보통지≫다.

1. 1790 ≪무예도보통지(武藝圖譜通志)≫

"임진왜란 때 숭례문으로 가등청정의 군대가 한양으로 입성했고, 흥인지문으로는 소서행장의 군대가 입성했다. 일본의 처지에서 보면 이 두 개의 문은 전쟁 때 자국의 개선군을 목격한 장소이기에 보물 1호와 2호로 지정했다. 국보도 아니었다. 국보는 일본에만 있는 것이고 식민지 조선에는 기껏 보물 정도로 족하다"[18]는 우리 유산에 대한 품격을 떨어뜨리겠다는 의지가 '보물'이란 이름으로 남았다.

---

18) 매거진 한경. 2015년 11월 20일.

그렇게 지금까지 흘러왔다. 숭례문은 국보 1호, 홍인지문은 보물 1호 등이 그 대표적인 예이다. 이는 문화재의 서열화를 조장한다는 비판이 지속적으로 제기되었다. 결국 문화재 지정번호 제도가 제정된 지 60년 만인 2021년, 이를 개선할 예정이다. 이에 기존의 지정 번호는 내부 관리용으로만 활용되고 숭례문은 '국보 숭례문', 홍인지문은 '보물 홍인지문' 등으로 불리게 된다.[19] ≪무예도보통지≫를 이야기해야 하는데 갑자기 왜 숭례문, 홍인지문 등에 관한 이야기를 하는 것일까. 조금은 답답한 심정 때문이었다.

우선 과거 1962년 문화재보호법 제정 때 아쉽게도 문화재 역사에 대한 적극적인 검토 없이 우리의 소중한 유산이 국보와 보물이란 이름으로, 일제강점기의 분류 방식을 그대로 답습했다는 사실이 아쉽다. 더불어 그 아쉬움은 무예도보통지가 2016년 북한에 의해 세계기록유산으로 등재되며 왜 우리가 먼저 등재를 위해 노력하지 못했는지에 대해 느끼는 아쉬움과 비슷했다. 이는 모두 역사에 대해 소홀했기 때문이었다. 또 다른 이유는 여기서 언급한 숭례문과 홍인지문은 수도 한양의 관문이며 특히 홍인지문의 경우 조선의 무예 성장과 밀접한 장소라는 것을 강조하기 위함이었다. 이곳은 현재 동대문(東大門)으로 조선 시대 훈련원과 하도감이 있던 곳이다. 수도는 모든 곳이 중요한 군사적 요충지였으나 이곳은 특히 더 중요했다.

---

19) 경향신문, 2021년 2월 8일.

여기서 훈련원은 조선 시대 군사 양성소다. 하도감은 훈련
도감(訓鍊都監)에 속한 관정의 하나다. 훈련도감은 임진왜란
후 1593년 류성룡이 설치한, 조총을 다루는 군사를 둔 곳이
었다. 또한, 이곳은 조총과 화약, 화기를 제작하고 훈련한 곳
이기도 했다. 그리고 이 주변을 헐어 1919년 9월 공원을 조
성하고 1922년 하도감과 한양도성을 헐어 야구장과 육상경
기장을 건설하였다. 이어 1925년 경성운동장이 들어선다.[20]
바로 우리나라 최초의 종합 공설운동장으로 주목받는 경성운
동장, 즉 동대문운동장이다. 체육사적으로 가장 중요한 장소
동대문운동장, 원래 이곳은 조선의 병사들이 조선 최고의 무
예서를 수련하며 강해지던 곳이다. 조선 최고의 무예서인 ≪
무예도보통지≫가 제대로 대접받은 장소가 바로 이곳이란
의미다.

> 무예도보통지는 정조(1776~1800)의 명에 따라 이덕무(1741~1793)와
> 박제가(1750~1805)가 장용영 초관(哨官) 백동수에 군실무(軍實務)를 물어
> 정조 14년(1790)에 이룩되는 무예도보통지(4권 4책)에 해석(1책)을 부쳐
> 간출(刊出)한 것이다.[21]

문과 무를 동시에 중시했던 정조는 1776년 궁궐 안에 왕
립도서관인 규장각을 설치하며 문을 중시했다. 이곳에서는
각종 연구와 편찬 사업을 크게 장려하였다. 특히 그는 왕권

---

20) CNB저널, 2019년 2월 18일.
21) 학문각(學文閣), 1970. 무예도보통지(전). 서울: 신한서림. 해제(解題) p1.

강화를 위해 무인들의 수련에도 많은 관심을 두었다. 당시 무인의 무예 수련은 조직적이지 않았고 몇몇 무예 서적을 토대로 비체계적인 수련이 시행되고 있었다. 이를 안타깝게 여긴 정조는 왕명으로 규장각 검서관인 이덕무(李德懋)와 박제가(朴齊家), 장용영의 장교 백동수(白東修) 등에 명하여 종합무예 서적을 편찬케 하였다. 그들은 해당 서적 편찬을 통해 문과 무를 갖춘 균형적 인물로 성장했다. 이때 그들이 편찬한 서적이 바로 ≪무예도보통지≫다.

> 신 이덕무에게는 옛 비서를 펴 조사하게 하고 신 박제가에게는 찬집(纂輯) 하는 틈을 타서 부족한 부분을 보충하여 본을 새기고, 신 백동수는 병영의 군교들과 병장기를 아는 자에게 기예를 하게 하고 그 기법을 살폈다. 판각을 새기기 시작해 3개월 걸려 공정을 마치니 책이 다섯 권이나 되었다.[22]

이 책의 이름을 해석해보면 '무예'란 무에 관한 기예를 뜻하고, '도보'란 어떠한 사물을 실물의 그림을 통해 설명함으로써 체계적으로 분류하는 것을 의미하며 '통지'는 모든 것을 망라한 종합 서적임을 제시한다.[23] 이를 종합해보면 **무의 기예를 그림을 통해 분류한 종합 서적, 그것이 바로 무예도보통지다.**

무예도보통지에 다량의 사진이 수록되어 있음은 시대를 확인할 필요가 있다. 조선 후기는 바로 실학사상이 크게 팽배해있을 때다. 서양 과학의 도입과 실사구시(實事求是), 이용

---

22) 이덕무, 박제가, 백동수(1984), 국역, 무예도보통지. 민족문화사. p30.
23) 하웅용외7(2018). 스포츠문화사. 경기: 한국학술정보. p250.

후생(利用厚生) 등의 실학사상이 팽배해지며 조선 후기의 다수 기록은 많은 사람에게 있는 그대로의 실물 모습을 전하고자 했다. 대표적인 예가 정조 14년 발행한 ≪무예도보통지≫와 정조 19년에 발행한 ≪원행을묘정리의궤≫, 그리고 철종 12년에 발행한 <대동여지도> 등이다. 이에 관해 이현경(2010)[24]은 다음과 같이 중요 서적 6가지를 제시하였다.

> 원행을묘정리의궤, 황성성역의궤, 무예도보통지, 오륜행실도, 동국지도, 대동여지도

또한 그녀(2010)는 당시 기록물의 특성으로 정보의 생성을 위한 **독창성,** 정보의 압축을 위한 **전문성,** 정보의 계승을 위한 **객관성** 등 3가지를 강조하였다. 이러한 특징 가운데 특히 많은 사람에게 정보의 이해를 쉽게 전하기 위해 **독창성을 품고 태어난 서적**이 바로 ≪무예도보통지≫였다.

해당 서적은 ≪무예통지≫, ≪무예도보≫, ≪무예보≫라고도 불렸다. 서적은 선조 31년인 1598년에 한교가 6가지 무예를 중심으로 편찬한 ≪무예제보(武藝提報)≫와 영조 35년인 1759년에 사도세자가 18가지 무예를 중심으로 편찬한 ≪무예신보(武藝新譜)≫를 모체로 하고 있다. 그뿐만 아니라 ≪무예도보통지≫는 중국과 일본, 우리나라의 무예 서적 145권

---

24) 이현경(2010). 무예도보통지의 정보디자인 구조연구. 홍익대학교 미간행 석사학위논문. p12.

등을 고증하여 만든 종합무예서다. ≪무예도보통지≫에는 무기를 설명하는 과정에서 각기(各技)마다 중국식과 우리나라 방식(我國式)을 뚜렷이 구분하여 설명하고 있으며, 도식(圖式), 설(說), 보(譜), 도(圖), 총보(總譜), 총도(總圖) 등으로 나누어 도식(圖式)으로 쉽게 설명하고 있다.

≪무예도보통지≫의 무예 구성은 다음과 같다. 칼이나 창 등의 짧은 병기인 단병을 활용하는 무예 24종으로 된 본문의 구성을 보면, 권1에는 ① 장창, ② 죽장창, ③ 기창, ④ 당파, ⑤ 기창, ⑥ 낭선 등 6가지의 찌르기 동작이 수록되어 있다. 권2에는 ⑦ 쌍수도, ⑧ 예도, ⑨ 왜검, ⑩ 교전 등 4가지가 수록되어 있다. 권3에는 ⑪ 제독검, ⑫ 본국검, ⑬ 쌍검, ⑭ 마상쌍검, ⑮ 월도, ⑯ 마상월도, ⑰ 협도 및 요도, ⑱ 표창을 사용하는 등패 등 8가지가 수록되어 있다. 권2와 권3의 내용은 베기의 동작이다. 권4에는 ⑲ 권법, ⑳ 곤봉, ㉑ 편곤, ㉒ 마상편곤, ㉓ 격구, ㉔ 마상재 등 6가지(여기에 관복도설, 고이표 추가)로 모두 24기(2종 추가)로 구분되어 있다.[25] 권4의 내용은 치기의 동작을 말한다.

결국, 각 권에는 최종 찌르기 6기, 베기 12기, 무예 6기가 더해져 24기다.[26] 여기서 마상무예 6기는 북벌에 뜻을 두고 현실적 필요성에 의해 수록되었다. 그 외에 관복도설은 기예에 맞게 각기 필요한 옷차림새를 그림으로 그리고 설명한

---

25) 최승아(2014). 무예도보통지의 신체 교육적 의미. 강원대학교 미간행 석사학위논문. pp18~38.
26) 김영호(2002). 조선의 협객 백동수. 푸른 역사. pp208~210.

내용이다. 고이표는 군영에 따라 무예의 자세를 비교해 놓은 비교표다. 이처럼 정조는 무예도보통지를 전국적으로 교육하였고 24반 무예는 마군(馬軍)과 보군(步軍)의 별기에 해당하였다. 정조가 자신의 수호대 장용영을 통해 무예도보통지의 24기 무예를 표준화, 보급하려 했음은 장용영 충원이나 간부 등에 대한 24반 무예 강조 등에서 잘 드러난다.27) 정조는 ≪무예도보통지≫를 통해 기병의 무예를 강조했다.

> 전투에서 기병의 임무란 즉각 총돌격하여 근거리 육박전으로 적진을 무너뜨리는 것이다. 말 위에서 휘두르는 편곤은 가볍고 파괴력이 뛰어나 적에게 큰 대미지를 주었다. 또한, 기병이 적진까지 안전하게 달려가기 위해서는 적으로부터 안전하게 몸을 피하거나 감추는 동작, 마상재(馬上才)가 필요했다. 여기서 마상재는 곡예가 아니라 전시에 필요한 필수적 요소였다. 이를 정조는 제대로 세상 위에 드러낸 것이었다.28)

그러나 서적에는 등패의 사용에 있어 허리에 차는 칼인 요도(腰刀)와 표창을 분리하여 24기로 기록하였다. 최근 중국과 일본 등에서도 동양 무술사의 기술에 있어 ≪무예도보통지≫의 내용을 다수 기록하고 있는 것을 보면 해당 서적의 가치가 얼마나 대단한지를 알 수 있다. ≪무예도보통지≫에 있어 특이한 사항은 해당 서적이 조선조에 가장 대표적으로 시행되었던 활쏘기에 대해서는 일절 다루지 않고 있다는 사실이다. 이유는 ≪무예도보통지≫의 집필 의도에 있다.

---

27) 배우성(2001). 정조의 군사정책과 무예도보통지 편찬의 배경. 진단학회(91). pp331~354.
28) 정해은(2004). 한국전통 병서의 이해. 국방부 군사편찬연구소. p367.

우리나라에서는 오직 '궁시(弓矢)' 하나만을 전 국민이 중시하였기 때문에 임진왜란에서 칼과 창의 기예 연습이 전혀 이루어지지 않아 왜구에게 크게 당했다. 이렇듯 가슴 아픈 역사를 반복하지 않기 위해 최고 무예 서적에서 활쏘기를 제외하고 편찬한 것이다. 어찌 보면 정조는 전쟁의 승패에서 원거리가 아닌 단거리를 중시하면서, 이를 단병기 중심과 마상무술 중심으로 조선의 군대를 변화시키기 위한 첫 시작점으로 삼았는지도 모른다.

> 우리나라에서 예로부터 전하는 것이 오직 활쏘기 일기(一技)뿐이고 검, 창 등은 기구가 있을 뿐 이를 익히고 활용하지 않았다. 따라서 왜인과 싸움에 있어 그들이 돌진해오면 아군을 비록 창을 갖고 검을 차고 있어도 검은 칼집에서 나올 틈이 없고 창은 적과 맞서 보지도 못하고 적의 칼날에 쓰러진다. 이는 전혀 검과 창의 습법이 전해지지 않았기 때문이다.[29]

즉 제외한 이유는 활쏘기의 보편화, 그리고 활쏘기만을 강조한 것이 임진왜란 피해의 원인이라 생각했기 때문이다.[30] 그래서 이미 다수 국민이 알고 있는 활쏘기는 제외하고 무예도보통지에는 검과 창 중심의 기술이 이루어진 것이었다. 가장 먼저 조선의 활쏘기에 대한 의존도를 변화시켜야 한다는 것이 바로 임진왜란의 교훈이었고 그 구체적 결정체가 ≪무예제보≫, ≪무예신보≫, 마지막으로 조선, 아니 정조대왕의 세련미가 가미되어 총 집대성된 ≪무예도보통지≫였다.

---

29) 경향신문. 1995년 4월 26일.
30) 한국체육사학회(2015). 한국체육사, 서울: 대한미디어.

무예도보통지는 국가적 차원에서 집대성하여 성장시킨 종합무예 서적으로 병사 선발과 훈련에 있어 그야말로 시대의 표준이자 중심이었다. 누구나 무관이 되기 위해 수련해야 했던 무예도보통지, 그 이면에는 단병 무예를 강화하여 시대를 극복하려는 정조 대왕의 강력한 의지의 발로였다.

≪무예도보통지≫는 조선 최고의 무예 종합 서적이다. 백동수와 장용영의 무술 노하우를 이덕무와 박제가 절묘하게 기록했고 그들이 놀라운 문헌 연구 실력으로 기가 막히게 집대성했다.[31] 정조는 무예도보통지가 완성되자 이를 무과에 채택, 조선의 공식 무예서로 삼았다.[32] 김현경(2002)의 글로 ≪무예도보통지≫가 얼마나 대단한 그림을 소장하고 있는지 살펴보면서 본 쿼터의 내용을 정리하고자 한다.

조선의 기록문화는 ≪무예도보통지≫의 조선식 무예가 성장하는 데 풍부한 영양을 제공하였다. 자칫 단편적 무예의 나열이 될 수 있었던 무예 지침서가 조선 후기 실학사상과 정조의 극적인 만남으로 무예도보통지가 간행되었다. 놀라운 것은 조선의 디자인 업적을 나타내는 하나의 사례다.[33]

---

31) 이에 관해 1991년 5월 7일 한겨레신문에는 "육태안(38)씨는 무예도보통지는 중국과 일본의 무예를 집대성한 것이 아니라 기효신서 등 중국 무예서를 베낀 것이라 주장. 그는 이덕무, 박제가 무인이 아니어서 무예를 집대성할 능력이 부족했고, 당시 사대주의는 충분한 배경이 되었을 것"이라는 내용의 글이 있다. 비판 없는 역사 수용은 있을 수 없으나 이는 척계광의 계승의식으로 인해 기인한 것으로 보인다. 주체성의 시각으로 내용 속에 스며든 우리 무예의 고유한 혼을 발견하는 것이 더 중요하다고 본다.

32) 정조실록, 1793년 1월 12일.

33) 이현경(2002). 앞의 논문. p92.

4쿼터) 실전에 강하려면

원시 시대의 체육에 있어 가장 주목받는 부분이 바로 **생존**이다. 생존에 있어 주목할 부분은 인류의 생존에 위협하는 것들에 대한 적극적 방어다. 살다 보면 누구나 느끼는 것이지만, 좀 과장해서 생각해보면 인류의 생존에 가장 위협이 되는 것은 다름 아닌 인류였다. 여기에 하나의 예시를 더 들어본다면 외국에 나간 한국인이 가장 조심해야 하는 사람들은 바로 외국에 사는 한국인들이다. 물론 외국에 사는 바른 한국인이 많은 것도 사실이지만, 생존을 이야기하다 보니 현실성 있는 예를 들어야 했다. 결국, 인류는 생존을 위해 무언가로 자신을 방어해야 했고 훈련을 통해 강해지고자 노력해야 했다. 즉 생존은 삶에 있어 가장 중요한 실전이었고, 이를 위해 태어난 것이 바로 무예(武藝)였다.

그렇게 무예는 성장했고 우리나라에도 고유한 무예가 자라났다. 그 무예를 총 집대성한 서적이 ≪무예도보통지≫다. 누구나 책만 보고도 배울 수 있게 한 책이었다. 이러한 종합무예 서적이 탄생할 수 있었던 것은 왕이 주도했기 때문이었다. 이는 왕명으로 한, 중, 일의 무예를 집대성하여 기록한 종합무예 서적이었다. 무예도보통지는 시간에 의해 군인에게 학습되었고 **국가의 표준 무예**로 성장했다. 조선의 군대는 최고의 책에 의해 더욱 강해졌고, 왕권도 더욱 강화되어 갔다. 이처럼 조선 시대는 강한 문(文)의 시대였지만 역대 가장 뛰어난 무(武)의 서적이 출간된 시대였다. 그 기저에는 임진왜란이라는 전쟁이 있었다. ≪무예제보≫와 ≪무예신보≫를 통해 완성된 ≪무예도보통지≫는 승리의 간절함으로 출간된 것이었기 때문이었다.

조선의 무혼(武魂) ≪무예도보통지≫, 왕이 직접 나서 국가적 차원에서 조선, 중국, 일본의 최고 무예를 집대성한 동아시아 무예의 보고이다. 특히 동작의 형과 대련을 결합함으로써 조선다운 권법으로 체계화되었다.[34]

무예도보통지에는 과거와 현재, 미래가 그대로 녹아들어 있다. ≪무예제보≫와 ≪무예신보≫를 기초로 앞으로는 마상무예가 성장할 것이라는 왕의 강력한 의지가 ≪무예도보통지≫에 녹아들어 있었다. 따라서 단병(短兵) 24기가 수록되어 있으며, 여기에 마상재(馬上才)까지 포함하고 있었다. ≪무예도보통지≫의 위대함에 감탄하며, 본 장을 통해 무예도보통지가 전하는 실용적인 지혜를 살펴보고 우리 삶에 녹여내야 할 것이다.

무예도보통지는 우리에게 몇 가지 지혜를 전하고 있다.

우선, 삶 속에서 정말 중요한 것이 바로 국가에 대한 국민의 애국심이란 점이다. ≪무예도보통지≫의 시작점은 임진왜란 극복 의지가 투영되어 전쟁 중 출간된 ≪무예제보≫다. 나라가 없으면 개인도, 사회도, 모든 것의 존재가 없어짐을 명심해야 한다.

---

34) 국립태권도박물관, 2019년 8월 23일.

두 번째로 삶 속에서 필요하고 중요한 것이 개인의 강함, 체력이란 점이다. 하고 싶은 일이 있다면 고통을 묵묵히 견뎌줄 체력을 먼저 보강해야 한다.

세 번째로 삶 속에서 필요한 것이 바로 표준이란 사실이다. 세계적 기업 삼성이 그토록 이루고 싶은 것 가운데 하나가 바로 세계 표준이다. 무예의 표준, 무예도보통지를 통해 표준의 의미를 다시금 되새기게 된다.

네 번째로 삶 속에서는 실전에 강해야 한다는 점이다. 무예도 실전이지만 우리네 삶도 실전이다. 실전에 강하면 원하는 바를 분명 성취할 수 있다.

다섯 번째로 삶 속에서는 성장의 단계가 분명히 존재한다는 사실이다. ≪무예도보통지≫는 분명 ≪무예제보≫가, 그리고 ≪무예신보≫가 있었기에 등장이 가능했다. 꾸준한 성장의 미덕, ≪무예도보통지≫가 우리에게 지혜를 보고한다.

여섯 번째로, 삶 속에서는 보여주는 것도 매우 중요하단 점이다. 단편 무술 지식으로 그쳤을 무예 서적이 조선 후기 실학사상과 만나며 입체감 있는 이미지의 무예 교본 서적으로 탄생했다. 선명한 이미지는 논쟁에서 다소 자유로울 수 있으며 초보자가 쉽게 접근할 수도 있다. 장면을 연결하면 마치 애니메이션처럼 이어진다. 이는 무술의 저변 확대라는 측면에서 실로 대단한 정조의 업적이었다.

살면서 정말 중요한 것 가운데 하나가 타인에게 보이는 이미지이다. 더불어 ≪무예도보통지≫의 '관복도설'은 각 기예에 맞는 복장을 별도로 강조한다. 다른 이의 시선에 보이는 이미지와 복장, 그 맥이 같다고 할 수 있겠다. **살면서 보이는 것들에 대한 중요함,** 해당 서적은 이러한 내용까지도 별도로 수록하여 강조하고 있다. 살면서 우리 스스로가 반드시 유념해야 하는 부분이다.

그렇다면 **실전에 강하려면** 어떻게 해야 하는가. 현대인의 삶은 가능한 모든 것이 다 실전이다. 대학 입학 시험부터 입사(入社)를 위한 시험까지, 모든 것이 시험이다. 여기서 앞서 무예신보 편에서 전한 실용적 지혜를 엿볼 수 있다.

실전에 강하려면 첫째 **대담(大膽)**해야 한다. 즉 강심장이 되어야 한다. 스트레스에 강하며 두려움을 떨쳐 앞으로 나가야 한다는 것이다. 둘째는 **힘**이 있어야 한다. 앞서 이야기한 바와 같이 고통을 견딜 체력이 있어야 한다. 셋째는 초점에 맞는 **정밀함**이 있어야 한다. 우리 마음속에 실패로 가는 커다란 기생충이 있다고 한다. 바로 대충이다. 때로는 정밀함이 실전에 강한 지름길이다. 넷째는 **날램**이다. 빨라야 한다. 늘 수업 시간에 강조하는 것이 있다. "사람마다 아이큐는 차이가 있을 수 있다. 하지만 부지런하지 않다면, 성실하지 않다면 세상살이가 분명 힘들다." 누구는 빨리빨리가 대한민국을 힘들게 했다고 하지만 어찌 보면 빨리빨리가 지금의 대한민국을 만들었다고 봐도 과언은 아니라고 본다. 부지런한 대한민국, 그 힘의 기저에는 성실함, 빨리빨리 정신이 자리하고 있다.

마지막으로 이러한 것을 기초로 무예도보통지가 우리나라의 오랜 혼이라 할 수 있는 **활쏘기를 버린 점,** 실전에 강하려면 경험을 통해 얻은 단점을 과감히 버릴 줄도 알아야 한다는 것을 기억해야 한다.[35] 그것이 변화의 시작이고 **변화**는 실전에서 강해짐에 있어 중요한 필수 조건이었다. 이처럼 삶 속에서 우리 것에 대한 소중함을 분명 기억하여야 한다. 최초이자 최고의 서적 ≪무예도보통지≫, 그 자체가 우리 문화의 자랑이고 우리 민족의 쾌거다. 실전에 강한 자긍심 센 민족의 비밀은 바로 ≪무예도보통지≫였다. 본 장의 마무리는 최형국(2020)의 글로 맺고자 한다.

> 무예도보통지는 18세기 조선의 단병 무예를 집대성했다. 임진왜란을 치르면서 조선에 새롭게 보급된 보병 창검 술과 기병 마상무예를 글과 그림으로 누구나 쉽게 익힐 수 있도록 편찬하였다. 특히 정조에 의해 편찬된 무예도보통지는 당시 중국, 일본, 몽골의 마상무예를 흡수하여 조선화 시킨 동아시아 최고의 무예서였다. 결국, 무예도보통지는 동아시아 군사들의 신체문화를 최고로 반영한 기술서, 지침서다.[36]

---

35) 조선군이 활에는 능했지만, 검과 창을 배우고 쓰는 법이 없다. 이는 검과 창을 잘 다루지 못했음을 강조하는 것이다(무예제보).

36) 최형국(2020). 『武藝圖譜通志』의 「銳刀」 자세 분석과 「本國劍」과의 연관성 연구. 무예연구, 14(4).pp23~24.

제5장

스포츠 공간의 주인공
- 체육 시설사 - 종합운동장

Jump Ball

우리나라의 운동시설은 단순한 체육시설과 복합적 체육시설로 나눌 수 있다. 여기에 여러 종목의 운동을 할 수 있도록 한데 모아둔 다중 복합 체육시설을 우리는 '종합운동장'이라 부른다. 현재 종합운동장은 전국 각지에 다양하게 분포하고 있다. 스스로 마음만 먹는다면 분명 마음껏 달릴 수 있는 종합운동장이 우리 주변에 많다. 그렇다면 이런 운동장의 시작점은 어디였는지, 지역 곳곳의 시설사가 너무도 궁금했다. 그것이 본 연구의 시작점이었다. 모두를 살펴보는 것은 어렵다. 하지만 전국 각지에 분포하는 종합운동장 몇 곳의 역사를 살펴보고, 각 지역의 운동장이 갖는 의미를 찾고자 했다. 어찌 보면 이는 그동안 체육인에게 묵묵히 자신을 허락해준 운동장에 대한 최소한의 예의일 것이다.

본 내용은 체육인의 성지인 운동장이 일제강점기부터 제 모습을 갖추며 발전한 종합운동장에 관한 이야기다. 아마도 우리나라에서 첫 종합운동장이라면 '동대문운동장'을 떠올리는 사람이 많을 것이다. 크게 다르다고 할 수는 없다. 동대문운동장은 일제강점기에 가장 웅장한 규모로 이 땅 조선에 세워진, 당시로서는 완벽한 운동장이었기 때문이다. 이곳에서는 우리나라 최초의 종합경기대회부터 수없이 많은 대회가 열렸다. 그 역사도 길다. 동대문운동장은 1925년부터 2008년까지, 근 90여 년간 대한민국 체육사와 함께 해왔다. 그렇게 설립된 동대문운동장과 함께 전국에 수많은 운동장이 생기며 이른 시절 체육인이 이곳의 주인공으로 등장해왔다. 체육인이 존재하기 위해 반드시 있어야 하는 터전이자 성지가 바로 운동장이다. 시대가 바뀌어도 체육인 곁에서 함께 해준 공간이 우리에게 들려주는 한국체육사의 메시지를 지금 들여다보고자 한다.

1쿼터) 빼앗긴 땅 곳곳에 생긴 운동장

1919년 3.1운동은 일제의 통치 정책을 변화시켰다. 이로 인해 시작된 문화통치 정책은 식민지 조선에 많은 변화를 일으켰고, 그 중심에 스포츠가 있었다. 식민지 조선에 불어닥친 스포츠 활성화의 주역은 각종 스포츠 단체가 맡았고 대본은 단체별 대항 경기와 운동회 등이 써내려 갔다. 그리고 그들이 활약할 공간, 즉 무대는 운동장이 맡았다. 이 무대는 새로운 근대스포츠를 시민들에게 소개하는 장이었다. 이곳은 선수와 관객이 한데 어우러진 땀의 공간이자 정신과 신체가 하나 된 공간이었다. 이곳에서는 일본인 간의 대항 경기가 치러졌고 조선인과 일본인이 맞수 경기를 펼치는 공간이기도 하였다. 이때 선수와 관객은 모두 흥분했다. 이곳은 스포츠로 하나 되며 승리의 쾌감과 패배의 쓴맛이 공존하는 전율의 공간이기도 했다. 그동안 근대스포츠 성장의 토대 가운데 우리가 무심코 지나쳤던 공간이자 꿈의 무대였던 운동장, 조연이 아닌 주연으로 운동장에 관한 이야기를 살펴보고자 했다. 이제 그동안 체육사적으로 조명된 전국의 운동장에 관해 살펴보자.

우선 서울이다. 서울에는 우리가 불렀던 명칭 동대문운동장, 바로 경성운동장이 있었다. 경성운동장은 서울 지역에 운동장이 필요하다는 요구와 동궁전하(東宮殿下) 결혼을 기념하기 위하여 **1925년 10월** 설립된 동양 최대의 경기장이었다. 이곳은 원래 조선 시대 훈련원 자리였으며 총면적은 22,700평이었고 총공사비는 155,000원이었다. 이곳은 육상경기장과 야구장, 정구장 등이 있는 종합경기장으로 육상경기장은 일만 오천 명, 야구장은 칠천 명, 정구장은 삼천구백 명을 수용할 수 있는 최대 규모의 현대식 관람석을 갖추고 있었다. 이곳은 1926년부터 광복 후인 2008년까지 각종 경기대회가 펼쳐진 종합경기장이자 현대의 한국 스포츠 발전을 함께해온 유서 깊은 종합 스포츠시설1)이다.

일제강점기에 이곳에서 활약한 선수로는 한국 축구의 대부 **김용식**과 비운의 야구천재라는 **이영민** 등이 있었다. 그때도 축구와 야구는 식민지 시민에게 커다란 용기와 희망을 전하

---

1) 손환(2003). 일제하 한국 근대스포츠시설에 관한 연구. 한국체육학회지. 42(4). pp33~43.

는 스포츠였고 그들의 활약은 민족의 의기를 높이는 데 큰
역할을 했다. 최초의 근대식 운동장인 경성운동장은 당시 일
본의 고시엔경기장 다음가는 종합경기장임을 강조했다.[2] 그
리고 이곳은 우리 민족이 일제에 저항한 공간으로 구체적으
로는 스포츠를 통해 조선의 선수들이 일선에서 일제에 저항
했던 스포츠의 유산이자 성지였다.

다음으로 제2의 도시라는 부산에 설립된 운동장이다. 오랜
시절부터 부산에는 공설운동장이 있었다. 전국 각지에 각종
스포츠시설이 건립되고 있는 상황에 위기감을 느낀 부산은
대도시로서의 면모를 보이고자 공설운동장을 건설하게 되었
다. 따라서 당시 건립된 부산공설운동장은 조선 최고의 공설
운동장인 경성운동장을 모델로 하여 설립된 운동장이었다.
그렇게 운동장 설립을 계획한 부산은 후보지 선정에 있어 5
가지의 조건을 두었다. 이에 관하여 부산일보는 다음과 같이
기록하고 있다.

시가의 중심에 접근하고 **시민의 이용이 편리**한 곳, **풍광이 좋고 한적**한 곳,
용지 매수가격 저렴한 곳, 용지는 많은 **가공 없이 사용 가능**한 곳, 용지에 **건
조물, 기타 지장 물건**이 없는 곳[3]

일제는 바로 이런 곳에 운동장을 세웠다. 즉, 부산의 중심
부에 사람이 많이 다니지 않는 평평한 곳, 그리고 가격은 저

---

2) 경성일보, 1925.5.30.; 김명권, 박기동(2010). 한국근현대 스포츠의 산실, 동대문운동장.
   스포츠인류학연구, 5(1). pp47~69.
3) 부산일보, 1926.7.5.; 일제강점기 공설운동장 연구의 선구자, 손환교수님께 감사드립니다.

렴한 곳을 찾고자 했다. 당시 부산뿐만 아니라 다른 지역의 운동장도 비슷한 맥락에서 이러한 선정 기준을 두었을 것으로 추측된다. 결국, 부산공설운동장은 **1928년 대신정이란 곳**이 최종 선정, 건립되었다. 부산 대신정에 설립된 공설운동장의 총면적은 21,800평이었으며 투자액은 75,000엔이었다. 이는 야구장, 정구장, 스모장, 마장(馬場) 그리고 육상경기 설비 등을 갖춘 곳이었다. 그뿐만 아니라 특이한 것은 이곳에 **수영장이 건립**되었다는 점이었다. 부산은 수영장의 담수가 좋다고 판단하여 1937년 7월에 공사비 21,000엔을 들여, 2,500명을 수용 가능한 대규모 시설로 수영장 50m 7개 코스를 만들었다.

이곳에서는 **부산체육협회, 경남체육협회**를 비롯해 공공기관의 다양한 운동회와 각종 경기대회가 열렸다. 마침내 부산은 1937년경 경성운동장에 버금가는 사상 최대 규모의 경기장을 소유하게 된 것이었다.[4] 시간이 흐른 후 한국전쟁 때는 이곳에 미군의 수송부대가 주둔하였고 1963년 5월에는 육상경기장과 야구장에 스탠드 시설이 추가로 설치되었다. 마침내, 1971년 3월에는 이곳에 구덕실내체육관도 건립되었다. 1982년 1월에는 부산 사직운동장이 개장하면서 이곳은 구덕운동장으로 명명되었다. 당시 주소는 경상남도 부산부 대신정 211~233이며, 현주소는 부산광역시 서구 서대신동 3가

---

4) 해당 내용은 손환(2015). 일제강점기 부산공설운동장에 관한 연구. 한국체육학회지. 54(1). pp25~36을 참조하였다. 더 궁금한 사항은 해당 논문을 참고해주길 바란다.

211-1번지다.[5]

　다음으로 전라북도다. 오래전부터 전라북도에는 덕진공설운동장이 있었다. 이곳은 전북 시민이 스포츠에 관한 관심 급증으로 인해 지역 유지의 지정기부금 8,000엔을 지원받아 총 8,600엔으로 건립된 곳이었다. 보다 구체적으로 이곳은 일본인 미야지마 요시츠구(宮島ヨッシーチュグ)의 지정기부금인 5,000엔과 지역 유지 박기순의 3,000엔, 면비 600엔 등의 공사비를 확보하여 1929년 9월 27일 조선총독부에 신청서를 제출, 허가를 득하여 건립될 수 있었다. 이곳 공설운동장은 총 35,400평의 규모로 **1929년 10월 건립**되었다. 이곳에는 야구장과 육상경기장, 정구장 등이 있었다. 구체적으로 공설운동장 내 야구장은 6,032평, 육상경기장 6,492평, 정구장은 1,024평의 크기였다. 이후 이곳에서 첫 경기가 열린 시기는 1930년 10월, 체육 Day 기념 육상대회부터다. 이곳에서 열린 큰 경기로 자전거 경기가 자주 시행되었다. 따라서 이곳에서 열린 대회에 조선의 스타 엄복동을 비롯하여 일본 선수들까지 다수 참가[6]했던 것으로 보인다. 광복 후 이곳에는 국립전북대학교가 설립되었고, 공설운동장은 중노송동 인봉리인 문화촌으로 이전하여 개장하였다. 그리고 1963년 제44회 전국체전을 기점으로 운동장은 전주시 덕진동으로 이전[7]하였으며, 지금에 이르고 있다.[8]

5) 부산공설운동장, 부산학생의거지(2021). http://sajeok.i815.or.kr.
6) 조선일보. 1934.6.1.
7) 이러한 역사를 통해 건립된 전주덕진종합운동장은 1963년 전국체전을 성공적으로 치러

다음으로 스포츠로 둘째가라면 서러운 도시 대구다. 오랜 시절부터 대구에도 공설운동장은 있었다. **1931년 6월** 대구 체육의 발전을 위해 동운정 관유지에 총면적 7천 2백 99평, 공사비 **3,000엔**을 들여 야구장과 정구장의 설비를 갖추었다. 하지만 곧 대구공설운동장은 이곳에 세무감독국의 청사 건설로 인해 1934년 9월 대명동으로 이전하였다. 결국, 1937년 5월에 야구장과 정구장, 육상 시설을 갖춘 대구공설운동장이 등장하게 된 것이었다. 대구공설운동장은 개장과 함께 많은 사람의 관심 속에 입장 인원과 입장료가 꾸준히 증가하였다. 이곳은 일본인에 의해 만들어졌으나 규모만큼은 경성운동장 다음으로 주목받을 만큼 최신 시설의 경기장이었다.[9]

그 밖에도 많은 운동장이 건립되었으나 여기까지만 정리하고자 한다. 이처럼 일제강점기 다양한 운동장이 전국 곳곳에 건립되며 그동안 볼 수 없었던 다양한 스포츠가 이곳을 통해 소개되었다. 이는 스포츠의 활성화와 더불어 운동회 및 각종 경기대회 개최 등으로 식민지 조선에 스포츠가 빠르게 전파되는 효과를 불러오기 시작하였다. 이 과정에서 일제는

내기 위해 설립된 운동장이다. 야구장의 경우는 1982년부터 1989년까지 해태 타이거즈의 제2 홈구장으로 활용되었고 1990년도부터 1999년까지는 쌍방울 레이더스의 제1 홈구장이었다. 1989년에 설립된 군산 월명 야구장이 등장하기까지 이곳은 전북의 대표적인 야구장으로 활용되었다. 놀라운 점은 이곳 전주덕진종합운동장이 1963년, 제44회 전국체육대회의 성공적 개최를 위해 전북도민의 성금으로 지어졌다는 점이었다. 국가의 자금이 아니라 도민의 성금으로 지어진 공설운동장, 그 의미만으로도 전주덕진종합운동장은 그 가치가 매우 높다고 하겠다.

8) 해당 내용은 조정규, 김달우, 이영진(2014). 일제강점기 전라북도 덕진공설운동장에 관한 연구. 한국사회체육학회지. 58. pp133~142를 참조하였다.

9) 해당 내용은 손환(2010). 일제강점기 대구공설운동장에 관한 연구. 한국체육학회지. 49(4). pp13~19를 참조하여 기술하였다.

다름 아닌 1940년 개최될 도쿄올림픽에 출전할 조선의 체육 인재를 발굴하겠다는 저의도 분명 가지고 있었다. 결국, 중 일전쟁과 제2차 세계대전으로 일제의 도쿄올림픽 꿈이 무산되기는 했으나, 해당 시기 조선에 운동장이라는 스포츠 공간 건립은 광복 후 우리 스포츠의 발전에도 이바지한 것이 사실이었다. 그중 가장 먼저 조선에 설치된 운동장을 살펴보고자 한다. 한때 조선인보다 일본인이 더 많았던 곳, 개항지 인천에 설립된 첫 운동장이다.

2쿼터) 인천의 첫 종합운동장

앞서 살펴보았듯 다양한 운동장이 일제강점기에 조선의 땅에 자리매김하였다. 운동장이라는 공간은 분명 조선과 일제의 스포츠 활동이 이루어지는 공존 공간이었다. 식민지라는 특수성은 조선의 젊은이들에게 뜨거운 애국심을 선사했고, 스포츠를 통한 '항일(抗日)'의 결정적 계기가 되었다. 일제는 이를 알면서도 스포츠를 통한 식민지 길들이기에 주력했다. 선수들은 전투의 공간인 운동장으로 자연스레 집결하였다. 그 전투가 어쩌면 가장 치열하게 전개된 곳이 인천이었고, 그곳은 조선의 땅임에도 불구하고 일본인이 더 많이 거주하는 기현상을 보이며 자연스레 최고의 선수들이 집결하였다. 그들은 스포츠에 있어 조선보다 우월감을 느끼고 있었으나 조선은 그에 못지않은 애국심이 뜨겁게 불타고 있었다. 체육인들의 묘한 유기적 공동체 구역, 그곳이 인천이었다.

일제강점기 이전인 개항의 시기, 인천에는 외국인의 집단 거주 지역인 **조계지(租界地)**가 있었다. 요즘으로 이야기하면 외교관이 가진 불체포특권이 허락된 지역, 남의 땅에 불평등한 법이 유지된 곳이 바로 조계지였다. 이곳은 그야말로 치외법권 지역으로 그들만의 공간이었고, 그들만의 놀이터였다. 개화기인 1884년 인천에는 가장 먼저 일본의 조계지가 설치되었고 곧이어 각국의 거류지와 청국 거류지가 생겨났다. 개항 4년이 지나자 가구 수 122호, 800명이 넘는 일본인이 그곳에 살았고, 1893년에는 1,400명이 넘었다.[10] 일본인 인구가 계속 증가함에도 조선은 일제를 인정하지 않았다. 이는 '왜놈'이란 호칭으로 대변되었고 반대로 청국인은 '대국인'으로 부르며 비교되었다. 하지만 곧이어 터진 청일전쟁은 일본에 대한 시각을 변화시켰다.

을사늑약이 체결된 1905년이 되자, 인천의 일본인 인구는 12,712명으로 급증하였다. 그만큼 일본인에게 인천은 살기 좋은 도시였다. 심지어 당시 인천에 거주하는 조선인이 10,866명이었으니 인천은 조선인보다 일본인이 많은 기현상이 벌어진 곳[11]이었다. 그렇게 인천은 일제강점기를 맨몸으로 맞이하게 되었다. 그러다 보니 조선의 사람들은 인천을 이렇게 표현하였다.

---

10) 오가와유조, 2006: 33

11) 인천직할시, 1993: 50; 인천부, 1933; 6-7; 김창수 외1, 2006: 47; 뉴스더원, 2021년 6월 21일.

'살기는 좋아도 흥, 왜놈의 등쌀에 못살 곳'12)

인천은 그런 곳이었다. 즉 인천은 식민지 조선에 있는 또 다른 일본 도시, 신도시에 가까웠다. 그렇게 일제강점기가 시작되고 3년 후인 1913년이 돼서야 조계지가 폐지되었다. 이제 조선의 모든 땅이 일제의 식민지가 되었기 때문이었다. 그 후 인천에 거주하는 조선인이 일본인의 숫자를 초월한 것은 1915년이 돼서였다. 이는 도시의 확장으로 새로 편입된 농촌 인구의 증가에 따른 것이었다. 결국, 실제 인천에 거주하는 일본인의 수적 우위는 '일제강점의 시기 전반에 분포되어 있었다'13)라고 해도 과언은 아니었다. 즉 일제강점기 일본인의 기가 센 곳이 바로 인천이었다.

그곳에서 일본인은 자신의 나라에서 하던 대로 스포츠 활동을 하고자 했다. 따라서 그들은 스포츠 활동을 할 수 있는 최적의 공간을 찾았다. 그리고 그곳에 '공설'이라는 이름으로 일제가 운동장을 설립하게 되었다. 여기서 공설은 "국가나 공공단체가 일반 사람을 위해 만드는 시설"14)이다. 그렇게 인천에는 전국에서 가장 빠르게 공설운동장이 들어서게 된다. 이유는 우선 시대적 흐름 덕이 컸다. 즉 1919년 3.1운동은 일제가 문화정치로 변모하는 결정적 계기가 되었다. 이로 인해 인천은 문화정치를 펼칠 주요 도시로서 공설운동장의

---

12) 인천발전연구원, 2001: 113.
13) 인천발전연구원, 2001: 112.
14) 표준국어대사전. 2021.5.20.

설립 이유가 명확했다. 구체적 이유로는 자국민의 스포츠 활동과 건강 유지, 우월함과 차별화를 높이기 위한 구체적 실천 방안이기 때문이었다. 다음으로 인천은 근대 일본의 모습을 닮은 도시로 특히 관공서와 단체가 많았기 때문이었다. 결국, 인천 내의 관공서, 미두취인소,[15) 학교 등은 단체의 화합 등을 위해 체육 단체가 빠르게 결성되었다.[16) 해당 단체들로 인하여 인천에서는 '스포츠 붐'이 일어났고, 이는 자연스럽게 스포츠 공간, 즉 커다란 종합운동장의 필요성으로 이어졌다.

해당 시기 학교 스포츠의 성장에 주목할 필요가 있다. 바로 학교에서 퍼져 나온 체조, 철봉 등이 그 주인공이었다. 이제 일반 시민에게도 차츰 운동, 스포츠란 말이 꾸준히 활용되며 삶 속에 생활 용어로 자리매김하기 시작하였다. 그 중심에 운동회가 있었다. 이제 운동은 아녀자에게까지 일반화된 단어가 되었다.[17) 일제에 의해 기획된 신도시 인천에서는 스포츠 붐과 함께 체조, 운동회가 확산되었고, 운동장으로 활약할 주인공을 찾게 되었다. 주인공은 멀리 있지 않다. 예전부터 있던 우리나라 최초의 서구식 공원인 자유공원, 그 옆자리에 있는 천연 분지, 지금도 웬만한 인천시민은 누구나 아는 곳, 바로 웃터골운동장이었다.

---

15) 1896년에 인천에 설립된 각국 미곡상(米穀商)들의 결집지로 전체적인 미곡 취급을 담당하던 장소를 말한다(문화원형백과, 네이버 인용, 2021.5.11.).

16) 김창섭, 2005: 81.

17) 신태범, 1983: 167.

옷터골운동장은 현재 제물포고등학교(이하 제물포고)가 품고 있는 곳이다. 지금도 인천의 명문 고교라 불리는 '제물포고'는 '무감독 시험'으로 유명하다. 무감독 시험은 말 그대로 감독관이 없는 상태에서 시험을 시행한다는 것이다. 제물포고는 개교 이래 지금껏 65년 이상 무감독 시험을 시행하고 있는 학교다. 이는 '배움에 부정이 있으면 안 된다'라는 설립자의 건학 이념이 아직도 지켜지고 있다는 것이다.18) 놀라우면서도 분명 이것은 옷터골이 품은 스포츠맨십과 관련되어 있다고 본다. 이렇듯 명확한 교육관과 함께, 제물포고는 1935년 설립되어 지금도 유명한 강당인 성덕당,19) 등록문화재 427호를 품고 있는 학교다. 그만큼 제물포고는 역사와 철학이 동반된 교육기관이라 하겠다. 그 대표적 역사의 시작이 바로 옷터골운동장이다.

우리나라의 첫 공설운동장으로 주목받는 옷터골은 천연 분지다. 이곳이 얼마나 오래되었는지는 아직 밝혀진 바는 없다. 단지 1920년, 스포츠 붐으로 인해 인천 부가 이곳을 크게 넓혔다는 기록은 있다. 이곳은 현재 인천 명문 제물포고 운동장으로 활용된다. 지금도 제물포고가 시행하는 무감독 시험, 그 기원에는 분명 학교 설립자의 건학 이념과 함께 스포츠맨십을 근간에 두고 있는 것으로 보인다. **'체육인에게 부정이 있어서는 안 된다.'** 이것이 운동장이 우리에게 전하는 첫 번째 메시지다.

---

18) 인천일보, 2016.3.22.
19) 동아일보, 2008.8.27.

웃터골은 말 그대로 도심지 위에 있는 공터를 말했다. 정감 어린 단어 '웃터골'은 정확한 생성 시기를 알 수 없을 만큼 역사가 오랜 곳이다. 이곳에는 일찌감치 커다란 우물이 있었다. 넓은 공간에 있는 우물, 운동하고 수분을 섭취하기 수월했던 이곳은 인천시민의 꿈의 공간이었고, 천연 분지였다는 점은 인천시민과 더불어 역사를 함께 했다고 볼 수 있겠다. 그곳은 마치 콜로세움처럼 위에서 내려다보는 분지 형태의 공간이었다. 이곳에서 조선의 팀이 일본의 팀과 스포츠 경기가 있으면 모든 시민이 눈에 보이지 않는 태극기를 가슴에 달고 함께 선수로 활약하여 영혼을 교감하는, 즉 동일화의 공간이기도 했다. 이곳은 누가 애국심을 강조하지 않아도, 식민지에 사는 인천시민 누구나 애국심이 스스로 자라나는 그런 공간이었다.

웃터골이 더욱 크게 확장된 것은 1920년 11월 1일의 일이다.[20] 1933년 발간된 인천부사에는 이곳의 최초 개장일이 대정 9년, 기부금 5,250원으로 건립되었음을 강조했다. 이곳에서 서양의 스포츠가 자연스레 조선으로 들어왔고, 이는 작게는 인천에, 크게는 조선에 스포츠가 도입된 역사적 순간이었다. 그럼에도 이곳은 공간이 작았다. 찾는 사람이 많으니 공간은 자연스레 좁을 수밖에 없었다. 결국, 또 이곳은 확장되었다. 그 첫 기록으로 1926년 2월 8일 매일신보는 "이곳을 3

---

20) 동아일보, 1920.9.19; 이성구, 1997: 266; 김창섭, 2005: 81; 구본능외 1, 2005: 389; 조준호, 2008: 21

배 확장할 것이며 인천부 예산 1만 원을 계상한다"라고 기록하고 있다. 마침내 이곳은 1만 3천 5백 원의 예산을 투입해 1927년 6월 29일,[21] 새로운 웃터골로 등장하게 되었다. 더 커진 체격으로 돌아온 웃터골, 본격적인 활약이 시작되었다.

이곳에서는 한용단, 고려야구단 등이 활약하였다. 그들의 활약은 자연스레 인천시민의 애국심과 자긍심, 민족적 긍지를 높였다. 한용단과 고려야구단, 그들에 관해 본 장을 빌려 재조명하고 싶지만, 운동장과 체육 단체의 연구라는 내용의 핵심을 놓칠 수 있기에 별도로 언급하지는 않겠다. 그렇게 활약한 웃터골은 인천의 오랜 브랜드가 되었다. 이렇듯 웃터골이란 스포츠 공간은 우리에게 묵묵히 자기 일을 수행하였고 이제는 학교 운동장의 역할을 다하고 있다. 이제 웃터골은 자신의 모습을 드러낸 지 100세를 넘기며 스스로 아무런 주장을 하지 않고 있다. 다만 시간에 공간을 더하여 인천의 오랜 스포츠 유산으로 남게 된 웃터골, 웃터골이 인천체육인의 긍지이자 자랑스러운 선물로 시민의 가슴에 오래도록 기억되길 바란다.

3쿼터) 웃터골의 바통을 이은 그라운동장(1936~2008)

그라운동장은 광복 후 인천체육의 중심지로 당시 이름으로

---

21) 매일신보, 1927.6.30.; 인천일보, 2016.3.22.

는 도원동공설운동장, 도산정공설운동장이었다. 이곳은 복숭아밭이 많아서 '도원', '도산'이라는 이름을 썼다고도 했고, 조선을 침략한 풍신수길과 관련이 있다고도 했다.[22] 1964년 인천에서 열린 전국체육대회 개최를 위해 거듭 확장되었고, 이후에 이곳은 '숭의종합경기장'이라고 불리었다. 그리고 다수의 인천 사람은 이곳을 '그라운동장'이라 외쳤다.[23] 그라운동장은 외래어인 그라운드(Ground)와 운동장이 만난 당시로서는 신조어였다.[24] 그라운동장은 왠지 그라운드라는 영어가 포함되어 있어 말하는 사람이 유식해 보였다. 당시 인천 토박이는 모두 그곳을 그렇게 불렀다. 인천에는 시민이 운동장의 이름을 부르며 약간은 우쭐댈 수 있는 스포츠 공간, 그들에게는 독특한 운동장인 그라운동장이 있었다.

그라운동장의 탄생은 일제강점기로 거슬러 올라간다. 일제는 웃터골에 일본인 자녀만을 위한 학교를 세우고 공설운동장은 시 외곽 지역으로 옮겨버렸다. 일제는 "1940년 도쿄올림픽 개최를 위해 최신의 운동장을 인천부에 안겨준다"라는 그럴듯한 명분이 있었다. 당시 동아일보도 "경기도 당국은 경상비 1만 5,000원 중 8,000원을 비밀리에 승인하여 4월 1일부터 학교를 개교하기로 내정되어 있다는데, 그중 이목을 끄는 것은 신축교사의 터다. 인천부는 비밀리에 일을 진행했는데 그 안이 바로 웃터골에 교사를 짓고 공설운동장은 부

---

22) 나채훈, 박한섭, 2006: 303.
23) 조선일보, 2001.11.2.
24) 인천일보, 2016.3.30.

내 도산정으로 옮길 작정이었다"라고 기록하였다.25) 왜 일제는 비밀리에 일을 진행했던 것일까. 앞서 언급한 바와 같이 일제의 간교한 속셈이 저변에 녹아있었기 때문이었다. 이처럼 그럴듯한 핑계를 대며 '애국심의 발원지'라 할 수 있는 웃터골을 빼앗고, 일제의 자녀만을 위한 학교를 세운다는 일 거양득의 속셈이었다. 그렇게 우리가 알고 있는 광복 이후 인천공설운동장, 즉 숭의종합경기장이 설립되었다. 그 첫 시작점, 1936년 그라운동장은 이렇게 일제의 속셈으로 인해 탄생했다.

이러한 일제의 움직임은 1934년부터 시작되었고 1935년에는 새롭게 신설된 운동장의 부지에 살고 있던 인천 유민을 내쫓아야 했다.26) 일제는 이를 강하게 밀어붙였지만 몇 개월이 지나도 쉽게 해결되지 않았다. 그런데도 시간은 흘렀고 1936년 7월 26일, 공설운동장은 개장하였다. 이곳의 규모는 다음과 같다.

> 도산정공설운동장의 규모는 전체 1만 5천 600평의 면적에 500명 수용의 정구장, 5천명 수용의 야구장, 곧이어 2만 명 수용의 주 경기장인 육상경기장이 차례로 건립되었다.27)

---

25) 동아일보, 1935.3.1.
26) 동아일보. 1935.9.27.
27) 인천광역시, 2002: 405.

그렇게 설립된 공설운동장 옆에는 당시 2만 7천 원의 공사비를 통해 중앙공원도 설치되었다.[28] 그렇게 설치된 공설운동장은 1938년부터 본격 가동되었다.[29] 당시 운동장에 관해 2002년 발간된 『인천광역시사』는 "1940년 제13회 도쿄올림픽을 일제가 개최하고자 했다. 하지만 중일전쟁으로 압박받던 일제는 오직 전쟁에 충실하기 위해 올림픽개최를 포기했다. 결과는 그렇게 되었으나 일제는 자신들을 위한 예비선수를 뽑아 도산정 공설운동장에서 강화훈련을 시행하고 있었다. 대표적으로 인천상업의 높이뛰기 선수 채수창, 5,000m 장거리 선수 양재원 등이 뽑혔다"라고 기록하고 있다.[30] 하지만 일제는 도쿄올림픽 자체의 개최 여부 고민과 거의 동시에 올림픽의 창시자 쿠베르탱의 사망 소식을 접하게 되었다. 곧이어 일제는 도쿄올림픽 개최를 포기하기에 이른다. 이듬해 공설운동장은 전쟁을 위한 식량 창출의 장, 콩을 심는 곳으로 전락하였다. 그뿐만 아니라 일제는 철제를 포탄 재료로 활용하기 위해 운동장과 야구장의 철제와 보호망 등 철제로 된 모든 물품을 공출하였다.[31] 그라운동장이 일제에 의해 더욱 추운 겨울을 맞이하게 된 것이었다.

그리고 우리 민족은 광복을 맞이하였다. 공설운동장은 정용복이라는 훌륭한 인품의 선구자를 통해 빠르게 제모습을

---

28) 매일신보, 1938.3.17.
29) 조준호(2010). 광복이전 인천공설운동장 변천 과정. 한국체육사학회지 15(3). pp17~37.
30) 인천광역시, 2002: 403.
31) 박호군 외 2, 2005: 175.

되찾게 되었다. 그리고 이곳은 결국 1964년 제45회 전국체육대회와 1978년 제59회 전국체육대회, 1983년 제64회 전국체육대회를 성공적으로 치러 냈다.[32] 인천직할시로 분리되기 이전까지 경기도체육의 중심지로 활약한 인천은 공설운동장의 든든한 지원으로 큰 활약을 펼쳤다. 인천직할시로 분리되고 난 이후에도 공설운동장은 인천체육의 토대를 든든히 제공하였다. 그렇게 74년간 인천체육의 공간으로 소임을 다한 공설운동장은 2008년 6월 13일 발파, 해체되었다.[33]

그리고 이곳에는 축구 전용 경기장이 들어서 지금에 이르고 있다. 왜 이곳에 축구 전용 경기장이 들어선 것일까. 이곳에는 일제강점기 조선을 대표하는 굴지의 양조 회사인 '조일양조'가 있었던 자리다. 조일양조는 우리나라 최초의 기계식 소주 생산 공장이었다. 조일양조의 시작은 1906년 요시가네 양조장이었고, 1919년 도원동 다꾸고메이 양조장을 인수하며 기업을 확장했다. 곧이어 조일양조는 금강표 소주를 생산하였고 1939년에는 만주에도 진출했다.[34] 사업이 성공하자 조일양조는 인천을 중심으로 최초의 실업팀인 조일양조 축구팀을 창단하였다. 인천조양으로 불린 이 축구팀은 실력이 뛰어났으며, 1939년 전국 도시대항 축구대회, 1946년과 1947년 전국축구선수권대회 1, 2회 대회를 석권한 최강팀이었다. 1948년 런던올림픽 최종 엔트리의 선수 가운데 5명이 바로

---

32) 조준호(2014). 인천체육사연구. 인천: 예일문화사.
33) 경인일보, 2008.6.16.
34) 기호일보, 2019.1.22.

인천 조양의 선수들이었던 이유형, 이시동, 배종호, 정국진, 오경환 등이었다.35) 이것은 분명 필연일 것이다.

과거부터 스포츠 공간은 시민의 꿈과 다양한 스토리를 배출하는 정점이었다. 과거 그라운동장은 인천체육의 메카로 그 역할을 충실히 해왔다. 시작은 일제에 의한 도쿄올림픽의 성공 때문이었으나, 광복 후에는 인천시민의 스포츠 공간으로서 활약하며 지금에 이르렀다. 이곳은 현재 축구 전용 경기장으로 조일양조 축구팀의 스토리와 궤를 함께하고 있었다. 지금도 해당 스포츠 공간은 체육의 증인으로 충실히 제 역할을 해오고 있다. 시대적으로 암울한 순간에도 해당 공간은 시민의 애국심 발원지로 활약했고, 경제적 성장기를 맞은 순간에도 응원과 열정의 중심지로 자리를 굳건히 지켰다. 스포츠 공간은 시간을 넘어 인류의 스토리를 재생산하는 독특한 삶의 전초기지다.

4쿼터) 투명한 스포츠의 발상지

종합운동장의 역사, 즉 시설의 역사(이하 시설사)를 바르게 기억하려면 바르게 기록해야 함은 물론이다. 여기서 '바르게' 는 체육사의 비판적 탐구의 결정 과정이라고 본다. 더불어 시설사는 인물사 연구보다 배 이상의 노력과 열정이 필요하

---

35) 뉴스더원, 2021.6.23.; 기호일보, 2019.1.22.; 경인일보, 2013.6.6.

다. 시설은 우리의 물음에 대답하지 않고 묻지도 않으며 묵묵히 자리를 지킬 뿐이기 때문이다. 그뿐만 아니라 시설사는 오랜 시간 체계적으로 관련 자료를 정리해야 하고 찾아내야 한다. 그것이 얼마나 어려운지 연구를 해본 이는 분명 알 것이다. 이를 극복하기 위해서는 무던히 두 발을 움직여야 하고, 특히 시설 안에서 활약한 인물, 단체 등의 역사를 속속들이 찾아내 다양한 참고 자료로 이를 증명해내야 한다. 그뿐만 아니라 시설사는 시대를 관통해 시설을 바르게 볼 수 있는 배경을 동시에 조명해야 한다.

따라서 시설사 연구는 두 발로 자료를 찾아 체계적 자료를 정리하고 배경을 동시에 조명해야 한다. 그래서 시설사 연구를 별로 권하고 싶지는 않다. 하지만 이 모두를 극복하고 성공해낸다면 분명 그 연구는 큰 의미로 남을 것이다. 스토리를 끊임없이 제공하는 스포츠 공간은 인간과 시간이라는 두 핵심에 대한 검토가 매우 중요하다. 역사는 시간, 공간, 인간의 3요소를 품고 있으며, 체육사도 시간과 체육시설, 체육인을 품고 있다. 여기서 공간, 즉 체육시설은 시간의 흐름에 따른 체육인의 중요 활약상이 그 핵심이다. 체육 시설사는 우리에게 답을 주지 않으며, '무한한 인내'와 '무한한 인고'를 뚫고 증명해내라는 메시지를 꾸준히 전달한다. 그렇게 무한한 인내와 인고를 뚫고 체육 시설사 연구가 완성된다. 이상 본 장의 내용을 정리하면 다음과 같다.

일제강점기 다양한 운동장이 전국 곳곳에 건립되며 그동안 볼 수 없었던 다양한 스포츠가 소개되었다. 이는 스포츠의 활성화와 더불어 운동회 및 각종 경기대회 개최 등으로 식민지의 땅에 스포츠가 빠르게 전파되는 효과를 불러왔다. 이를 통해 일제가 정말 원했던 것은 1940년 개최될 도쿄올림픽의 성공적 개최였고, 식민지 조선의 우수 선수를 발굴하겠다는 저의도 분명 있었다. 하지만 결국, 중일전쟁과 제2차 세계대전으로 일제의 도쿄올림픽 꿈은 무산되었다. 해당 시기 조선에 세워진 공설운동장이라는 스포츠 공간이 광복 후 우리 스포츠의 발전에 이바지한 것은 사실이었다. 그중 가장 먼저 조선에 설치된 곳은 개항지 인천에 설립된 운동장이었다.

이곳에서는 한용단, 고려야구단 등이 활약하였다. 그들의 활약은 자연스레 인천시민의 애국심과 자긍심, 민족적 긍지를 높였다. 한용단과 고려야구단의 성장을 위한 공간을 묵묵히 제공한 웃터골은 인천의 오랜 브랜드가 되었다. 이렇듯 웃터골이란 첫 종합운동장, 스포츠 공간은 자신의 모습을 드러낸 지 100세를 넘겼으나, 스스로 아무런 권리나 주장을 하지 않고 있다. 다만 시간에 공간을 더해 인천에 오랜 스포츠 유산으로 남았으며, 지금도 웃터골은 체육인에게 '**어디에든 체육 곳곳에 부정이 있어서는 안 된다**'라는 점을 직접 강조하고 있었다.

과거부터 스포츠 공간은 시민의 꿈과 다양한 스토리를 배출하는 정점이었다. 과거 그라운동장은 인천체육의 메카였다.

시작은 일제의 도쿄올림픽 성공을 위한 것이었으나, 광복 후에는 인천시민의 스포츠 공간으로서 활약하며 지금에 이르렀다. 이곳은 현재 축구 전용 경기장으로 조일양조 축구팀의 스토리와 궤를 함께하고 있다. 이처럼 종합운동장을 기록하려면 비판적 탐구 자세로 체육사를 바르게 바라보는 관점이 매우 중요하다. 여기에 체육시설은 체육사에서 가장 중요하다 할 수 있는 체육인과 체육인의 시간이 녹아든 공존의 성지다. 그 기록은 쉽게 자신을 허락하지 않지만, 꾸준한 인고와 인내로 마침내 드러날 수 있다. 종합운동장의 역사를 바르게 기록하려면 이러한 노력이 필요하다. 종합운동장이 우리에게 전하는 메시지는 '**내가 가진 모든 것을 허락하지만 그 기록은 오롯이 체육사의 몫으로만 강조되고 있다**'이다. 한곳에서만 강조되면 씨가 마를 수 있다. 전국의 종합운동장이 체육사를 부르고 있다. 나의 역사를 지금 당장 기록해달라고.

제6장

체육 하는 사람이 미래다
- 체육 인물사 - 위대한 레슬러

1쿼터) 체육 인물사 연구에 들어서며

체육 인물사 연구는 꽤나 매력이 있다. 삶의 정답이라 할 수는 없지만, 체육인에게 전하는 교훈은 상당하다. 즉 그들의 삶에는 우리가 배울만한 지혜가 삶 전체에 녹아있다. 또한, 체육 인물사 연구는 연구 대상이 무궁무진하다. 그리고 그들의 삶은 종목별 실전을 위한 다양한 해설서이기도 하다. 해당 연구를 시작할 때는 시간을 보며 촉박함으로 시작하고, 마무리할 때는 미안함으로 정리할 때가 많다. 그 뜻은 아마 간절함으로 체육 인물사 연구를 시작하지만, 위대한 체육인을 만나며 저절로 고개를 숙이게 하는 숭고함, 웅장함 등 다양한 감정을 끊임없이 느낄 수 있기 때문일 것이다. 그만큼 체육 인물사 연구는 연구자가 배우고 느끼는 것이 너무도 많다.

한번은 새로운 연구 프로젝트를 맡으며 정말 위대한 체육 원로를 만난 적이 있었다. 그분은 우리나라 체육계를 이끌었던 대단한 분이셨고, 그분의 인생 스토리를 듣기 위해 모인 자리에서 연구자에게 놀라운 이야기를 전했다.

"참으로 귀한 일을 하십니다!"

위대한 체육인을 그동안 업이라는 의무감으로 만났었다. 그렇게 한 인물을 만나기 위해 그분의 많은 기록을 정리하고 궁금한 부분을 체크하여 리스트로 만든다. 곧 대상자를 만나 리스트로 정리되지 못한 궁금한 부분을 인터뷰하고, 그들의 삶을 듣는다. 삶을 듣고 난 후에는 인터뷰 녹음 자료를 다시 돌려 들으며 형식지의 기록으로 정리한다. 그리고는 이를 객관적으로 증명하기 위해 다시 문헌 자료를 찾으며 하루하루를 마치게 된다. 이렇게 일종의 루틴과도 같이 이뤄졌던 체육인의 인터뷰 과정이 그때 뇌리를 스쳤다. 동시에 망치로 머리를 세게 두들겨 맞은 기분도 들었다. 마음속에서는 이미 외치고 있었다. "제대로 듣지 못했습니다. 선생님. 다시 한번 말씀해주시겠습니까?" 그렇게 다시 묻고 싶었지만 이미 심장은 빠르게 곤두박질치고 있었다.

"왜 스스로 귀한 일이라 생각하지 못했던 것일까!"

라는 반문이 수없이 뇌리를 스치고 있었다. 해당 시기 이후로 체육 인물사 연구에 조금 더 적극적인 연구자가 되었다. 불과 얼마 전까지 연구했던 위대한 체육인의 모습이 주마등처럼 떠올랐다. 체육 인물사 연구의 시작은 박사학위 논문 작성을 위해 뛰어든 2006년부터였다. 곧 뚜렷한 학술지로 등장한 것은 2009년, '장창선'과 '임배영' 등 인천레슬링의 역사 연구에서부터였다. 해당 연구가 너무 흥미로워, 당시 미친 듯이 레슬링의 자료를 수집했다. 마지막에는 이분을 키워낸 스승이 또 누군지 너무도 궁금했다. 그래서 연구한 결과가 2013년 '김석영'이란 인물에 관한 연구였다. 너무도 화려했고 아쉬웠던 그의 삶을 재조명하며 1948년 런던올림픽 대회에서 그의 활약상 또한 기록해낼 수 있었다. 그의 런던 올림픽 출전 관련 연구를 하다 보니, 2013년 '황병관', 2015년 '김극환'의 연구로 이어질 수 있었다. 이러한 연결 고리는 전반적인 한국레슬링의 연구로 이어졌고, 이는 한국체육학회에서 주관한 『한국체육인명사전』 연구에 참여하는 결정적 계기가 되었다.

체육 인물사 연구에서 누구나 느끼는 감정이겠으나,
체육 인물사가 전하는 첫 번째 메시지는
내가 **하는 일에 대한 자부심이 모든 성취에 대한 근간**임을 확인할 수 있었다.
여러분이 지금 하는 일은 무엇보다 **'귀한 일'**임을 명심하자.

그렇게 우리나라의 위대한 레슬러의 역사를 기록하는 프로젝트에 참여할 수 있었다. 그리고 마침내 대한체육회가 주관한 우리나라 최초의 올림픽 금메달리스트인 '양정모'를 연구하는 영광으로 이어졌다. 이는 재직 중인 한국체대 설립 과정 연구와도 밀접하게 관련되어 있었다. 2019년에는 갑작스럽게 타계하신 '임배영'의 연구를 매듭지을 수 있었다. 임배영의 연구는 '김석영', '임배영', '장창선'으로 이어지는 한국 레슬링의 첫 계보, 세계선수권대회를 처음으로 제패한 인천 레슬링의 계보를 완성하는 작은 성과였다. 당시 갑작스러운 임배영의 타계로 혼돈을 느끼고 있을 즈음, 지극한 효심을 가진 따님의 도움으로 연구를 마무리할 수 있었다.

본 장에서는 그동안 연구해온 위대한 체육인을 살펴보고,[1] 그들이 전한 훈훈한 메시지를 일정한 형식지로 기록, 남기고자 했다. 위대한 체육인은 우리에게 큰 감동과 교훈을 남긴다. 이는 정말 그 무엇보다 훌륭한 교보재이고 체육인의 삶에 딱 맞는 맞춤 해설서이다. 심지어 이는 종목별 해설서이며 누구라도 반드시 기억해야 할 실용적, 실천적 메시지이기도 하다. 그리고 연구 시작과 동시에 체감한 첫 메시지, 그것이 바로 '귀한 일'이었다. 오늘도 본인이 하는 일이 진정 '귀한 일'이라 여기며, 지금도 어딘가에 몰두하는 여러분의 그 감정, 더욱 솔직한 심정으로 위대한 체육인의 메시지를 다양한 형태로 여러분과 공유하고자 한다. 그 시작은 다음과 같다.

---

[1] 이는 그동안 연구자가 발표한 자료, 프로젝트 자료 등의 자료는 제외하고 순수 학회에 게재한 논문만을 선정하였으며 그 작성과정 및 메시지에 관해 살펴보고자 했다. 본 서적에서 제시하는 인물은 장창선과 임배영, 그리고 김석영 등으로 인천레슬링의 계보를 설명하고자 했다.

2쿼터) 첫 세계 챔피언 장창선(2009)[2]

2007년 5월 23일, 그때가 장창선 선생님을 처음 뵈었던 날이었다. 선생님을 뵙고 인상 깊었던 점은 성격이 굉장히 호탕하셨고 레슬링에 대한 자부심이 대단했다는 사실이었다. 그리고 마침 두 단어도 떠올랐다. 하나는 '사우나'였고 또 다른 하나는 '자신감'이었다. 여기서 사우나에 관한 내용은 이후 금메달과 관련되는 스토리가 아닌 그냥 사우나를 뜻한다. 선생님은 사우나를 엄청나게 좋아하셨다. 그 이유는 뒤에 언급하겠지만, 뵌 지 3분 만에 선생님은 내게 물었다.

"나랑 같이 사우나 갈래요?"

엄청나게 당황스러웠지만, 이는 선생님의 제시한 가장 친근감의 표현이란 사실을 뒤늦게 알게 되었다. 하지만 뵌 지 얼마 안 되어 받게 되는 해당 질문은 지금 생각해도 당황스러웠다. 많은 답변들로 고민할 즈음, 선생님은 말을 이어나갔다.

"남자라면 서로 숨기는 거 없는 사우나에서 함께 땀을 흘리며 이야기하는 것이 최고죠. 그게 남자들의 이야기 아니겠어요."

이어서 말씀하셨다.

---

2) 위대한 체육인들 이름 옆의 연도는 연구자가 논문을 게재한 연도를 의미한다.

"난 지금도 젊은 사람 누구랑 싸워도 이길 자신이 있어요. 급소를 공격하면 되는 것이죠. 싸움에 정답은 없어요. 싸우지 않아야 하는 게 정답이지만 부득 이하게 싸워야 한다면, 무조건 이겨야 하죠."

단호하셨다. 그렇게 자신감 넘치는 표정은 요즘 젊은이들 에게도 보기 힘든 모습이었다. 그 뒤로 세계선수권대회에서 만났던 이시형 박사 이야기, 몸무게를 통해 우승한 이야기 등등을 들을 수 있었다. 그 모든 스토리를 다 이곳에 풀어낼 수는 없으니, 보다 핵심을 전달하고자 한다. 그 내용은 다음 과 같다.

우리나라의 첫 번째 세계 챔피언 장창선이 등장하기까지, 그 앞에는 분명 뛰어난 신구사늘이 있었다. 바로 김석영과 임배영이다. 그 둘에 관한 이야기는 뒤에서 다루기로 하고, 장창선의 앞에는 분명 축포를 터트릴만한 사건이 있었다. 한 국은 1948년 런던올림픽 이후 한국전쟁 중에도 올림픽대회 레슬링 종목에 출전했고, 바로 1952년 헬싱키올림픽 등에도 빠지지 않고 출전했다. 하지만 결과는 1960년 로마올림픽까 지 노메달이었다. 메달에 큰 의미를 부여하기는 어려운 것도 사실이지만, 당시는 아니었다. 올림픽의 메달은 온 국민의 자존감을 높일 수 있는 특효약이었다. 아시아경기대회에 처 음 출전한 1954년 제2회 마닐라 대회에서 한국은 은메달 1 개와 동메달 2개를 획득하게 되는데, 여기서 동메달 한 개가 장창선의 스승인 임배영의 메달이었다. 그 후 우리나라 레슬링선수단은 1958년 도쿄아시안게임에서 동메달 2개, 1962년 자카르타 아시안게임에서 은메달 1개와 동메달 2개를 획득하였다. 당시 획득한 은메달이 바로 장창선의 메달이었다. 오늘날 레슬링이 메달밭이라 불리며 효자종목으로 자리매김한 것에 비하면 1960년대 초반, 그 위상은 지금과는 사뭇 다른, 솔직히 지금의 위상에 비해 초라해 보였던 것이 사실이었다.3)

참가에 의미를 두어야 했던 우리나라 레슬링의 초라한 위상을 바꾼 선수가 바로 장창선이다. 그는 우리나라가 사활을 걸었던 1964년 도쿄올림픽에 출전하여 은메달을 획득하였고, 레슬링이 곧 효자종목, 메달밭이 될 것이라는 신호탄을 쏘아 올린 첫 인물이다. 거기다 우리나라의 첫 번째 세계선수권대회 우승까지, 실로 장창선은 광복 후 대한민국 스포츠의 첫 개척자라 해도 과언이 아닐 것이다. 그가 레슬링계에 두각을 나타낸 시기는 1958년부터다. 그는 제11회 아마추어 레슬링 신인선수권대회 우승을 통해 레슬링계에 이름을 알렸고 그 이듬해부터 매년 빠지지 않고 자신의 우승 소식을 알렸다.

그의 이러한 성장 과정에는 분명 시대적 배경도 한몫하였다. 바로 1962년부터 본격화된 「국민체육진흥법」과 중앙정부가 야심 차게 추진한 '체육 중흥정책' 등이 바로 그것이었다. 거기에 소속 지역인 인천에서 열린 제45회 전국체육대회는 그의 활약을 위한 토대가 되었다. 전국체육대회를 주도한 경

---

3) 스포tv뉴스, 2017.5.15.

기도, 즉 인천은 이를 위해 1960년대 초반부터 다양한 시설을 구축해야 했고 이는 장창선이 보다 쾌적한 환경에서 운동에 전념하는 데 도움을 주었기 때문이다.[4] 마침내 그는 1962년 자카르타 아시아경기대회에 출전하여 은메달을 획득하였다. 은메달을 획득하고 난 후 그는 대통령을 만나 새로운 제안을 했다.

> "제가 일본 선수들보다 체력은 좋은데 기술이 부족합니다. 그 기술을 배울 수 있게 도와주신다면 꼭 금메달로 국가에 보답하겠습니다."[5]

크게 될 사람은 무언가 달라도 달랐다. 힘든 시절이었던 당시 대통령이 소원을 물었을 때 일반인들이라면 대부분 경제적인 부분을 이야기했을 것이다. 하지만 그는 달랐다. 이왕 레슬링을 시작한 것, 최고의 위치에 서야겠다는 그의 의지가 이러한 소원을 말하게 된 것이었다. 결국, 이를 듣게 된 박대통령은 민관식 대한체육회장에게 그의 유학을 지시하였다. 그는 레슬링 명문이라는 일본의 명치(明治)대학, 즉 메이지대학으로 3개월 단기유학을 떠나게 되었다. 이후 그는 이러한 역사적 사건을 올림픽 은메달로 보답하게 된 것이었다.

---

4) 장창선은 당시 동산중, 동산고를 다니다가 서울 인창고로 스카우트 되었다. 당시 그 결정에 관한 많은 이야기를 들었으나 본 고에서는 밝히지 않겠다. 다만 훈련지에 관하여 서울, 인천 등 분명 논란의 여지가 있다. 그러나 장창선 선생님은 분명 인천에서 열린 당시 전국체전이 본인의 훈련에 큰 도움이 되었다고 했으며 여전히 인천은 자신의 몸과 마음의 고향이라고 했다.

5) 손천택, 조준호(2009). 광복 후 인천레슬링 발전사 -임배영, 장창선을 중심으로-, 한국체육사학회지. 14(1). p129.

자신의 한계를 인식한 장창선은 대통령과 축하 만찬장에서 축하를 받기보다 자신의 부족한 부분을 보강할 수 있도록 스포츠를 통한 단기유학, 최초의 일본 유학길을 제안하였다. 이에 대통령은 그에게 유학의 길을 열어주었고, 마침내 도쿄올림픽 은메달과 세계선수권대회 금메달이라는 놀라움으로 보답했다.
더 크게 성장하려는 선수의 노력이 우리나라의 첫 번째 세계선수권대회 금메달로 나타난 것이었다.

이러한 사건이 별거 아닐 수도 있으나 생각해보면 실로 대단한 것이었다. 이번에 아시아대회에서 2등을 차지했는데, 세계 1등이 되기 위해 타 국가로 운동 유학을 보내달라는 것이었다. 아시아 2등에 안주하지 않은 그의 노력이 결국 일반 사람은 상상하기 힘든 놀라운 결과를 이뤄낸 것이었다. 하지만 이번에도 그는 일본 선수 '하라다'에게 패하며 은메달에 만족해야 했다.[6] 224명의 대규모 선수단이 참여한 가운데 이뤄낸 은메달, 그 자체도 놀라운 일이었다. 하지만 그는 분노했다. 이번에도 자신이 일본 선수에게 패한 것이었다. 분함을 추스르며 그는 또다시 다음 대회를 준비하였다. 일본 선수에게 절대 패하지 않겠다는 다짐을 연거푸 하면서 말이다.

여기서 에피소드가 하나 더 있었다. 도쿄올림픽에서 아쉽게도 은메달을 획득한 그는 이제 금메달을 획득하기 위해

---

6) 손천택, 조준호(2009). 앞의 논문. p129.

미국 털리도에서 열리는 세계선수권대회에 출전해야 했다. 그러나 그에게 곤란한 사건이 터졌다. 시합에 출전할 경비가 없었던 것이다. 1966년 세계선수권대회를 출전해야 하는데 경비가 없어 대회 출전을 포기해야 할 형편이었다. 이는 당시 국가의 경제 상황을 알 수 있는 아쉬운 기록이었다. 많은 주변인이 그를 돕기 위해 나섰다. 이때 스승 임배영의 도움이 컸고 허경만 레슬링협회 이사, 박종규 청와대 경호실장 등이 그를 직접 도왔다. 마침내 그는 대회에 출전할 수 있었다. 대회 결승전에서 그를 비롯해 미국의 샌더스, 일본의 가쓰무라까지 3인이 남았다. 최종적으로 샌더스는 총 감점이 -3점으로 동메달이 확정되었고, 장창선과 일본의 가쓰무라는 서로가 -1점이어서 계체로 최종 승부를 가리게 되었다.

> 숨이 제대로 쉬어지질 않고 얼굴의 상처는 쓰리고 힘은 없어 다리도 가누기 힘들다. 시합이 끝났어도 물 한 모금 주지 않는다. 곧 이어질 계체량으로 또 나를 증기탕에 밀어 넣었다. 나도 좀 살아야겠다고 생각했다. 이때처럼 살겠다는 의지가 있을 때가 있었을까. 30분 뒤 나는 완전 의식을 잃고 말았다.[7]

이처럼 우리나라의 첫 금메달은 사우나에서 탄생하였다. 금메달을 결정하기 위한 계체량이 시작되었고, 이때 일본의 가쓰무라는 장창선보다 조금 더 무게가 나감에도 쉽게 승부를 인정하지 않았다. 결국, 일본의 항의, 재측정, 일본의 항의, 재측정이 연거푸 세 번 이어졌다. 심지어 일본 선수는

---

7) 인천일보, 2016.7.5.; 장창선(1966). 영광의 뒤안길. 서울: 문진각. pp58~59.

피를 뽑았다는 이야기도 있었으나 이는 허구였다. 마침내 세 번의 측정으로 장창선의 금메달이 심판에 의해 인정되었다. 사우나에서 사투를 벌인 그가 결국 승리한 것이었다.[8]

"가위바위보에서는 우리가 지고 말았다. 내가 먼저 올라갔다. 52kg 400, 일본 선수가 다음에 저울에 올라갔다. 52kg 500, 저쪽 유리창에선 저울 눈도 자세히 보이지 않았을 텐데, 하 단장이 외쳤다. '우리가 이겼다!'라고![9]

세상에서 제일 무서운 것이 무게추라는 사실을 새롭게 알게 되는 순간이었다. 역사에서 정확한 시선으로 바라보는 것이 중요하듯이, 세상만사 한쪽으로 치우치지 않는 균형 감각이 매우 중요하다. 해석이 다소 과장 될 수 있겠으나 그때는 몸무게가 가장 중요했다. 마침내 세계선수권대회 우리나라의 첫 우승의 금메달이 장창선의 목에 걸렸다. 사우나에서의 고통스러운 시간을 극복하고 그는 마침내 더는 일본 선수에게 서럽지 않은 금메달을 획득하고 만 것이었다. 그런데 금메달을 그가 획득했음에도 불구하고 대회조직위가 애국가를 준비하지 못했다. 한국이라는 작은 나라의 선수가 금메달을 획득하리라고 아무도 생각을 못 했기 때문이었다.

정확한 체중계 사건의 한몫을 담당했던 유학생 이시형에 의해 선수들과 유학생이 한데 어울려 애국가를 육성으로 열창하였다.[10] 좀 더 자세히 살펴보면, 장창선과 한국선수단,

---

8) 장유진, 손천택(2018). 장창선의 1966년 털리도 세계아마추어레슬링선수권대회 금메달 획득과정과 그 의미. 체육과학연구지, 29(1). p193~197.

9) 장창선(1966). 앞의 책. p60; 손천택, 조준호(2009), 앞의 논문, p129.

응원 나온 교민과 유학생 등 총 14명이 직접 육성으로 애국가를 부른 것이었다. 은퇴 이후에도 그는 자신의 기술과 경험을 후배에 전수하였다. 그는 국가대표 지도자와 대한레슬링협회 전무이사, 부회장, 이어 태릉선수촌장과 대한체육회의 스포츠 영웅으로도 이름을 올리게 되었다.11) 그의 위대함은 한국스포츠의 개척자라는 점과 자신의 처지를 비관하지 않고 정정당당하게 시련을 극복했다는 점에 있다. 그렇게 그는 대한민국 레슬링을 세계에 알렸고, 가장 높은 곳에 자신의 이름을 새겼다. 그 내용을 구체적인 표로 정리하면 다음과 같다.

표 1. 장창선의 역대 우승기록의 정리

년도	월	내용
1958.	7.	제11회 아마추어 레슬링 신인선수권대회 우승
1959.	8.	서울시 체육대회 우승
	10.	제40회 전국체육대회 우승
1960.	2.	제17회 로마올림픽 예선 2차 선발대회 우승
	10.	제41회 전국체육대회 우승
1961.	12.	제4회 아세아 경기대회 및 세계선수권대회 1차선발 대회 우승
1962.	5.	세계 선수권대회 최종선발대회 우승
	8.	제4회 아시아경기대회(플라이급2위) 은메달 획득
	11.	아마추어 레슬링 종별 선수권대회 우승
1963.	5.	제18회 도쿄올림픽 1차 선발대회 우승
	10.	도쿄 국제 스포츠대회 참가(플라이급 제4위)
	12.	도쿄올림픽 2차 선발 겸 종별 선수권대회 우승

10) 한국일보, 2016.7.28.
11) 인천일보, 2018.3.23.

년도	월	내용
1964.	10.	제18회 도쿄올림픽 대회(플라이급 2위) 은메달 획득
	12.	박정희 대통령 표창장 수여
	12.	제1회 조선일보사 제정 청룡 메달 쟁탈전 우승
1965.	12.	제2회 조선일보사 제정 청룡 메달 쟁탈전 우승
1966.	4.	아세아 3차 선발대회 겸 세계 선수권 최종 선발대회 우승
	6.16	세계 아마추어 레슬링 선수권대회 미국 오하이오주 털리도시 참가 (우승, 금메달)

수록된 서적 1966 '영광의 뒤안길'

자료 출처 표: 장창선, 1966: 256; 손천택, 조준호, 2009: 130, 그림: 조준호 개인소장

해당 표1은 선생님의 책 맨 마지막 장에 수록된 내용이다. 1966년 금메달을 획득하시고 난 후, 곧바로 선생님은 책으로 해당 내용을 모두 기록해놓았다. 그 자체가 큰 메시지다. 체육인에게 부족한 것 가운데 하나가 기록이다. 가장 생생한 기

억을 간직한 그 순간, 1966년의 순간을 책으로 기록한 『영광의 뒤안길』은 체육사를 하는 연구자로서 가장 소중한 자료다. 앞서 선생님과 관련하여 1등이 되기 위한 유학의 노력, 결승전 사우나 사건, 유학생들과 애국가 열창 등의 스토리도 있으나 가장 중요한 메시지는 바로 이것이라고 본다. 우리나라 첫 번째 세계대회 금메달리스트가 실천한 '기록의 힘', 그것이 위대한 체육인이 전하는 첫 번째 메시지다.12)

3쿼터) 참 스승의 품격 임배영(2009, 2019)

2007년 10월 17일, 댁 앞 공원 벤치에서 선생님을 처음 뵈었다. 그저 포근한 할아버지 같은 인상에 운동은 별로 하지 않으신 것 같은 첫 모습이었다. 곧이어 이렇게 물으셨다.

"멀리서 왔어요? 체육사, 그런 것도 연구하나요?"

라며 여러 번 물어보셨다. 그렇게 처음 뵈었고 매년 선생님께 인사를 드리고 찾아뵈었다. 솔직히 선생님에 대한 연구 욕심으로, 그런 흑심으로 만나 뵈었던 게 사실이었다. 선생님이 오랜 시간 경기도체육회 수장을 지냈다는 것도 대단했으며 그가 인천의 수많은 레슬러를 키워낸 명장이었기 때문

12) 병환 중이신 장창선 선생님의 빠른 쾌유를 기원합니다.

이었다. 사실 그중에 한 분이 바로 세계대회 첫 챔프 장창선이었다. 그렇게 선생님을 뵌 지 정확히 10년이 넘게 흘렀고 그동안 선생님의 제자 장창선과 스승 김석영을 연구해냈다.

해당 연구를 위해 선생님과 식사도 자주 했고, 요즘에 보기 힘든 다방, 즉 동인천에 있는 다방에서 체육 원로들과 함께 차도 여러 번 마셨다. 하지만 그때는 모두 선생님이 주인공이 아니었다. 모두가 제자와 스승을 위한 선생님의 증언이었다. 이제 선생님을 연구하면 온전한 인천레슬링의 계보, 우리나라 최초의 세계레슬링선수권대회 첫 금메달리스트의 계보가 완성되는 순간이었다. 하지만 연구자의 초심이 퇴색되어 있었던 것일까. 너무 안일했던 것일까. 그런 안일함에는 분명 이유도 있었다.

임배영은 우리에게 그리 알려진 인물이 아니다. 그도 그럴 것이 그의 활약상은 우리나라가 처음으로 참가한 제2회 아시아경기대회의 동메달이 전부이기 때문이다. 하지만 그로 인해 세계 최고의 레슬러와 다수의 레슬러가 배출되었고 그들은 또 다수의 제자를 키워내 레슬링 강국 코리아를 만들어낼 수 있었다. 더불어 그가 있었기에 인천이 레슬링의 메카가 될 수 있었고 경기도가 국내 최고의 스포츠 도시가 될 수 있었다. 그만큼 그의 활약은 보이는 것 이상의 큰 힘을 가지고 있었다. 인천과 초기 경기도체육의 숨겨진 거목, 선생님은 그런 느낌이었다. 늘 선생님은 연구자에게 이렇게 말씀하셨다.

"내가 뭐 그렇게 대단한 사람도 아니고, 왜 멀리서 자꾸 날 찾아와요. 나 건강하니까 다음에 봅시다. 와줘서 고마워요!"

그렇게 말씀하시고는 오늘도 선생님은 앞서 방향을 댁으로 향했다. 한쪽 다리가 불편하셔서 걷는 것도 편하지 않으심에도 선생님은 늘 뒤돌아서 내게 손을 흔들었다. 그날이 2017년 5월 17일이었다. 그렇게 선생님을 뵙고 난 후 1년 후인 2018년 늦가을, 청천벽력 같은 소식을 접하게 되었다. 선생님이 2018년 11월 6일, 90세를 일기로 타계하셨다는 소식이었다. 그렇게 떠나셨다. 자신의 모교인 동산고 총동문회 홈페이지에서 선생님에 관한 타계 소식을 간략히 전했을 뿐, 어디에도 관련 소식은 없었다. 이때는 연구를 덮고 아쉽다는 생각만이 가득한 순간이었다. 그때 손을 내밀어준 이가 있으니 바로 선생님의 따님이었다. 따님의 도움으로 연구를 재개할 수 있었고 그렇게 2019년 2월, '인천의 레슬러 임배영의 삶' 논문을 학회지에 게재할 수 있었다.[13] 간략히 해당 연구의 내용을 정리하면 다음과 같다.

임배영은 1929년 4월 17일생으로 4남매의 둘째로 인천 덕적도에서 태어났다.[14] 학업을 위해 그는 자신의 동기들보다 2년 늦게 섬에서 나와 동산중에 입학하였다. 또래보다 나이

---

13) 이 자리를 빌려 임배영 선생님의 따님이신 임연숙 선생님께 진심으로 감사드리는 바이다.

14) 해당 내용은 조준호, 박규태(2019)의 「인천의 레슬러 임배영의 삶」, 한국체육사학회지, 24(1). pp51~52의 내용을 정리하였다.

가 많았던 그는 상급생에게 당당히 보이기 위해 레슬링을 시작하였다. 당시 인천레슬링 사범이었던 김석영은 그에게 레슬링을 지도했고, 이에 그는 엄청난 속도로 성장하기 시작하였다. 하지만 한국전쟁은 그에게서 스승을 앗아갔고 인천레슬링은 사공을 잃게 되었다. 여기서 충격적인 것은 자신의 스승인 김석영이 사상적 논란 속에 사망했던 것이었다. 따라서 스승으로 인해 그는 사상의 결백을 주장하지 않는 한 빠져나오기 힘든 상황이 되었다. 그때 그는 인천상륙작전에 도움을 준 서류가 있어 이를 잘 수습하고 논란에서 벗어날 수 있었다. 하지만 이를 임배영 선생님을 통해 듣기만 했을 뿐 이를 입증할 내용이 없었다. 그러나 이와 관련한 신문의 기록을 처음으로 확인할 수 있었다.

> 1950년 8월 18일, 여명이 밝아오는 순간, 바다에서 유엔군의 전투함들이 이 밧지름 해변에 함포사격을 한 후 상륙용 보트에 올라탄 국군이 해변에 상륙, 임배영 선배가 품속에서 태극기를 꺼내 들고 환영을 나갔습니다. 임배영 선배가 태극기를 들고 국군을 환영하다가도 함포 소리가 나면 바다에 바짝 엎드리길래, 제(송은호)가 대신 태극기를 들고 해안에 상륙한 국군을 환영했습니다…(중략)…임배영 선배의 태극기를 들고 국군을 향해 흔들었고 신원을 확인한 국군은 이들을 동네 안내자로 인정해줬다.[15]

특이하게도 한국전쟁 당시 부산과 대구만이 국군 점령하에 있을 때 덕적도만은 국군 점령하에 있었다. 이로 인해 9월 16일 대망의 인천상륙작전이 감행되었고 덕적도는 전초 작

---

15) 여수넷통뉴스, 2019.8.19

전기지로 국제적 관심을 받았다. 이를 안정적으로 인도했다는 공으로 그는 미군으로부터 관련 문서를 받았고, 이것이 그의 사상적 결백을 입증해준 셈이었다. 결국 그는 한국전쟁 중에도 광주전국체전에 출전하여 우승하였고, 1952년 헬싱키 올림픽 대표 선발전에서도 우승을 차지하였다. 하지만 그는 공정하지 못하게도 소수정예란 결정에 따라 대회에 출전하지 못하였다. 큰 상실감에 그는 성광보육원에서 아이를 돌보며 봉사활동을 하였고 이는 상처를 치유하는 데 큰 도움이 되었다. 마음을 추스른 그는 제2회 아시아경기대회에 출전하여 동메달을 획득하였다. 그가 동메달을 획득한 후 인천공설운동장의 축하 현장에 환영 인파로 손뼉을 치러 온 후배가 바로 장창선이었다.

"어렵고 돈이 없는 학생은 운동을 정말 열심히 하면 성공할 수 있습니다."

그 말에 레슬링부에 입부한 다수의 학생 중 한 명이 바로 장창선이었다. 귀국 후 그는 제자를 꾸준히 양성하였다. 그는 장창선을 잘 지도하였으나 생활 전반을 책임지기는 어려웠다. 이때 장창선이 전국 신인선수권대회에 출전하여 활약하자 그 가능성을 보고 스카우트 제의가 들어왔다. 스승은 두말하지 않고 그를 서울로 보냈다. 가능성이 큰 제자를 보내는 것은 그로서 큰 결정이었다. 가만히 있어도 그는 제 몫을 할 것이며 작게는 인천을, 크게는 국가를, 그리고 동산고를 빛내줄 제자였기 때문이었다. 하지만 그는 모든 것을 제자의 처지에서 생각했고 마침내 그를 떠나보냈다. 이후에도 그는 어려운 제자를 자신의 집에서 숙식시키며 키워냈다. 대표적 제자로는 천동문, 김제덕, 김화경, 최영길, 김문기 등이 있었다. 곧이어 또 다른 일이 터졌다. 서울로 보낸 장창선이 경비가 없어 털리도 세계선수권대회 출전이 어려워진 것이었다. 그는 이 일에 발 벗고 나서 문제를 해결해주었다. 당시 신문에는 그 내용이 다음과 같이 기록되어 있었다.

> 가장 아끼던 장창선이 돈이 없어 세계대회의 꿈을 포기하려 할 때, 자신의 전세비용 70만 원 중 30만 원을 뽑아 장선수에게 전하여 세계 제패의 꿈을 이루게 했다.[16]

이를 정확히 증명하기는 어렵다. 다만 선생님의 따님 임연숙은 "두 분간의 거래는 잘 모르겠고, 너무 어려서 잘 기억나지는 않습니다만, 어릴 때 집이 자주 이사를 했고, 심지어 학교 내 운동장 옆 관사에서도 어렵게 살았던 기억이 있습니다. 관사라는 표현도 좀 그렇습니다. 그냥 천막 같은, 참힘들었죠"라고 하였다.[17] 이러한 그의 아름다운 선행은 우리나라의 세계대회 첫 번째 금메달의 교두보가 되었다.

---

16) 경향신문, 1975.10.14.
17) 조준호, 박규태(2019). 앞의 논문. p44.

사진 1. 임배영

대통령 표창장 임배영

자료 출처: 임배영 선생님 자녀 임연숙 제공

　이후 임배영은 1964년 경기도체육회 사무국장에 임명되어 경기도의 체육 발전을 이끌었다. 그는 세밀한 정보를 분석하며 우수한 선수를 발굴하는 등 꾸준히 노력하며 강력한 경기도체육의 성장을 이끌었다. 마침내 그의 이러한 노력으로 경기도는 1974년 전국체육대회에서 3위로 성장했다. 1975년에도 3위권을 유지했고 결국 1977년 우승을 이뤄냈다. 이후 그의 노력은 경기도의 전국체전 2연패로 돌아왔고 대한체육회 이사로도 활약했다. 이러한 공로를 인정한 정부는 그에게 대통령상을 수여했다. 그는 1980년 경기도의 전국체전 우승과 함께 자리를 비웠다. 경기도체육의 성장을 이끌며 그는 화려하게 은퇴하였으나 정치에 입문하였고, 큰 뜻을 펼칠 수는 없었으나 꾸준히 인천 체육 발전에 이바지했다. 그리고 2018년, 그는 갑작스럽게 생을 마쳤다. 인천레슬링과 한국레슬링의 거목으로, 경기도체육의 근간으로 활약하며 대한민국 체육 발전을 위해 노력한 그였다.

삶은 타이밍이다.

체육 인물사 연구에서 뼈저리게 느낀 지혜다. 임배영 선생님의 연구도 그랬다.

실제 스포츠 경기에서 볼링의 리프팅도, 축구에서 슛도, 야구에서 홈런도, 기타 등등 모두가 타이밍이 무엇보다 중요하다. 체육 인물사 연구에서 무엇보다 중요한 것은 **타이밍과 열정**, 그 두 가지면 충분하다.

임배영은 공부만 열심히 하고, 운동만 열심히 하면 되는 시대에 살지 못했다. 일제강점기의 중심 시기에 운동을 배웠고, 자신의 최고 전성기가 안타깝게도 바로 한국전쟁의 시기였다. 즉 사상의 문제가 있으면 생사의 갈림길에 설 수도 있는 그런 불안정한 시대에 그는 레슬링을 하며 동시에 제자를 양성하며 살아나갔다. 하지만 그는 분명한 자기 생각이 있었고 스승의 사상적 굴레에서 벗어날 수 없을 때, 고향 덕적도에서 인천상륙작전을 성공적으로 수행하는 '안내자'의 역할을 맡았다. 이는 그가, 아니 후배와 제자 레슬러를 살릴 수 있는 행동의 길이 되었다. 그가 이렇게 바르게 살 수 있었던 이유

가 있었다. 그는 늘 입버릇처럼 다음과 같이 말했다.

지금껏 규범과 질서를 존중하는 체육인으로 살았습니다. 그리고 우리 사회는
앞으로 도덕과 윤리가 존중되어야 합니다.[18]

그는 그렇게 살았다. 이로 인해 그는 큰 고비를 넘긴다. 스
승 김석영으로 인한 '레슬링은 다 좌익이야'라는 시대적 편견
이 그를 통해 깨졌고, 이는 인천의 레슬러 모두를 살리는 길
이 되었다. 그렇게 살며 우리나라 첫 아시아경기대회 동메달
을 획득한 그는 스승이 못했던 일을 하며 꾸준히 고향 인천
에서 제자를 양성했고, 그의 지도는 곧 세계 챔프의 입문기가
되었다. 그는 장창선이라는 세계 챔프의 제자를 아꼈고 제자
는 이에 보답했다. 마침내 그는 경기도체육을 성장시켰고 또
한 정치에도 입문하며 체육인의 정정당당함을 스스로 꽃피우
고자 하였다. 정치인의 꿈은 이루지 못했으나 그는 대통령 표
창 등을 수여 받으며 체육인으로서의 가치 있는 삶을 공식적
으로 인정받았다. 2014년 인천아시아경기대회에서도 그는 배
우 이시영과 함께 성화 봉송을 했다. 그는 그냥 잊힌 체육
원로가 아니라 현역의 원로로 아직도 체육인의 가슴에 살아
숨 쉬고 있는 기억의 레슬러였다. 과묵한 레슬링의 스승으로
서 제자의 그늘 뒤에서 이렇게 살아야 한다는 '의리'라는 메
시지를 보여준 임배영, 레슬러이자 체육행정가, 정치가로서

---

18) 인천신문, 1990.6.6.

살아온 그의 삶에 진심으로 경의를 표하는 바이다.

4쿼터) 첫 레슬링 국가대표 김석영(2013)

우리나라의 첫 세계 챔피언 장창선을 연구하며 그의 스승이 궁금해서 임배영을 연구했다. 임배영을 연구하며 그의 스승이 궁금했고 그래서 김석영을 연구했다. 시기적으로 약간의 차이가 있으나 인천레슬링을 연구하고, 임배영을 연구하기까지 10년의 세월이 걸렸다. 그리고 김석영을 연구하기까지 4년의 세월을 보내야 했다. '체육 인물사 연구가 왜 타이밍이 중요한지', '왜 사람은 누구나 때가 있다'라고 하는지를 알 수 있게 되는 지혜의 메시지였다. 그저 인천레슬링의 계보를 완결할 수 있음에 감사한 시간이었다.

그렇다면 한국레슬링의 1세대라 할 수 있는 김석영은 어떻게 연구할 수 있었을까. 연구는 시작부터 난관이었다. 무엇보다도 관건이 그와 관련된 문헌 자료를 어떻게 확보하느냐였다. 이에 연구자는 그의 모교인 메이지대학(明治大學) 측의 자료, 그리고 우리나라의 김석영 모교, 그를 증명하는 다양한 문헌 자료 확보에 나섰다. 놀라운 점은 일본의 자료, 즉 메이지대학 레슬링부의 자료 등이었다. 특히 메이지대학이 레슬링부 한 종목에 관해 70년 이상의 역사를 이토록 꾸준히 정리했다는 점이 무엇보다 놀라웠다. 그리고 광복 전후 일본인 유학생들이 우리나라에 레슬링의 씨앗을 뿌렸고 그들의 활약이 우리 땅 곳곳에 퍼즐처럼 흩어져 커다란 나무로 성장했음도 확인할 수 있었다. 그 퍼즐의 조각을 맞추어갈 때면 연구자는 흥분을 감출 수 없었다. 특히 서울의 황병관, 평양의 김극환, 인천의 김석영, 한국전쟁의 피난살이에서 부산에서 레슬링의 씨앗을 뿌린 신무룡 등에 이르렀다. 그렇게 완성된 연구가 김석영과 관련한 논문, 황병관, 김극환 연구 등이었다. 여기서는 인천의 레슬링 사범 김석영에 관해 살펴보면 다음과 같다.

김석영은 인천레슬링구락부의 사범, 인천 최초의 레슬러였다.[19] 그의 열정은 광복 후 최초(最初)의 세계레슬링선수권대회 금메달이라는 놀라운 결과의 시작점이었다. 우선 김석영은 인천의 당대 최고 부자라는 김윤복의 아들로 태어났다. 부자의 아들로 인천에서 태어나다 보니 그는 자연스럽게 인천 최고의 명문인 인천상업학교에 입학하였다. 그곳에서 그는 빼어난 운동신경으로 수영을 시작하였고 나날이 급성장하였다. 그는 1936년 8월에는 400m 자유형에서 1위를 차지하면서 조선 타이기록을 작성하기도 하였다. 수구에서 수영까지, 그는 어린 시절부터 스포츠에 탁월한 재능을 선보였다. 스포츠를 잘했던 그에게 지금 우리가 놀라는 이유는 재학 중 보여준 다음과 같은 행동 때문이었다.

---

19) 해당 내용은 조준호(2013)의 「인천 최초의 레슬러 김석영의 삶」, 한국체육사학회지, 52(4), pp1~20 의 내용을 정리하였다.

그는 일본인 학생들의 오만한 태도에 격분하여 밤이면 신발을 축구화로 갈아 신고 일본인 학생들이 모이는 곳을 찾아가, 거만하거나 불손한 학생들을 여지 없이 혼내주는 일이 종종 있었다. 이런 일이 있자, 학교 당국은 한국과 일본 학생이 자꾸 싸움하면 퇴학 처분을 내린다는 규정을 넣어 이러한 행동을 자제 하게 하였다(인고백년사편찬위, 1995).

이러한 상황 속에서도 인천 최고의 부자 아들 김석영은 기 죽지 않았다. 그는 계속해서 일본 학생들을 괴롭혔다. 이로 인 해 일본인 선생이 그를 잡아 지혼도라는 몽둥이로 사정없이 구타하였다. 그러자 그도 발끈하였고 마침내 김석영에게 퇴학 처분이 내려진다. 그래도 그는 별로 신경 쓰지 않았다. 아버지 가 '나는 새도 떨어뜨린다'라는 김윤복[20]이었기 때문이다.

그는 1937년 일본으로 유학을 떠났다. 그리고 오사카의 간사이중학교를 졸업하고 1938년 일본 메이지대학에 입학, 레슬링에 입문하였다. 원래 수영을 잘했고 거친 수구까지 섭 렵했던 그였다. 수영은 그에게 최고의 재능을 선사하였다. 마침내 입문한 지 1년 만에 그는 전일본레슬링 월터급의 1 인자, 1년 후에는 전일본레슬링 월터급 챔피언에 등극하였다. 그때가 1940년이었다. 일본이 도쿄올림픽을 포기하고 태평양 전쟁에 빠져들자 운동을 지속하는 것이 어려웠다. 그런 가운

---

20) 김윤복은 1870년 인천 출신, 1894년 청일전쟁 때 육군사령부 통역관으로 일본과 인연 을 맺고 1905년 인천항 경무서를 시작으로 경찰에 입문하였다. 1910년부터 승승장구 하여 그는 인천경찰서 경부, 황해경무부 남천경찰서 경부, 경기경무부 경부, 경기도 영 등포경찰서 경부 등을 재직하다 1922년 퇴직하였다. 그 후로 그는 인천부협의 회원에 당선되어 인천자선회 부회장, 인천부세진흥회사 부회장, 인천공립보통학교 평의원, 1933년 5월 경기도 도회의원, 인천수산회 부회장, 1938년 인천상업전수학교 설립, 인 천부회의장, 1944년 중추원 참의 등을 역임한 어마어마한 부자였고 친일파였다(민족문 제연구소, 2009: 536~537).

데 조국은 광복을 맞이하였다.

조국이 광복을 맞이하자 그는 고향 인천으로 왔다. 그리고
는 지금의 인천여상 자리에 있던 일본 신사를 밀어버리고
그곳에 '인천레슬링구락부'를 설립하였다. 그곳에서 그는 레
슬링 제자들을 양성하였고 그중 한 명이 바로 임배영이었다.
이곳에서는 서울에 있는 황병관의 체육관과 경인대항전, 교
류전 등을 가졌고 이를 통해 그는 인천레슬링의 종합적 성
장을 꾀하였다. 동시에 그는 1948년 런던올림픽 레슬링 라이
트급 대표로 선발되었다. 올림픽대회에 출전해서 놀랍게도
그는 6위를 차지하였고 이는 한국선수단의 점수 획득에도
이바지하였다. 하지만 아쉽게도 그는 한국전쟁으로 32세의
젊은 나이에 타계하였다. 더 자세한 그의 사망 관련 내용은
아쉽지만 차후에 기회가 되면 자세하게 설명하고자 한다. 그
렇게 그는 인천레슬링의 모든 기대를 임배영에게 맡긴 채
눈을 감았다. 아쉽고 아쉬운 기록이었다. 부잣집 아들, 맨주
먹의 조선의 아들, 전일본 레슬링 챔피언, 런던올림픽 국가
대표인 김석영은 그렇게 떠났다.

솔직히 연구자는 그를 본 적도 없다. 하지만 본 연구를 통
해 그의 뜨거운 심장과 억울함을 마주할 수 있었고 많은 연
구자료를 찾으며 잘못된 점[21]도 확인할 수 있었다.

---

21) 2013년 『인천 최초의 레슬러 김석영의 삶』 논문에서 p4에 수록된 김석영 사진(사진1),
해당 사진은 이익순(2005)의 『한국체육을 빛낸 영광의 얼굴들』 p120의 김석영 사진
자료를 인용했다. 그런데 이 사진이 그가 아니었다. 큰 실수를 했다. 일본의 자료, 즉 메
이지대학 레슬링 70년사에 정말 멋지게 생긴 김석영의 진짜 모습(오른쪽 사진)을 확인
할 수 있었다. 이 자리를 빌려 사진 오류의 죄송함을 말씀드리고 싶다.

사진 2. 김석영

사진 오류 김석영   1940년 전일본선수권대회 우승자 김석영
자료 출처: 좌 이익순(2005). 영광의 얼굴들, p120, 우 메이지대학레슬링70년사 p55.

사진-2를 볼 때마다 마음의 빚이다. 하지만 지치지 않으려
고 연구자는 그의 자료를 찾기 위해 큰 노력을 했고, 그를
수면 위로 드러낼 수 있어서 다행이라는 생각도 든다. 김석
영의 사상적 부분에 관해서는 아직 잘 모르겠다. 그저 체육
사적으로 그의 레슬링 관련 업적만을 살펴보면 그가 '인천레
슬링의 첫 스승 & 큰 스승'이었다는 점은 부정할 수가 없다.
특히 광복 직후, 현 인천여상 자리에 있던 일본 신사를 부숴
버리고 그 자리에 레슬링체육관을 차린 점은 그가 보통의
인물은 아니라는 사실을 증명해주었다. 그리고 그는 이곳을
통해 임배영이라는 훌륭한 제자를 키워냈다. 물론 임배영도
그렇게 제자를 양성하여 우리나라 첫 세계 챔피언인 장창선
을 키워냈다. 모두가 김석영, 그가 뿌린 씨앗이었다. 결국,

김석영은 인천레슬링과 한국레슬링의 대표로 우리나라의 올림픽 첫 시작점이라 할 수 있는 1948년 런던올림픽에 출전하여 6위의 활약을 펼쳤다.

그의 이러한 활약은 한국레슬링의 급성장을 이뤄냈고 첫 세계대회 금메달이라는 결과물로 구체화하였다. 하지만 그는 한국전쟁의 소용돌이 속에 스스로를 구해낼 수 없었다. 32세의 짧은 나이로 생을 마감한 김석영, 화려했던 그의 꿈은 제자에게 모든 짐을 넘겼다. 김석영은 그 제자와 얼마 전 하늘에서 잘 만났을 것이다.

연장전) 위대한 레슬러를 정리하며

체육 인물사를 연구하다 보니 자연스레 사람에게 관심을 두게 되었다. 그리고 그들이 체육 분야에서 성공하게 된 과정을 되짚어보았다. 이는 또 자연스레 사람의 처세술, 자기계발, 리더십 등에도 관심을 두게 하였다. 이때 "해당 체육인이 이런 판단을 했으면 어땠을까?" 하는 생각이 들 때가 있다. 과거 한 TV에 '그래, 결심했어!'라는 프로그램이 있었다. 주인공의 결심에 따라 인생 A, 인생 B가 선택되는 내용이었다. 그 결정의 순간, "어떤 결정을 내려야 내 인생의 최대 성과를 이룰 수 있을까!"가 프로그램의 핵심이었다. 그렇다면 "성과란 무엇일까?"가 궁금했다. 경영학의 아버지라 불리는 피터 드러커가 강조한 경영의 성과가 있다. 그가 강조하는 성과는 크게 3가지로, 여기에 위대한 레슬러의 특징을 대입하여 살펴보고자 했다. 3가지는 우선 직접적 성과, 다음으로 가치 창조와 재확인, 마지막으로 인재 육성[22])이다. 따라서 본 장은 자연스럽게 3명의 인물을 3가지 성과로 구분하여 기술하였다.

우선 직접적인 성과, 이것은 눈에 보이는 구체적 성과를 말한다. 대표적 인물이 바로 장창선 이었다. 그는 어려운 삶속에서 레슬러 임배영을 만나 레슬링에 입문하였다. 즉 임배영은 우리나라가 처음으로 참가한 아시아경기대회에 출전하여 동메달을 획득했고 그를 환영해주는 자리에 장창선이 동원되었다. 그곳에서 "어렵고 돈이 없는 학생은 운동을 정말 열심히 하면 성공할 수 있다"라는 임배영의 말에 감동한 장창선이 레슬링에 입문하였다. 그리고 스승 임배영은 그에게 레슬링을 성심성의껏 지도했다. 시간은 그를 최고의 레슬러로 급성장시켰다. 마침내 그는 1962년 자카르타 아시안게임에서 은메달, 1964년 도쿄올림픽 은메달, 1966년에는 털리도 세계아마추어레슬링선수권대회에서 드디어 금메달을 획득하였다. 그의 금메달은 우리나라 최초의 세계대회 금메달이었다. 이는 분명 세계 챔피언 장창선이 국가의 직접적인 성과였음을 확인하는 내용이었다.

두 번째로 가치 창조와 재확인이다. 이는 얼마만큼 자신이 하는 일에 대해 의미를 두는가의 이야기다. 곧 자신이 하는

---

22) 강규형(2008). 성공을 바인딩하라. 서울: 한국방송통신대학교출판부. p40.

일에 대한 자긍심, 소중함이라 표현할 수 있을 것이다. 임배영은 자신의 스승인 김석영으로부터 아낌없는 사랑을 받았다. 하지만 그의 스승 김석영은 사상적 문제에서 벗어날 수 없었고 이내 많은 과제를 남기고 젊은 나이에 타계하였다. 임배영은 모든 것을 버리고 스스로 살기 위해 레슬링계를 떠날 수도 있었다. 하지만 그는 그렇게 하지 않았다. 오히려 그는 인천의 많은 레슬러를 품었다. 곧 한국전쟁이 터지자 그는 고향에서 상륙작전을 감지, 미군의 길을 안내했다. 이는 그가 생존할 수 있는 열쇠가 되었다. 사상적으로 자유로워진 그는 많은 레슬러를 키워내 인천레슬링의 진정한 스승이 되었다. 그리고 이후 그는 경기도체육회 사무국장 등을 역임하며 경기도체육의 토대를 닦았고 대통령 표창까지 수여받았다. 무엇보다 그는 자신이 키워낸 세계 챔피언 장창선을 자랑스러워했다. 그가 자신이 하는 일에 대한 자긍심, 소중함이 없었다면 이런 일은 절대 할 수 없었을 것이다. 이는 분명 임배영이 가치 창조와 재확인의 대표적 인물임을 확인하는 내용이었다.

마지막으로 인재 육성이다. 경영계뿐만 아니라 스포츠계에서도 뛰어난 인재는 전부라고 할 수 있다. 정말 사람이 미래다. 김석영은 인천 최고의 갑부라는 김윤복의 아들로 태어나 수영선수로 이름을 날렸다. 그는 재학 중 조선인 학생을 대표할 만큼 싸움꾼이었다. 그는 재학 중 일본인 학생들을 괴롭혔고 이게 빌미가 되어 인상(仁商)에서 퇴학을 당하였다.

부자 아들은 이곳이 아니어도 갈 곳이 많았다. 마침내 그는 일본으로 유학을 하며 메이지대학에 입학, 그곳에서 레슬링을 시작하였다. 레슬링을 한 그는 1940년 전일본레슬링 챔피언에 올랐다. 광복 후 그는 일본 신사 자리에 인천레슬링구락부를 차려 인재 양성, 즉 레슬러 양성에 돌입하였다. 그곳에서 그는 임배영을 키워냈고 1948년 런던올림픽의 국가대표로 참가했다. 이후 한국전쟁에서 그는 아쉽게 타계했으나 그가 세운 인천레슬링구락부를 통해 많은 인재가 양성되었고 특히 임배영을 키워냈다. 이는 분명 김석영이 인재 양성의 대표적 인물임을 확인하는 내용이었다.

이처럼 장창선은 직접적인 성과, 임배영은 가치 창조와 재확인, 마지막 김석영은 인재 양성의 산증인들이었다. 그들이라는 단초가 있었기에 작게는 인천레슬링, 크게는 한국레슬링이 급성장할 수 있었다. 성과는 정말 이런 것이 성과다. 김석영과 임배영, 우리가 기억으로 보답해야 할 한국레슬링의 큰 스승이다. 그가 현재 눈에 보이지 않는다고 사라진 것이 아니다. 우리가 기억한다면 그들은 우리와 평생 함께하는 것이다. 그것이 체육사가 가진 힘이다. 한 손에 책을 들고 체육사를 하는 그대가, 오늘도 슈트를 입고 운동하는 그대가, 진정한 성과를 입증하는 산증인이다. 본 장은 이 문장으로 내용을 마무리하고자 한다.

이 시대의 진정한 리더는 성과를 달성하려는 바로 여러분이다.

제7장

더도 덜도 없이 꼭 세 판
- 올림픽사 - 도쿄올림픽

Jump Ball

　신(神)의 절대적 힘으로 인류의 생명을 지키고 싶다는 염원이 평화란 이름으로 대변되며 탄생한 것이 고대올림픽이다. 이때를 시작으로 현재까지도 올림픽은 명맥을, 아니 그때보다 훨씬 더 진화하여 전 세계인의 스포츠 축제로 자리매김하고 있다. 결국, 올림픽은 시대를 초월한 인류 문화유산으로 주목받기에 부족함이 없을 만큼 성장해왔다. 그 시작점에는 자국 프랑스 청년들이 좀 더 강해져야 한다는 근대올림픽의 창시자 쿠베르탱(Pierre de Coubertin)의 염원과 많은 이들의 노력도 숨겨져 있었다. 이러한 노력에 국가(민족) 간 경쟁 그리고 스포츠와 평화, 돈까지 더해졌다. 이제 올림픽은 전 세계적으로 가장 영향력 있는 <메가 스포츠 이벤트>다. 이렇듯 성장한 올림픽의 내면에는 국가 경쟁의 묘한 마력(魔力), 민족주의적 그림자가 짙게 드리워져 있는 것도 사실이다.[1] 본 장에서는 전쟁과 전염병으로부터 인류를 구하겠다는 평화협정으로 시작된 고대올림픽을 이해하고 도쿄올림픽의 과거와 현재, 그리고 조심스런 미래를 살펴보고자 하였다.

---

1) 하웅용외 7(2018). 『스포츠문화사』. p111.

1쿼터) 고대올림픽의 이해

2021년 전 세계는 코로나19(COVID-19)가 한창이다. 어디에서 시작되었는지 명확하게 말하기는 어려우나, 이러한 팬데믹(pandemic)의 예방과 종식 등과 관련해 건강 및 백신 등에 분명 주목할 필요는 있다. 긴 세월은 아니지만 살면서 이렇게 크게 생활에 불편을 느낄 만큼 전 세계로 퍼진 전염병은 코로나19가 처음이다. 시간이 많이 흐른 후 "아, 그때 코로나19란 전염병으로 생활이 많이 불편했던 때가 있었지~"라는 말을 할 수 있는 시기가 빨리 다가오길 바랄 뿐이다. 본 장에서는 지금처럼 과학이 발달하지 않았음에도 전쟁과 전염병으로부터 인류를 구하겠다고 시작된 평화, 스포츠라는 도구를 통해 이를 극복해낸 올림픽의 역사에서 작은 지혜를 구하고자 한다. 얼마 전인 2021년 7월 23일부터 8월 8일까지 2020 도쿄올림픽이 열렸고, 역사는 분명 반복되었다고 본다. 도쿄올림픽도 그렇겠지만 고대올림픽은 분명히 인류를 위한 **평화** 때문에 시작된 인류의 축제였다.

1. 에케케이리아(Ekecheiria): 성스러운 휴전(평화협정)

고대 그리스 사람들의 삶은 힘듦과 고뇌에서 시작되었다. 힘듦과 고뇌는 인류 간 전쟁을 일으켰고 이는 곧 평화의 갈구로 이어졌다. 전쟁과 평화는 극과 극의 이야기지만 그리스 초기, 호메로스의 일리아드와 오디세이, 헤시오도스의 노동과 나날 등 문학 작품의 주제였다. 그만큼 해당 시기에 다양한 전후 스토리가 꾸준히 등장해왔다. 권력은 전쟁을 잉태했고 전쟁은 새로운 시장을 형성했다. 그렇듯 전쟁은 인간의 요구로 시작했으나 막대한 희생은 때론 감당하기 어려웠을 만큼 컸다. 이는 결국 신의 힘을 빌려 '평화'라는 희망을 갈구하게 되었다. 헤시오도스의 노동과 나날에서도 정의와 평화를 실천하기 위한 구체적 행동은 '노동(勞動)'이었다. 인간은 근본적 평화를 갖고자 했고 마침내 구체적인 인간의 노력이 '생존을 위한 노동'으로 이어졌다. 이는 결국 '스포츠를 통한 인류의 공존'이란 가치로 이어졌고 결국 '고대올림픽'의 개최로 이어지게 되었다.

고대올림픽은 신화와 전설에 바탕을 두고 있다. 고대 그리스에서는 절대 신(神)인 제우스를 숭상하는 일종의 종교 행사 가운데 하나로 올림피아에서 운동경기가 열렸다. 그리고 올림피아의 이름을 인용하여 '올림픽'이라 명명했다. 고대올림픽의 중심에 있는 고대 그리스인은 **"건전한 신체에 건전한 정신(Mens Sana in Corpore Sano)"**을[2] 강조했다. 이는 후대 로마인에게 '흥미와 오락'으로 변화되었다. 종교적으로 신성한 축제 경기였던 올림픽이 때론 무종교적인, 혹은 이교도들의 축제라는 명목으로 배척되기도 하였다.[3]

---

2) 고대 로마 시인 유베날리스(Decimus Junius Juvenalis)가 주장한 것이다(한국경제, 2019년 10월 5일).

3) 이현정, 구현정(2002). 「21세기 올림픽의 방향과 과제」, 생활과학연구. 7.

> 종교의식 성향이 강한 **고대올림픽은 역경을 이겨내려는 인간의 기원을** 강하게 담고 있다.[4]

이렇듯 고대올림픽은 지금과 크게 다르지 않은 고민 속에 1,000년을 지속해 왔다. 그들은 주신인 제우스를 모시는 올림피아의 제전 경기를 중심으로 고대올림픽을 발전시켰고 제우스신에 대한 찬양으로 가장 신성한 곳에서 인간 최고의 능력을 제우스신에게 바치며 신의 은총을 기원했다. 이를 토대로 인간의 육체의 미에 대한 의식은 스포츠를 통해 독특한 전통을 이루었다. 전설에 의하면 기원전 9세기 말, 엘리스의 왕 '이피토스(Iphitos)'가 신탁을 듣기 위해 아폴론 신전에 전쟁 종식 방안을 신탁했다. 여사제는 특별한 휴전을 체결하라고 조언했다. 이피토스는 보다 적극적인 행위를 취하게 되었다.

> 그대들의 조국을 살찌게 하고 전쟁을 일으키지 않으며 해마다 제전을 개최하여 서로 우정을 두텁게 하라.[5]

결국, 고대올림픽은 전쟁에서 벗어나 화합과 평화를 구하고자 계획된 것이었다. 그들은 정신 수양과 육체 단련, 그

---

4) 동아일보. 2020년 3월 28일.
5) 신은섭, 박현상(1983). 「올림픽 경기의 역사」, 서울: 아동문예사. p45.

이상의 신체적 표현을 주신인 제우스에게 헌납하고자 했고, 이를 구체화하며 고대올림픽이 시작되었다. 그리스인들은 4년 주기로 모든 싸움을 그치고 제우스를 위한 제사를 올림피아에서 올리며 운동경기를 개최하였다. 모든 그리스인이 안전하게 참가, 이동하고 제전과 경기가 열리는 기간을 전후로 각각 12일씩 휴전하였다.6) 마침내 기원전 776년 올림피아에서 첫 올림픽 경기가 개최된 것이다.7)

즉 **올림픽 개최는 평화와 풍요에 대한 그리스인의 염원이 그대로 담겨있었다.** 이 올림픽 휴전, 즉 '에케케이리아(Ekecheiria)'의 의미는 인류가 서로 '손을 잡는다'는 의미이며 상대를 향해 무기를 겨눈 자들이 **'무기를 내리고 손을 잡는다'**는 휴전을 의미하게 되었다. 이는 '그리스 휴전', '올림픽 휴전', '올림픽 평화'로도 불린다. 올림픽 휴전은 크게 3가지 요소가 있었다.

첫째, 올림픽 개최지와 보호구역은 **중립과 불가침**이 선포,

둘째, 3개월 동안 선수들의 **도시이동에 관한 안전 보장**,

셋째, 위 조항을 **위반하는 자는 모든 참가국이 함께 제재**하였다.8)

---

6) 박홍식(2013). 「서양고중세시대의 평화 이념과 실제」, 동국사학 55권.

7) 통상적으로 학계에서는 엘리스 출신의 요리사 '코로에부스'가 단거리(약 200m)경주에서 우승했다는 기록을 근거로 기원전 776년을 고대올림픽 경기가 열린 최초의 시기로 간주하고 있다(주디스 스와들링(Swadding, Judith), 김병화역(2004). 『올림픽, 2780년의 역사』. 서울: 효형출판사).

8) 김재한(2012). 「올림픽의 평화 및 통일 효과, 통일문제 연구」, 통일문제연구. 24(2).

전쟁 중단은 사실 '신'의 지시에 따르는 것이었고 모든 방문자가 안전하게 올림피아에 올 수 있도록 '에케케이리아' 즉, 성스러운 휴전이 선포되었다. 당시 폴리스마다 달력이 달라 매번 올림픽 일정을 알리는 누군가가 필요했다. 우편 등이 활성화되지 않은 시대에 사람이 직접 배달하는 **'평화의 사신'**이 필요했다. 그들의 활약 속에 올림픽이 개최되었고 엘리스 지방은 성역화되었다. 이제 그리스 세계 전체에 휴전이 선포되며 올림픽 제전이 열렸고 평화가 유지되었다. 평화가 시작될 수 있었던 것은 올림픽 제전이 최초였다.

기원전 5세기에는 휴전 기간이 석 달로 늘어났다. 이 기간에는 전쟁 중단뿐만 아니라 재판과 처형도 중단되었다. 그해 스파르타가 엘리스의 한 요새를 공격했는데 나중에 스파르타는 이 공격이 성 휴전을 알리는 평화의 사신이 스파르다에 도착하기 전에 벌어졌다고 주장했다.9) 그러나 그해 스파르타는 해당 사건으로 경기 출전이 금지되었다. 더불어 도시국가 간 분쟁을 조정할 재판소가 올림피아에 설치되기도 했다. 이는 5세기에도 그리스 전역에 올림픽으로 인해 성스러운 휴전이 지속하였음을 추측할 수 있다. 결국, 올림픽으로 4년마다 한 번씩 한시적 평화가 그리스에 찾아왔다. 다만 올림픽으로 당시의 전쟁이 종식하였다기보다는 잠시 멈추었다는 표현이 맞을 것이다.

이렇듯 고대올림픽은 종교와 예술, 스포츠가 혼합된 위대

---

9) 투키디데스(2011). 천병희 역, 『펠로폰네소스 전쟁사』. 숲출판사.

한 역사의 산물이자 신들에게 바치는 인간의 스포츠 경기였다. 신에 대한 제사와 신체적 단련, 친목을 도모하여 모두가 단결하는 것이 고대올림픽의 의의였다.[10] 그 시작은 평화를 위한 인류의 합의였고, 이는 노동을 통해, 스포츠를 통해 더욱 완성되어 갔다. 마침내 올림픽의 개최는 평화와 풍요를 이루고픈 그리스인의 염원으로 인해 에케케이리아, 즉 성스러운 휴전이 선포되며 본격화되었다. 성스러운 휴전으로 전쟁도, 전염병도 휴식을 취하며 올림픽을 더욱 빛나게 했다. 그리고 그 시작점의 중심에는 **인간의 생존권을 지키기 위한 인류의 배려와 협조**가 있었다.

2. 나체로 경기를

올림픽대회에 출전한 선수들은 나체로 경기를 했다. 기원전 720년 제15회 올림픽 때 달리기에 출전한 메가라의 오립포스가 옷을 벗고 알몸으로 달려 우승을 했는데 심판관들이 이에 대해 별 제재를 가하지 않았다. 알몸으로 출전하는 관행은 이때부터 시작된 것으로 보인다. 종교적인 의미에서 우승한 선수의 나체는 신에게 바쳐지는 제물로서의 상징적인 의미가 있었다. 즉 나체로 훈련한다는 것은 **신체 미(美)의 이상, 강한 육체를 신성시**한 것이었다. 곧 나체는 시민계층의 의복과 같은 공공성을 가지고 있었다는 것이 지금의 정설이다.[11]

---

10) 류준상(2003). 「고대올림픽 경기에 관한 연구」, 한국레저스포츠학회지. 7권.

이렇듯 나체로 지속하여 온 고대올림픽은 로마가 그리스도교를 국교로 정한 로마제국의 테오도시우스 대제의 '이교 금지령'에 따라서 1,160여 년의 막을 내렸다. 1회 대회부터 기원후 293회 대회를 마지막으로 고대올림픽이 중지된 것이었다. 그때가 기원후 393년이었다. 현재 기록에 남은 마지막 고대올림픽은 369년에 열린 287회 고대올림픽으로, 그해 우승자에 대한 기록만이 남아 있다. 고대올림픽은 기원전 776년부터 기원후 393년까지 약 1,160여 년의 시간 동안 개최되었다. 천년의 제국도 대단한데 천년이 넘는 시간 동안 고대올림픽이 지속하였다는 사실이 더욱 놀라울 뿐이다.

이와 같이 고대올림픽은 정치, 경제, 문화, 종교 등 모든 그리스 발전의 기초적 역할을 해왔다. **고대올림픽은 평화를 지속하려는 강력한 힘**이자, 그리스인의 손으로 신에게 좀 더 다가가는 종교적 신성함과 이념이 내재되어 있었다. 그들은 주신 제우스신에 대한 신앙심을 통해 애국심과 도덕성을 키워내고자 하였다. 그들은 고대올림픽 우승자를 찬양했고 개최하는 도시를 자랑하고자 했다. 고대올림픽 경기에서 나체로 경기하며 순수한 육체미와 경기 정신을 과시했고, 참가자도 엄격히 제한하며 나름 성스러운 선수를 철저히 가려냈다. 또한, B.C. 776년 열린 제1회 대회에는 단거리 한 종목만 있었으나 이후 종목이 권투, 창던지기, 원반던지기, 레슬링, 중장거리 경주 등으로 확대되었다. 물론 경기 일정도 연장되

---

11) 하웅용외7(2018). 앞의 책. pp41~42.

었다. 갈수록 몸집이 불어난 올림픽은 기간도, 인원도, 종목
도 늘려가며 평화에 대한 인류의 의지를 과시하는 상징처럼
성장해나갔다.

3. 전염병과 올림픽

고대올림픽의 발상지인 그리스는 중심지가 아테네다. 당시
에게해, 즉 그리스 본토를 말하며 소아시아반도의 서해안,
크레타섬에 둘러싸인 동지중해를 완전히 장악할 정도로 아테
네의 군사력, 해군력은 막강했다. 막강한 해군력을 바탕으로
아테네의 세력이 커지면서 이를 막으려는 스파르타의 경계심
도 차츰 커졌다. 서로 간에 주도권 장악을 위해 기원전 431
년부터 404년까지 약 27년간 펠로폰네소스전쟁이 발발했다.
펠로폰네소스전쟁의 시기도 올림픽 기간에 해당하였다.

펠로폰네소스전쟁(Peloponnesian War)[12]의 잔인함과 치열
함은 인류에게 커다란 재앙, **전염병**을 등장시켰다. 기원전
430년부터 질병은 약 3년간 기승을 떨치다 427년이 돼서야
사라졌다. 이 전염병을 '아테네 전염병', 또는 '투키디데스
전염병'이라 불렀다. 이제 전쟁은 수많은 전투 때문이 아니
라 시간에 의해 병사들이 사망하는 새로운 양상을 띠게 되
었고 결국 27년 동안 이어졌다. 전쟁보다 전염병으로 죽는
사람들이 더 많았다고 한다.

---

12) BC 431~BC 404년 아테네와 스파르타가 각각 스스로 따르는 동맹 시(同盟市)들을 거
   느리고 싸운 전쟁을 말한다.

아직도 학자들은 이 전염병이 어떤 종류인지 결론도 못 내렸다. 두창(천연두)이라고도 하고 어떤 학자는 페스트, 장티푸스라고도 한다. 그리스의 역사가 투키디데스(Thukydides)는 이 전염병이 아테네에서 한 번도 본 적이 없는 새로운 병이라 했다. 마치 요즘 코로나19와 너무도 흡사하다. 이제 펠로폰네소스전쟁은 전투력에 의존하는 것이 아닌, 전염병을 피해 다니는 양상을 띠었다. 마치 유행하는 말로 '강한 놈이 오래가는 게 아니라, 오래가는 놈이 강한 것'인 것처럼 상대가 아닌 전염병이 없는 곳으로 병사들은 피해 다녀야 했다. 그렇게 되자 사람들은 또다시 신(神)을 찾았다.[13] 이렇듯 전염병의 등장과 소모적 전쟁은 고대올림픽 개최에도 일정 부분 영향을 끼쳤다. 올림픽은 스포츠를 통해 신의 은총을 받고자 했던 인간의 욕망이었다. 결국, 전염병과 전쟁 등으로부터 자신을 지키고자 한 인간의 욕구가 이러한 변화의 시작점이 아니었을까 하는 생각이 든다.

이제 근대올림픽으로 돌아와서 생각해보자. 근대올림픽도 고대올림픽과 같이 평화를 목표로 한 인류의 축제다. 올림픽은 1896년 제1회 아테네올림픽대회를 시작으로 2020년 도쿄올림픽까지 약 120년 이상 지속해오고 있다. 그리고 이번 올림픽은 우리에게 매우 민감한 나라, 이웃 일본의 수도 도쿄에서 개최된다. IOC[14]와 일본, 일본의 각 우방국은 도쿄올

---

13) 예병일(2007), 전쟁의 판도를 바꾼 전염병, 살림출판사.

14) IOC는 International Olympic Committee를 말하며 國際—委員會라고도 한다. 1894년 설립되어 올림픽 전통과 이념을 선양하고 아마추어 경기를 권장하며 근대올림픽대회

림픽을 적극 지지하고 있다. 하지만 코로나19는 결코 간과할 수 없는 팬데믹인 것도 사실이다. 자칫 2020 도쿄올림픽은 일본에 어마어마한 재난을 선물할 수 있다. 그동안 근대올림픽은 총 3회 무산되었다.

우선 제1차 세계대전으로 제6회 대회인 1916년 베를린올림픽이 중지되었다. 이때 근대올림픽 창시자인 쿠베르탱은 충격이 컸다. 올림픽이 정치, 인종, 종교의 벽을 초월하려 했으나 한계가 있음을 바로 보여준 사건이었다. 이어 2차 세계대전으로 1940년 예정되었던 제12회 도쿄올림픽, 1944년 제13회 런던올림픽이 중단되었다. 즉 제1, 2차 세계대전으로 올림픽이 3회 중단된 것이다. 그동안 올림픽은 늘 개최와 동시에 다양한 문제점을 노출했다. 그런데도 올림픽은 인류 최고의 스포츠 축제로 성장하며 지구촌 최고의 선수와 스포츠맨십, 개최국의 문화와 발전상을 그대로 들여다볼 수 있는 이점도 있었다. 2021년, 코로나19 사태로 도쿄올림픽이 1년 밀렸으나 일본은 도쿄올림픽 개최를 더는 미룰 수 없어 무관중으로 대회를 강행하였다. 여기서 과거 고대올림픽의 메시지는 '전쟁과 전염병 속에 인류가 선택한 것이 성스러운 휴전'이었음을 명확히 제시하고 있다. 고대올림픽의 선수들이 나체로 경기를 하며 그들이 마스크를 썼는지 안 썼는지는 모르겠으나 전염병과 올림픽은 분명 우리에게 전하는 시

를 총괄한다. 주요활동은 올림픽대회의 정기 개최이며 소재지는 스위스 로잔이다. 2019년 가입국만 219개국이다(네이버 검색, 두산백과, 2020.2.30.).

사점이 있다. 고대올림픽의 시사점을 기억하며 이제 21세기
에 열린 도쿄올림픽에 대해 본격적으로 살펴보도록 하겠다.

2쿼터) 삼세판 도쿄의 꿈(1940~2021)

올림픽에서 민족주의적 그림자는 곧 국가 간 순위 경쟁으
로 선명히 드러난다. 이미 올림픽대회의 순위는 국가 경쟁력
의 척도가 된 지 오래다. 평화와 화합을 외치는 건 개막식
때뿐이고 개막식이 끝나고 본 경기가 시작되면 강력한 민족
주의, 국가주의가 경기장에 불을 뿜는다. 뿜던 불이 멈추면
폐막식이 열리고 올림픽은 또다시 '세계평화'를 부르짖는다.
이처럼 올림픽은 전 세계 최고의 스포츠 이벤트이지만 때론
이해가 되지 않는 '이중성'도 가졌다. 그런 올림픽이 우리와
불편한 역사를 공유한 나라, 일본 도쿄에서 열렸다. 2021년
에 말이다.

다소 불편한 표현일 수 있겠으나 '이웃 국가 일본'은 우리
나라와 깊은 역사를 공유하고 있다. 그 역사 속의 일본에게
우리는 긍정적 기억보다 부정적 기억이 더 많음이 분명한
사실이다. 과거 일본은 우리와 작고 큰 전쟁을 꾸준히 해왔
고, 결정적 한 방은 아마도 일제강점기일 것이다. 그러나 단
하나, 일제는 우리에게 스포츠를 통해 저항하는 방법을 구체
적으로 일깨워준 것도 사실이었다. 즉 개화기와 일제강점기
에 다수 도입된 스포츠는 우리 민족과 궁합이 너무도 잘 맞

았다. 서로 동등한 조건, 즉 **'평등'**이란 전제 속에서 경쟁을 통한 우월감을 무기로 하는 스포츠는 압박받는 식민지국의 한(恨)을 조금이라도 풀 수 있는 강력한 도구였다. 과거 일본 스스로 풀지 못했던 마라톤에서의 금메달, 손기정의 베를린올림픽대회 금메달 획득이 결정적 예일 것이다.

이제 대한민국은 일본의 지배를 벗어나 광복 75주년을 맞이하고 있으며 경제적으로도 크게 성장해 지금에 이르고 있다. 더불어 불과 얼마 전, 'No Japan 운동'15)이 양국 간의 갈등을 심화시켰음에도 대한민국 경제는 크게 흔들리지 않았다. 그만큼 대한민국은 성장했고 이제 어떤 나라도 무시할 수 없을 만큼 단단해졌다.

스포츠 민족주의는 국가대항전에서 폭발하고 있다. 여기에는 근대올림픽의 부활이 제 역할을 다하고 있으며 스포츠 민족주의 활성화에도 이바지하고 있다. 또한, 각종 국제 스포츠 경기대회는 국가 간 대결, 민족 간 대결을 바탕으로 성장해왔다. 스포츠 흥행의 막강한 힘의 기저에 민족과 국가의 우월감이 녹아있음도 분명한 사실이다.

---

15) 2019년 우리나라에서 시작된 일본제품불매운동이다. 우리나라 대법원의 강제 징용판결 이후 삼성전자나 SK하이닉스 등 국내기업에서 반도체 생산에 필요한 원자재를 일본이 규제하면서 본격화되었다. 대표적으로 일본 닛산, 유니클로 등 일본 제품 매출에 큰 타격을 입혔다.

이렇듯 급성장한 대한민국의 암울한 시기를 떠올리게 하는 나라가 일본이다. 요즘 학교폭력 사건이 다양하게 등장하고 있는데, 피해자의 기억과 가해자의 기억에도 그리 좋지는 않을 것이다. 그렇게 기억하고 싶지 않은 기억, 일제강점기가 우리에게 바로 그러하다. 그 주범이 불과 몇 달 후 세계인의 스포츠 축제인 올림픽을 개최한다. 과거 일본이 역사 속에서 우리에게 전해준 교훈이라면 바로 '스포츠는 전투다' 혹은 '스포츠는 애국심'이라는 사실이었다. 여기에 올림픽이 우리에게 준 교훈이라면 바로 '스포츠 민족주의'라는 현실적 가치였다. 여기에 무서운 전염병, 코로나19가 2020년 현재 전세계를 강타했다. 코로나19 사태로 인해 현재 올림픽은 연기되고 이어 취소될 가능성도 점쳐지고 있다. 다수 국가의 코로나19 팬데믹 상황으로 인해 인류의 생명이 위협받고 있기 때문이다. 그런 현장에서의 올림픽의 개최는 고대올림픽의 평화 정신과도 맞지 않는다. 인간의 기본 욕구인 생명, 안전 확보 등에 분명히 위배되기 때문이다.

매스컴에서는 도쿄올림픽의 개최 취소나 연기로 인해 일본의 경제적 손실이 어마어마하게 커졌다고 알려져 있다. 하지만 아무리 그런들 힘든 선발전을 통과하고 각 나라를 대표하는 **국가대표 선수만큼이야 하겠는가.** 어쩌면 평생 한 번 올 기회를 놓쳐버리는 선수도 있을 것이다. 시험이 2~3일 연기되어도 공부하는 학생은 맥이 빠진다. 하물며 1~2년, 아니 취소될 수도 있다면 각 나라의 국가대표 선수는 충격을 받을 수밖에 없다. 문득 1940년 도쿄올림픽이 생각난다. 일본은 IOC로부터 1940년 올림픽 개최권을 받아냈지만 개최할 수 없었다. 어쩔 수 없었다는 당시의 악몽이 재현되는 것은 아닌가 한다. 역사는 분명 반복됨을 명심해야 한다.

1940년처럼 자칫 취소될 수 있는 일본의 올림픽 개최 여부야 어찌할 수 없는 일이라 해도, 우리 선수들의 올림픽 개최 연기, 취소 등으로 인한 구체적 보상, 대비책은 없는지 안타까울 뿐이다. 최근 언론은 광복 후 최악의 한일 관계라 자평하고 있지만, 그동안 양국 간의 체육은 긍정의 메시지로 많은 역할을 해왔다. 과거 "한·일전은 가위바위보도 지면 안 된다"라는 말이 있었으나 이는 어디까지나 감정의 문제고 우리는 냉철한 오늘의 한국체육에 주목하고자 한다.

따라서 본 장에서는 IOC로부터 3번이나 개최권을 획득했던 도쿄올림픽의 역사를 살펴보고 이를 통해 우리가 해야 할 한국체육의 과제를 살펴보고자 하였다. 즉 1940년과 1964년, 2020년 도쿄올림픽을 살펴보고 한국체육의 오늘과 내일을 살펴보고자 했다. 이는 체육에 역사가 왜 필요한지에 대한 설득과 함께 올림픽 역사 연구에 조그만 도움을 줄 수 있을 것이다.

1. 1940년 도쿄올림픽(거품이 되다)

일본의 스포츠가 세계적 수준에 와있고 그 연도가 일본식 연도인 황기 2600년에 해당하여 이것을 봉축하는 행사가 열리면 국민체육에 크게 도움이 될 것이다. 제국의 수도로서 번영을 확신한다.

위의 내용이 1940년 일본이 올림픽을 개최해야 하는 이유였다. 1931년 10월, 도쿄 시장은 위와 같이 연설하며 제12회 올림픽의 일본 개최 당위성을 설명했다. 이러한 움직임의 시작은 1929년 세계육상연맹 회장인 스웨덴의 시그프리드 에드스트룀(Sigfrid Edstrom)[16]이 일본을 방문하며 본격화되었다. 그는 일본 육상 연맹 회장과 나눈 대화에서 일본의 올림픽 개최를 건의[17]하였다. 그 기저에는 일본의 발 빠른 움직임도 한몫했다. 당시 일본은 군국주의 체제 전환과 동시에 국민정신을 함양시키기 위한 **스포츠 정책의 중요성을 일찌감치 간파**하고 있었기 때문이다.

곧이어 1930년대 초반부터 일본은 정부 주도로 스포츠 정책에 관여,[18] 1932년 5월에는 올림픽 유치실행위원회가 설치되었다. 그리고 7월에는 제10회 LA올림픽 때 자기 대회 개최를 위한 IOC 총회가 열렸다. 이 자리에서 일본은 올림픽 유치의향서를 IOC에 제출하며 본격적인 유치 활동에 들어갔다. 우선 일본은 당시 2명이었던 IOC 위원을 3명으로 늘렸다. 그리고 일본은 도쿄올림픽대회의 성공을 위해 파격적 정책을 IOC에 전달했다.

---

16) (1870.9.11.~1964.6.3.), 그는 제5회 올림픽 조직위원회 부위원장으로 활약하여 시설운영에 관하여 새로운 기법을 개척하고 올림픽의 기초를 확립하였다. 국제육상경기연맹을 창립하고 회장을 역임하였고 제4대 IOC 위원장을 역임하였다(두산백과, 2020.1.4).

17) 황의룡(2017). 일본 사회와 도쿄올림픽 정책. 한국체육과학회지. 26(5). p159.

18) 황의룡(2017). 앞의 논문. p158.

> 일본은 유럽과 도쿄가 꽤 거리가 멀기에 선수들의 이동이 어렵게 되자 선수단에 100만 엔, 해상경비를 각 선수당 500엔씩 제공하겠다는 파격적 방침을 IOC에 전달하기도 하였다.[19]

대회 개최와 관련된 이러한 조치는 파격적이었고, 또한 이는 올림픽 기조인 아마추어리즘에도 정면으로 위반되는 행위였다. 당시 각 참가국에 100만엔 씩 지급하겠다는 것은 일본 국민 2만 명분의 월급을 제시한 것이었다. 당시 도쿄의 교사와 경찰 초봉은 50엔 안팎이었다. 그만큼 일본의 올림픽 개최 의지가 얼마나 강했는지를 보여[20]준다. 이제 일본은 본격적으로 로마, 헬싱키 간 대회 유치 경쟁을 시작하였다. 1935년 2월 15일, 독일올림픽위원인 카구 박사가 합동 통신사의 기자에게 다음과 같이 말하였다.

> 나는 일본이 제12회 올림픽대회를 주최하면 반드시 대성공을 거두리라고 확신하고 있다.[21]

이처럼 주변에서 일본의 올림픽 개최를 지원하였다. 마침 유치 경쟁국인 이탈리아 무솔리니도 주일대사를 통해 우리

---

19) IOC.(1994). 1894-1994 The INTERNATIONAL OLYMPIC COMMITTEE. 100 Year -The Idea, The Presidents, The Achievements. The International Olympic Committee. p254; 황의룡(2017). 앞의 논문. p160.

20) 국민일보. 2021년 1월 30일.

21) 동아일보. 1935년 2월 21일.

로마는 일본을 위해 올림픽 유치를 포기하겠다며 일본의 적극적 지지 의사를 표명했다.[22]

마침내 1940년 올림픽 개최국 선정을 위한 최후 결정 회의인 1936년도 국제올림픽위원회가 열렸다. 이는 제212회 대회 개최 직전인 7월 30일, 31일의 양일간 베를린 프리드리히 웰헴 대학의 대강당에서 개최되었다. 결국, 1936년 7월의 개최지 결정 투표의 결과 36 대 27로 도쿄에서 제12회 올림픽을 개최하는 것이 최종 결의되었다.[23] IOC는 세계평화를 아시아국가 일본에서, 일본은 아시아 최초의 올림픽개최국으로 선정된 것이었다. 이때 모두는 평화를 외쳤다. 그러나 일본은 겉으로는 '평화'를 외쳤으나 가슴속으로는 '중일전쟁의 확대'라는 무리수를 품고 있었다. 이때가 1937년이었다. 이에 관해 1937년 중의원 회의에서 가와노 이치로(河野一朗)는 다음과 같이 외쳤다.

> 오늘날 일촉즉발의 국제정세 속에서 한쪽의 기차 정류장에서는 만세를 부르며 **청년들을 전쟁터로 보내고 있고 한쪽에서는 올림픽 연습에 열중**하고 있다. 국가 현실에 그 중요성을 비추어보면 문제는 간단하다. 올림픽 개최를 그만두면 된다.[24]

---

22) 무쏠리니는 1935년 에티오피아를 침공함으로써 일본과의 동맹을 시도한 것이었다.

23) 동아일보. 1936년 8월 1일

24) 東京市役所.(1939). 第十二回オリンピック東京 大会東京市報告書. 東京市; 황의룡(2017). 앞의 논문. p161

한쪽에서는 군복을 입은 일본인이 비장하게 전쟁터로 떠났고, 한쪽에서는 운동복을 입은 일본 선수가 훈련을 위해 경기장으로 향했다. 아이러니했다. 일본은 무게중심을 찾아야 했고 무게추는 전쟁 쪽으로 기울고 있었다. 중일전쟁은 도쿄올림픽의 발목을 잡고 계속 흔들어댔다. 이에 IOC 라투르 위원장은 "1939년 1월까지 일본이 침략전쟁을 멈추지 않으면 많은 국가가 도쿄올림픽대회의 참가를 거부하는 사태가 발생하므로 도쿄에 개최권을 반납"하라는 등 강력히 권고하기에 이른다.[25] 마침내 1938년 7월 15일이 되자 일본 정부는 올림픽 도쿄대회 중지를 정식으로 결정하였다.[26] 도쿄의 올림픽 꿈은 산산조각이 났다. 당시 도쿄올림픽의 헛된 꿈, 다수의 일본인은 그것을 '물거품이 된 도쿄올림픽(幻の東京オリンピック)'이라고 불렀다. 물거품이 된 도쿄올림픽대회, 그 선택은 모두 일본 제국주의의 몫이었다. 물거품 된 도쿄올림픽, 좀 더 자세히 살펴봐야겠다.

1936년 8월, 일본의 축제 기간이 시작되었다. 올림픽을 아시아에서 최초로 일본이 개최하게 되었다는 소식이 본격화된 시기였다. 각 지역에서 운동장과 시설 확장 공사가 진행되었고 식민지였던 우리나라도 마찬가지였다. 부활 40년 만에 올림픽이 최초로 아시아에서 개최되자 일본은 도쿄올림픽 플랜으로 천오백만 원을 상정, 조선에 여러 시설을 확충키로 했

---

25) IOC, 1994.
26) 동아일보, 1938년 7월 15일.

다.27) 특히 경성운동장의 확장은 우리에게 주목할만한 소식이었다.

6월 11일 오후 3시 59분, 조선호텔에서는 이에 대한 회합이 감자 부윤의 개회사로 열리었고 필경 43만 4,282원으로 확장 개수공사를 착수하기로 결의하였다.

라는 내용이었다.28) 그뿐만 아니라 일본은 북한산 백운대에 케이블카를 설치해 도쿄올림픽의 관광자원으로 활용할 계획까지 세웠다.

백운대 정상까지 직통할 케이블카를 가설(경성 북쪽 북한산 해발 880m), 최고봉 백운대에까지 케이블카를 부설하자.29)

그 외에도 도쿄올림픽을 통해 일본은 다양한 야심을 드러냈다. 하지만 일제의 꿈은 거기까지였다. 공교롭게도 1937년 9월 2일, 근대올림픽 창시자인 쿠베르탱이 뇌일혈로 사망했다.30) 이것이 도쿄에 전하는 또 다른 암시였을지도 모르겠다. 마침 올림픽 창립자인 쿠베르탱의 사망 직후인 1938년 2월부터 올림픽의 개최가 다소 힘들다는 일본 내 신문 기사가 서서히 지면에 등장하기에 이른다. 근대올림픽 창시자의

---

27) 동아일보, 1936년 8월 2일.
28) 동아일보, 1937년 6월 13일.
29) 동아일보, 1937년 7월 2일.
30) 9월 2일 저녁 제네바공원을 산책 중 쿠베르탱은 돌연 뇌내출혈로 사망하였다(동아일보, 1937.9.4.).

죽음으로 IOC가 더는 일본을 두둔하긴 어려웠던 것으로 보인다.

결국, 1938년 7월이 되자 일본은 중일전쟁으로 인해 헬싱키에 올림픽 개최를 양보[31]하였다. 도쿄올림픽 개최권을 넘겨받은 헬싱키도 역시 제2차 세계대전 발발로 개최가 무산되었다. 곧이어 1939년 12월, 일본은 올림픽 개최를 완전히 포기하였다. 일본이 올림픽 개최를 포기할 즈음인 12월 17일, **베를린올림픽의 민족 영웅 손기정은 자신의 결혼식을 올렸다.**[32]

일본이 1940년 올림픽 개최를 포기하자 민족 영웅은 결혼식을 올렸다. 손기정의 결혼식 타이밍은 기가 막혔다. 영웅은 영웅이다.

표 2. 일본의 도쿄올림픽 포기 과정

날짜	내용	비고
1937.9.8.	도쿄올림픽 중지, 시국에 감해 개최 단념론 유력, 정부 관계단체 숙의.	
1937.9.9.	도쿄대회, 예정대로 개최 결정. 정부는 사퇴를 내정한 일 없다.	
1937.12.5.	도쿄올림픽 앞두고 경성운동장 개축. 삼십 만원의 예산 계상. 일 만 칠천인 이나 수용할 수 있는 정도의 것을 만들터이라 한다.	
1938.1.4.	도쿄올림픽에 다수 선수를 출전시켜서 세계선수권을 우리 손에 돌아오도록 노력하고 있습니다. 세계적 선수 양성에 노력.	
1938.2.19.	**도쿄올림픽, 사실상 개최 불능.**	

---

31) 동아일보. 1937년 7월 21일.
32) 동아일보, 1939년 12월 17일.

날짜	내용	비고
1938.7.15	**도쿄올림픽대회 중지를 정식결정.** 명일 각의에 상정발표. 14일에 상공성의에서 만국박람회 개최연기가 결정. 도쿄올림픽 개부여하가 위구에 오럿든바 동일오후 3시 목호 후생상은 기자단과 회견하고(중략) 정부로서 정식으로 올림픽 동경대회 중지를 결정하기로 되었다는 것을 언명하였다.	
1938.7.21.	제12회 세계올림픽대회 개최에 관한 핀란드로부터의 정식 수락의 통지가 도착하였다. 이로 인하야 동경에 가름하야 헬싱키에 개최하기로 정식으로 결정을 보게 되었다.	
1938.7.31.	분란 헬싱키 올림픽대회에 만남을 제하고 대부대를 파견할 것. 제12회 대회 이후의 대회를 최근의 기회에 다시 동경에 꼭 개최하기에 진력할 것.	
1939.12.5.	제12회 올림픽 드디어 소멸. 구주 동란의 확대로 드디어 사실상 전면 포기케 되었다.	

자료 출처: 동아일보

물거품이 되며 꿈처럼 사라진 1940년 도쿄올림픽대회, 하지만 거품이 된 도쿄올림픽은 우리에게 많은 메시지를 전했다. 우선 식민지인 조선의 각 지역에 공설운동장이 건립되고 경성운동장 확장 공사 등 각종 체육 인프라가 확충된 것 등이 바로 그것이었다. 이로 인해 우리 민족은 스포츠의 저변 확대를 통한 인프라 구축의 기회를 마련할 수 있었다. 일본이 식민지 조선에 이러한 투자를 강행한 속셈은 나름 자국의 스포츠 수준을 세계에 널리 알리기 위함이었다. 즉 식민지 내 청년에게도 스포츠를 확대하여 우수선수를 발굴, 일본 선수로 재포장하여 세계 속에 일본 스포츠의 성장, 국력 강화의 모습을 과시하려 했기 때문이었다. 그러나 우리 민족에게는 오히려 스포츠를 통해 민족의 우수성을 세계에 과시하며 일제와의 스포츠 경쟁을 통해 민족정신을 크게 확대하는 계기가 되었다. 식민지가 아니라 동등한 조건의 스포츠 경기라면 우리 민족이 일제의 우위에 있다는 민족의 우월감도 다분히 표현할 수 있었다. 그렇게 일본의 올림픽 개최의 꿈은 거품처럼 사라졌다. 모두가 거품이 된 그 시작점은 일제가 벌인 중일전쟁 때문이었다. 한마디로 일제가 올림픽을 유치하지 못한 파멸의 이유는 온전히 그들 스스로 벌인 죄악 때문이었다.

2. 1964년 도쿄올림픽(꿈을 펼치다)

제2차 세계대전의 전범(戰犯) 국가 일본, 이 같은 이유로 일본은 1948년 런던올림픽에 출전하지 못했다. 우리나라의 기수인 손기정을 앞세워 1936년 베를린올림픽에 출전했던 것과는 대조적이었다. 그리고 곧이어 터진 한국전쟁은 일본이 전범 국가 이전의 경제 수준으로 회복하게 되는 특수효과를 낳는다. 연합국의 보호에서 벗어난 일본은 1952년부터 재차 올림픽 유치를 작심(作心)하고 다각도의 외교를 펼쳤다. 그 시작이 1952년 4월 연합국과 일본이 맺은 샌프란시스코강화조약33)이었다. 이를 통해 다시금 국제사회에 복귀한 일본은 5월 9일, 도쿄도 지사인 야스이 세이이치로(安井 誠一郎)가 올림픽의 도쿄 재개최에 관해 야심을 드러냈다.

---

33) 영어로 Treaty of San Francisco, Treaty of Peace with Japan, San Francisco Peace Treaty 다. 이 조약은 1951년 9월 8일 미국 샌프란시스코 전쟁기념 공연예술 센터에서 맺어진 일본과 연합국 사이의 평화조약이다. 조약으로 연합군 최고사령부에 의해 일본의 군정기가 끝나고 일본은 주권을 회복했다. 48개국이 참가하여 서명하여 1952년 4월 28일에 발효되었다(위키백과, 2019.12.25.).

평화회복과 국제무대에 복귀한 일본의 진실한 자세, 진정한 평화를 희구하는 일본인의 소박한 태도를 어떻게 세계인들에게 이해시킬 수 있을까? 자칫 잘못하면 희망을 잃어버리기 쉬운 청소년들에게 밝은 서광을 비춰줄까를 숙고한 결과, 올림픽을 도쿄에 유치해 개최하는 것이 가장 바람직하다.[34]

이는 분명 올림픽을 통해 일본이 국제사회에 공헌하는 모습을 세계만방에 보여주기 위함이었다. 그리고 패전의 멍에를 간직한 일본 젊은이에게 꿈을 심어주고, 자국에 대한 자부심 상승을 꾀하려는 도쿄의 숨겨진 의도였다. '평화'를 사랑하는 일본인의 소박한 태도란 단어에 자칫 웃음이 나올 수도 있으나 당시 일본이 대내외에 천명한 의지는 그랬다. 이에 화답하듯 1952년 5월, 도쿄도 의회는 제17회 올림픽 유치를 만장일치로 의결하였다. 곧이어 일본은 대회유치실행위원회를 구성하고 7월에 IOC에 정식 유치의향서를 제출하였다. 이와 동시에 IOC 위원장이었던 에이버리 브런디지(Avery Brundage)를 도쿄에 초대하였다. 하지만 브런디지는 17회 대회의 도쿄 개최를 부정하였다. 도쿄의 등장은 너무 급작스러웠기 때문이었다. 결국, 도쿄는 1955년 IOC 파리 총회의 1차 투표에서 4표에 그치며 개최지는 로마로 돌아갔다. 일본의 열정적 노력에도 불구하고 모든 길은 로마로 통했다.

일본 도쿄는 유치 실패의 고통에 빠질 틈도 없이 즉시 18회 대회 유치를 위해 도의회 결의안을 채택하였다. 도쿄의 이런 부분은 정말 배울만한 내용이었다. 바로 유치전에 뛰어

---

34) 東京都(1965). 第十八回オリンピック東京大会 東京都報告書. 東京都.

든 일본 도쿄는 한국전쟁을 통해 얻은 경제력으로 IOC에 대해 발 빠르게 대응했다. 일본은 정치계, 경제계, 스포츠계가 하나 되어 올림픽 개최에 사활을 걸었다. 보다 구체적으로 정치계가 앞에서 끌고 경제계가 뒤에서 막강한 재원을 후원하였으며 스포츠계는 오직 경기력 향상에 집중하였다. 우선 일본은 유럽보다 중남미를 표적으로 올림픽 메달리스트와 정계에 경제사절단을 파견하며 일본의 지지를 호소했다. 이를 통해 일본은 IOC 총회를 도쿄로 유치하는 데 총력을 쏟았다. 마침내 일본은 1958년 IOC 총회의 개최권을 따내고 말았다. 곧이어 도쿄는 IOC 위원들에게 좋은 인상을 심어주려 노력하였다. 이후 도쿄도 지사는 도쿄총회에서 또다시 올림픽 개최의 타당성을 역설하였다.

1896년 제1회 그리스대회 이후 **아시아국가에서 올림픽을 개최한 적이 없다.** 일본은 1912년 스톡홀름대회에 참가한 이후 줄곧 올림픽 운동에 이바지해 왔다. 도쿄는 1940년 개최권을 반납하였지만, 재차 도쿄에 기회를 주길 바란다.[35]

이러한 내용이 적중했는지 1959년 제55차 IOC 뮌헨 총회에서 도쿄는 56표 중 34표를 얻어 올림픽 개최지로 최종 선정되었다. 일본이 악전고투(惡戰苦鬪) 끝에 얻은 꿈같은 결실이었다.

---

35) 東京都, 1965.

1964년 제18회 하계올림픽	
위치	일본 도쿄도
날짜	1964년 10월 10일~10월 24일
참가 선수	5,151명(남 4,473명, 여 678명)
선수 선서	오노 타카시
경기 종목	19개 종목, 163개 세부 종목

당시 브런디지 IOC 위원장은 도쿄올림픽을 가리켜 이렇게 말했다.

신문팔이 소년에서 대기업에 이르기까지, 나라 전체가 올림픽 경기를 자기 일로 알고 외국 손님을 즐겁게 하려고 만사를 제쳐놓은 대회였다.[36]

이제 일본은 동양 최초의 올림픽개최국으로 역사에 남게 되었다. 역사에서 최초의 의미는 매우 크다. 아시아 최초의 올림픽인 도쿄올림픽, 개최성과를 살펴보면 다음과 같다.

우선 일본이 유럽과 미국이 독점해온 올림픽 무대를 아시아로 옮겨온 점이었다. 또한, 일본은 도쿄대회를 통해 패전국의 명예를 회복하고 다시 세계열강들과 어깨를 나란히 할 수 있는 계기를 만들고자 했다. 도쿄올림픽은 당시로선 가장 많은 돈을 쏟아부은 대회였다. 도쿄올림픽은 최대 28억 불이 소요되었고 대회 자체 예산으로만 7,250만 불이 책정되었다. 일본은 75,000명을 수용하는 메이지 올림픽경기장을 건설하

---

36) 서울올림픽대회조직위원회(1983), 올림픽소식, 제2권 제5호, 6월호. p12.

였고 브런디지가 '스포츠의 성당'이라며 감탄한 '국립체육관'을 건립하였다. 도쿄대회를 위해 일본은 대규모 선수촌의 건립과 공항의 확장, 모노레일 열차를 건설하였다. 그뿐만 아니라 도쿄 전역의 상하수도 시설을 전면 보수하였다. 일본은 고층 호텔을 비롯하여 시내 건물을 재개발하는 등, 올림픽 바람을 타고 도쿄를 시대를 앞선 가장 현대화된 도시로 탈바꿈시켰다.37)

도쿄올림픽을 통해 얻은 일본의 가장 두드러진 성과는 패배 의식에 젖어 있던 자국민들이 국제사회에서 일본의 역할이라는 **사명감을 느끼게 해준 결정적 계기**가 되었다는 점이었다. 즉 도쿄올림픽의 개최는 일본이 군국주의에서 벗어나 민주주의 사회로 정착한 점을 세계에 과시하며 패전으로 좌절한 국민의 자존감을 회복시켜 국제사회로 복귀한 것이었다. 처음으로 6,500만 일본인이 컬러TV로 성화 봉송과 화려한 개막식을 시청하였다. 한마디로 일본의 번영과 평화 추구, 국민적 일체감 형성에 도쿄올림픽이 커다란 공헌을 한 셈이었다. 일본은 세계적인 스포츠 축제를 온 국민에게 생생히 눈으로 보여주었다. 이는 일본이 세계 2위의 경제 대국으로 성장하는 밑거름이 되었음은 물론이었다. 이것이 도쿄올림픽을 통해 일본이 이뤄낸 대전환점이었다.

반면 1964년 도쿄올림픽대회에서의 한국선수단의 상황을

---

37) 하웅용외 7(2018). 앞의 책, p131.

살펴보면 다음과 같다.

우선 한국은 가까운 나라 일본에서 열리는 도쿄올림픽에 사상 최대의 선수단, 즉 224명의 선수단을 파견[38]하였다. 이유는 이랬다. 우리나라에서 일본이 가깝기에 경비 소요가 적고 백만을 헤아리는 재일동포가 있었기에 그들의 사기를 북돋우기 위함이었다. 더불어 아시아경기대회가 2년 후 열리기에 선수단의 경기력을 유지하는 데 도쿄올림픽이 매우 중요하다는 판단이 있었기 때문이었다.[39] 더욱 결정적인 것은 우리나라와 체제 경쟁을 벌이는 북한의 올림픽 출전에 대한 소식을 접했기 때문이었다. 스포츠 경쟁에서 우위에 서는 것은 이는 국민 사기 측면에서도 매우 중요했다. 하지만 북한이 가네포(GANEFO) 사건으로 IOC로부터 참가 금지 통보를 받고 귀국하자 남북한의 스포츠 경쟁은 잠시 소강 상태를 맞는다.

여기서 가네포(GANEFO) 사건은 중국과 인도네시아 등 사회주의 신흥 독립국이 IOC와 올림픽에 대항하여 만들었던 경기대회를 말한다. 실제 1963년과 1966년에 걸쳐 단 2번 대회가 개최되기도 했었다.

> 영어로는 가네포(GANEFO: Games of the New Emerging Forces)로 IOC로서는 가네포대회에 크게 불쾌할 수밖에 없었다. 북한의 신금단 선수

---

38) 선수 165, 임원 37명, 본부 임원 22명이었다.
39) 제18회 올림픽 동경대회 한국대표선수단(1964). 세계올림픽대회 참가보고서. 서울: 동아출판사. p45.

가 해당 대회에 참석하였으며 북한도, 심지어 일본도 대회에 참석했었다. 당시 일본은 국가대표급 선수들이 출전한 것은 아니었다고 한다.[40]

여기서 잠시, 우리나라는 신금단이란 세계적인 북한의 육상선수를, 그의 아버지인 신문준[41]을 이용해 귀순하게끔 유도하고자 했던 일이 있었다. 부정(父情)을 이용한 일대 사건이었다. 결과는 실패하였고 해당 내용이 그 유명한 '부녀 상봉 사건'이었다. 신문준은 한국전쟁 때 가족과 헤어져 남하하였고, 신금단은 북에서 세계 최고의 육상선수로 성장한 것이었다. 정확히 신금단은 400m와 800m 육상대회에서 세계 신기록을 세운 북한의 여자 선수로, 1964년 도쿄올림픽에서 반드시 금메달을 2~3개 획득할 것이라는 분위기가 팽배한 상태였다. 그러나 가네포대회에 해당 선수를 비롯한 다수의 북한 선수가 참가했다고 하여 IOC는 북한선수단의 도쿄올림픽 출전을 금지하였다. 그리고 10월 10일 도쿄올림픽이 열리기 하루 전날인 10월 9일, 극적으로 부녀가 상봉하였다. 두 사람은 한국전쟁 때 헤어졌기에 두 사람의 만남은 14년 만에 이루어진 셈이었다. 부녀가 극적으로 만나자 신금단은 "아버지!"를 외쳤고 신문준은 "금단아!"를 외치며 부둥켜안았다. 이러한 슬픈 소식은 각 언론에 대서특필되었다.[42] 그 내용을 잠시 살펴보자.

---

40) 네이버, 나무위키. 2020.2.7.
41) 당시 세브란스 병원 직원 신문준이었다.
42) 프레시안, 2015.9.20; 동아일보, 1964.10.10.

당시 아버지 '신문준'과 딸 '신금단'의 부녀 상봉은 불가능할 것으로 보였다. 북한선수단이 올림픽 출전을 포기한 상태에서 철수를 결정하였기 때문이었다. 이때 아버지 신문준은 인간적으로 호소를 하였다. "14년 동안 못 본 딸 얼굴 한번 보여줄 수 없소?" 이런 절절한 아버지의 호소에 올림픽 조직위원회도 이에 동조하며 주선에 나섰다. 여기에 북한선수단도 부녀간의 인간적 만남을 허락하였고 결국 취재진 100여 명이 있는 가운데 도쿄 시내의 조선회관에서 약 7분여의 만남이 시작되었다. 서로의 안부를 묻다가 결국 그들은 서로 눈물이 범벅되어 길게 말도 못 하였다.[43] 시간마저 너무도 짧았다.

아바이, 잘 가오~

몸 성히 잘 있거라. 금단아~ 금단아~

라는 말 한마디를 남기고 그녀는 기차에 올랐다. 이후 부녀는 상야역에서 다시 만났다. 신금단이 다른 선수들과 떨어져 역장실에서 슬픔을 달래고 있었다. 역에서 표를 사려다 딸이 역장실 안에 있다는 소식을 듣고 신문준은 역장실로 달려갔다. 부녀는 다시 3분여를 만난 후 10여 분에 불과한 시간을 끝으로 서로 이별을 고했다. 이후 딸 신금단은 선수 시절 11번이나 세계신기록을 경신하였고 북한 육상대표팀

---

43) 한겨레신문. 2018년 10월 9일.

코치와 세계선수권대회 북한 단장 등을 역임하며 '인민체육인'의 반열에 오른다. 이후 아버지 신문준은 다시 만나자는 딸과의 약속을 지키지 못한 채 1983년 사망했다.[44] 당시 부녀의 상봉은 "눈물의 신금단"이라는 유행가까지 만들어내며 시대적 아픔, 이산가족이라는 커다란 과제를 남긴 사건으로 역사에 기록되었다.

한편, 우리나라 국가대표팀은 1964년 도쿄올림픽에서 레슬링의 장창선, 복싱의 정신조가 각각 은메달을 획득하였다. 그리고 도쿄대회의 신생 종목인 유도에서 재일동포 김의태가 동메달을 획득하였다. 유도는 1961년까지 3차례나 세계선수권대회를 연 뒤 1964년 도쿄올림픽에서 첫 정식종목으로 채택된 종목이었다. 3연속 한판승을 거둔 김의태는 준결승에서 오카노 이사오(岡野 功)에게 판정패하며 동메달을 획득하였다.[45] 마지막으로 도쿄올림픽에서는 이상백 KOC 위원장이 IOC 위원으로 선출[46]되는 영광도 있었다. 이처럼 도쿄올림픽은 대한민국선수단에, 아니 대한민국에 커다란 영향을 끼쳤다.

여기서 분명한 것은 다른 나라들보다 일본이 너무도 빠르게 스포츠의 중요성, **올림픽의 중요성을 간파**했다는 점이었다. 스포츠는 국가 발전과 너무도 밀접했다. 커다란 스포츠 이벤트를 통해 성장의 전환점을 맞이하게 된 일본, 일본 스포츠의 세계화가 이때부터 본격화되었다.

---

44) MBN. 2017년 4월 23일.
45) 스포TV, 2017.6.12.
46) 방광일(2005). 아테네에서 아테네까지. 서울: 도서출판 홍경. p308.

1964년 도쿄올림픽대회 참가를 통해 얻은 한국체육의 변화는
1. 삶이 힘겹던 재일동포(在日同胞)의 사기를 크게 북돋웠다.
2. 무교동 **대한체육회 체육회관** 건립의 직접적 계기가 되었다.
3. **태릉선수촌(도시, 소음 등) 건립의 필요성**을 인식하는 직접적 계기가 되었다. 이는 곧 한국 스포츠발전의 기틀이 마련되었다.
4. 스포츠의 중요성을 다시금 인식하는 계기가 되었다.

1964년 일본은 도쿄올림픽의 덕을 톡톡히 보았지만, 우리 나라도 체육 발전을 위해 스스로 돌아보는 계기가 되었다. 위의 내용이 그것이며 이중 가장 중요한 역대 최고의 사건 이 바로 태릉선수촌과 무교동 체육회관의 건립이었다. 사상 최대의 선수단을 도쿄올림픽에 파견하고도 은메달 2개, 동메 달 1개에 그친 대한민국선수단은 '스포츠는 과학'이라는 생 각을 하게 되었다. 총책임자였던 민관식 장관은 1966년 방콕 아시아경기대회, 1968년 멕시코시티 올림픽을 대비하여 다각 도의 구상을 하게 되었다. 일본 체육협회의 건물을 보고 우 리나라도 미래를 위해 체육회관을 건립해야 한다고 생각했 다. 그리고 동시에 선수촌 건립을 구상했다. 그때 민관식 장 관의 귓전을 때리는 목소리가 들렸다.

태릉, 태릉으로 가라![47)]

---

47) 중앙일보. 2005년 12월 8일; 민관식(2015). 영원한 청년의 무한도전 민관식, 대한체육 회. p190.

민관식 장관은 선수들의 종합훈련소를 원래 교통이 좋은 서울에서, 비교적 자유롭고 소음이 없는 장소를 찾고 있었다. 그때 들려온 꿈결 같은 목소리, 귓전을 때리는 '태릉으로 가'란 소리는 대한민국 체육의 커다란 변화의 장소를 지적해준 내비게이션의 목소리였다. 이렇듯 영화 같은 스토리를 통해 태릉선수촌은 탄생할 수 있었다. 그렇게 태릉 종합훈련장이 1966년 6월 30일 대한민국 스포츠 역사에 등장하게 되었다. 놀라운 점은 이때 오전에는 체육회관의 개관식48)이 열렸고 오후 1시에는 태릉선수촌 개촌식이 열렸다는 점이다.49) 대한체육회관이 한국체육의 몸통이라면 태릉선수촌은 경기장에서 활약하는 팔과 다리였다. 그렇게 대한민국 체육은 빠르게 성장할 수 있는 전초 기지를 설립하게 된 것이었다. 이렇듯 대한민국 스포츠의 본격적 성장은 1964년 도쿄올림픽의 자극 때문이었는지도 모르겠다.

3. 2020년 도쿄올림픽(지천명(知天命)의 꿈)

일본 도쿄가 2020년 하계올림픽 개최지로 선정되었다. 성공적으로 도쿄올림픽을 개최한 지 약 56년 만의 반복된 영광이었다. 도쿄올림픽을 통해 일본이 다시 강한 나라로 거듭나겠다는 분위기다. 이제 일본은 하계올림픽을 2회 이상 개최한

---

48) 중구 무교동 개관식, 1억 2천여만 원을 들여 2년 8개월 만에 준공, 지하 1층, 지상 10층의 맘모스 스포츠빌딩인 체육회관이었다(조선일보, 1966년 6월 30일).

49) 손환, 하정희(2014). 한국 엘리트스포츠의 메카, 태릉선수촌의 역사적 가치. 한국체육학회지. 53(2). pp3~5.

5번째 도시, 아시아에서는 최초의 도시라는 영광도 얻게 되었다. 일본은 2차 세계대전 패전 이후 한국전쟁을 통해 경제대국으로 급상승하였다. 정확히 10년 전인 2011년 3월 11일, 후쿠시마 원전 사고를 경험한 일본은 스스로 오명을 덮고 이미지를 쇄신하여 새로이 도약하고자 한 손에 스포츠를 선택했고, 나머지 한 손에는 올림픽이란 카드를 꺼내 들었다.

Discover Tomorrow

원전은 아픔을 잊고 '내일을 발견하자!'라는 것이 2020년 도쿄올림픽대회의 구호다. 마치 무슨 전자 회사 구호 같다. 다시 말하면 도쿄올림픽은 미래를 향하며, 그 중심에는 문화 올림피아드의 4가지 유산 개념을 실천하려 하였다. 일본이 강조한 4가지 유산은 자기 문화의 재인식과 계승 발전, 차세대 육성과 새로운 문화예술 창조, 일본문화의 세계 발신 및 국제교류, 일본 전국의 교류와 지역 활성화였다.

올림픽 참가자를 비롯한 관광객은 자율주행 택시를 탄다. 올림픽 주경기장은 얼굴인식 소프트웨어로 신원을 확인하며 그들에게 10개 언어로 경기장과 그 날 경기를 안내50)하고 세계 어느 올림픽 주경기장보다 빠르게 입장한다. 도쿄 어디서든 80km 상공에서 인공 별똥별 쇼를 구경할 수 있을 것이다.51)

---

50) 아시아경제, 2016.10.5.
51) 연합뉴스, 2017.2.12.

일본은 과거 1964년 도쿄올림픽에서 보여준 기술적 쾌거와 국가 이미지 쇄신을 2020년 도쿄올림픽에서도 화려하게 살리려고 했다. 그리고 이 같은 일본의 꿈은 더욱 구체화되고 있다.52) 더불어 일본은 리우올림픽 폐막식에서 스스로가 강하다고 자평하는 애니메이션으로 자신을 다시금 드러냈다. 당시 상영된 홍보애니메이션 영상은 소년이 선호하는 '도라에몽'과 소녀가 선호하는 '헬로키티'였다. 당시 총리인 아베는 세계에서 가장 많이 팔린 게임의 주인공 슈퍼마리오, 즉 배관공 아저씨로 변신하며 상상력의 일본을 세계 속에 멋지게 드러냈다.53) 21세기를 주도할 일본의 소년과 소녀가 만물상 아저씨와 함께 올림픽을 개최하겠다는 의미로 보였다. 이렇듯 일본이 올림픽을 개최하려는 궁극적인 이유가 있었다.

우선 21세기 들어 도쿄도(東京都)는 경제적 침체와 더불어 도시 슬럼화, 인구의 집중과 환경문제, 차량 정체의 심화 등 다양한 문제가 제기되었다. 이러한 문제를 해결할 방법으로 도쿄는 2016년 올림픽의 유치를 선택하였다. 이로써 수도 도쿄의 문제가 국가의 문제로 확대되어 그를 자연스럽게 해결할 수 있기 때문이었다.

1) 도쿄의 도전(2016년 올림픽)

이시하라 신타로(石原愼太郎) 도쿄 도지사는 2016년 제31

52) 뉴스위크, 2016.3.28.
53) 강성우(2018). 2020 일본 도쿄올림픽과 소프트파워 강화전략. 인문사회21. 9(1).86~88

회 올림픽을 도쿄에서 개최하겠다고 발표하며 올림픽 유치전에 뛰어들었다. 이미 도쿄도는 일본 내에서 열린 2006년 후쿠오카시와의 올림픽 유치 경쟁에서 승리한 상태였다. 도쿄도는 '10년 후 도쿄'라는 그림으로 도시재건, 그린과 콤팩트 올림픽(Green, Compact Olympics)을 내세우며 올림픽 유치에 도전했다. 도쿄는 '다시 한번 올림픽을 도쿄로'를 강조하였다.

> 21세기에 들어와 도시의 성패는 곧 국가의 명운을 좌우하는 시대다. **도시의 힘이 곧 국력이다.** 일본이라는 국가를 견인하며 일본인의 존재를 상징하는 도시가 도쿄다. **올림픽 개최로 도시의 재생, 나아가 일본의 재생**을 성취해야 한다.54)

일본의 재생을 내세우면서 2016년 올림픽 유치에 도전한 도쿄는 민족주의, 오직 일본의 부활과 세계로부터 공인(公認)받는 국가가 되겠다는 이유로 올림픽 유치전에 뛰어들었다. 세계평화도 아닌 오직 '일본', 인류공존도 아닌 오직 수도 '도쿄의 재생'만을 위해 올림픽을 개최한다는 내용에 공감할 나라는 별로 없었다. 더불어 이시하라는 올림픽을 통해 '싸우고자 하는 정신력'을 강조55)하며 숨겨진 호전성도 드러냈다.

---

54) 황의룡(2017). 앞의 논문. p165.
55) 홍윤표(2008). 일본학보. 한국일본학회지. 77. p128

김은혜(2011)는 이에 관해 "이시하라 도지사의 정책 핵심은 과거의 올림픽과 글로벌 도시로의 부흥과 개발을 이어가는 전형적인 이익 추구형 정책"이라고 평56)하였다. IOC는 개최 후보지의 실사를 마치고 2009년 9월 평가보고서를 발표했다. 이때 도쿄 도민의 올림픽 유치 지지율은 55%밖에 되지 못했다. 결국, 이것이 일본의 발목을 잡았다. 마침내 IOC는 11월이 되자 '남미에서의 첫 올림픽'이라는 명분을 내세우며 시민 지지율이 80%를 넘은 브라질에게 올림픽개최권을 넘겨주었다. 1960년 로마에게 패배한 후 1964년 올림픽을 유치한 도쿄, 2016년 브라질에 패배한 후 2020년 올림픽을 유치한 도쿄, 늘 도쿄는 재수생(再修生), 낭인(浪人)이었다. 재수의 아픈 기억을 품은 도쿄는 올림픽 낭인으로 아픔 속에서 2020년 올림픽을 힘겹게 유치할 수 있었다.

2) 와신상담(臥薪嘗膽)

도쿄는 2016년 올림픽 유치 실패의 원인 보고서에서 ① 낮은 도민 지지율, ② 경쟁 도시가 리우가 아니라 시카고라고 착각, ③ 저돌적 외교 결여, ④ 국제 스포츠계에서 활약하는 인재 부족을 원인으로 꼽았다.57) 원인을 구체적이고 냉정하게 분석한 일본은 곧바로 2020년 올림픽 유치에 다시뛰어들었다. 앞서도 이야기했었지만, 일본의, 도쿄의 이런 역

---

56) 김은혜(2011). 2016년 도쿄올림픽의 좌절과 도시의 정치경제. 제21권 제3호.

57) 東京都.(2010). 招致活動の課題と提言. 招致活 動報告書. 東京オリンピック・パラリンピック 招致本部, 東京都; 황의룡(2017). 앞의 논문. p165.

경 극복 정신은 우리도 배울만하다. 곧이어 다케다 JOC 회장과 이시하라 도쿄도 지사는 2009년 10월 모든 외교적 역량을 총동원한 "국가 총동원 체제"로 도쿄올림픽을 유치할 것을 주장하였다. 대충해서는 올림픽 유치가 쉽지 않다는 것을 일본은 간파했다. 2012년 새롭게 도지사가 된 이노세 나오키(猪瀬直樹)는 이시하라의 정책을 그대로 이어받았다. 도쿄도는 2020년 도쿄올림픽 유치를 위해 다음과 같은 구체적 동기를 내세웠다.

> 1964년 도쿄올림픽은 도쿄를 크게 바꾸었다. 세계에서 가장 선진적이고 안전한 도시 중의 하나인 도쿄의 중심가에서 활동적인 스포츠 축제로 올림픽의 가치를 높일 것이다. 그리고 가치 있는 대회, 안전한 대회, 활동적인 축제, 우정과 상호 이해, 도시발전과 완전한 결합을 내세웠다.58)

2013년 9월 7일, 도쿄도는 부에노스아이레스에서 열린 IOC 총회에서 2020년 올림픽 개최지로 최종 선정되었다. 1차 투표에서 도쿄는 42표로, 26표의 터키 이스탄불과 26표의 스페인 마드리드를 물리쳤다. 이후 터키와 스페인이 동률로 결과가 나오자 재투표를 했고, 마침내 터키가 스페인을 4표 차로 물리쳤다. 결국, 일본이 터키와 2차 투표를 하였고 일본이 60대 36으로 승리하였다. 일본이 하계올림픽 3회 유치라는 커다란 영광을 안게 된 순간이었다.59) 그들은 전쟁

---

58) 東京オリンピック・パラリンピック招致委員会.(2013). 立候補ファイル第一巻.
59) 황의룡(2017). 앞의 논문. pp158~165.

을 일으키며 파괴했던 과거 자신들의 모습과 자연재해의 파괴를 동일시하는 모순(矛盾)으로 1964년 올림픽 유치의 논리를 2020년에도 그대로 활용한 셈이었다. 역시 경험은 무서웠다. 당시 아베가 외쳤던 것은 '파괴로부터 새로운 활력으로'였다.[60]

2020년 7월 23일부터 8월 9일까지, 파괴와 활력이 도쿄를 중심으로 시작된 셈이었다. 무엇을 파괴하고 어떻게 활력이 시작될 것인지는 분명 시간이 증명해줄 것이다. 분명한 것은 일본 도쿄가 2020 세계 스포츠 축제인 올림픽대회의 주인공이 되었다는 점이다. 하지만 1940년 중일전쟁으로 거품이 된 1940년 도쿄올림픽의 아픈 역사가 데자뷔 되듯, 도쿄의 목덜미를 잡았다. 곧 올림픽이 1년 연기되었다. 코로나19의 후유증, 자칫 도쿄가 팬데믹으로 혼란스럽게 되어 세계의 다른 도시가 활력을 갖게 되는 것은 아닌지 말 한마디가 조심스럽다. 결국, 2020 도쿄올림픽은 무관중이라는 사상 초유의 사태를 품고 개최되기에 이른다.

2020년(2021년) 제32회 하계올림픽	
위치	일본 도쿄
날짜	2021.7.23.~8.8
경기장	도쿄 신국립경기장
대회 모토	내일을 발견하자
마스코트	미라이토와
경기 종목	33개 종목, 339개 세부 종목

---

60) 김옥희(2017). 일본의 문학자들이 기록한 1964년 도쿄올림픽. 인문과학연구논총. 38(1), 154.

4. 복잡한 도쿄

2020 도쿄올림픽은 주목받는 만큼 논란도 많다. 우선 욱일기 문제, 방사능 문제, 뇌물 의혹 문제, 대만 문제 등이 있다. 지금은 도쿄올림픽이 끝났기에 해당 논란에 대해 구체적으로 살펴보기는 어렵다. 논란 이전의 이야기에 관해서는 목소리를 크게 낼 수 있겠으나 끝난 이후에는 그저 역사의 지혜로서, 메시지로 이해하면 될 것이다. 개최 이전, 분명 도쿄올림픽은 해당 내용의 문제가 있었다. 솔직히 어디든 문제는 있을 수 있다. 하지만 그 문제를 어떻게 해결해나갈 것인지가 진정한 성장의 비결인 것이다. 당시 도쿄올림픽의 문제, 쉽사리 우리의 기억에서 사라지진 않을 기세다.

1) 난관(難關)

도쿄올림픽의 난관으로 우선 욱일기 문제가 있었다. 욱일기는 제2차 세계대전 당시 일본이 제국주의와 군국주의의 상징으로 활용하였다. 욱일기는 2008년 베이징올림픽 이후 2018년 자카르타 팔렘방 아시안게임에 이르기까지 응원 도구의 하나로 일본 응원단이 적극적으로 사용하고 있다. 특히 이번 올림픽은 일본의 심장이라는 도쿄에서 열리기에 욱일기의 등장은 필연적일 것이다. 일본을 규제할 방안은 IOC의 규제뿐인데 IOC의 경우 욱일기가 문제가 생긴다면 각 건에 관해 개별적으로 해결하겠다는 묘한 자세를 갖고 있다. 우리나라는 신경이 쓰이겠으나 이에 관한 지속적인 문제 제기는 전담 조직을 두고 항의해야 할 것으로 보인다. 또한, 선수는 경기에 집중하고 국민은 선수를 응원하며 행정은 그들을 위한 보다 적극적이고 현명한 대처가 필요하다.

이에 우리나라 국회에서는 2019년 8월 29일, 문화체육관광위원회가 열렸다. 핵심 안건 가운데 4번째 안건이 2020 도쿄하계올림픽대회 및 하계 패럴림픽대회에서의 욱일기 경기장 내 반입금지 조치 촉구 결의안이었다. 그리고 마침내 도쿄올림픽 기간 내 욱일기 반입금지 결의안이 해당 회의에서 가결되었다.[61] 도쿄올림픽이 개최되고 예상치 못한 중국의 사이클 선수가 '마오쩌둥 배지'를 가슴에 달고 시상식에 참석해 논란이 되었다. 반면 우리 선수단은 선수촌에 '이순신 현수막'을 걸었다 자진 철거했다. 이에 일본 우익단체는 욱일기를 들고 나타나 시위를 했다.[62] 이러한 사건에 관해 일관적이지 않은 행정, 앞뒤가 하나도 맞지 않는 행정을 하는 일본과 IOC의 처신이 정말 쉽게 이해되기는 어려워보인다.

둘, 방사능 문제다. 2011년 3월 11일, 규모 9.0의 대지진은 후쿠시마 제1 원전을 덮쳤다. 곧 방사능 유출 사고로 이어졌고 일본뿐 아니라 주변국, 우리나라와 전 세계에 방사능 이슈를 불러일으켰다. 그곳에서 전 세계인의 축제인 올림픽이 열린다. 더군다나 방사능 이슈는 지금도 진행 중이다. 일본 정부는 2040년까지 원전의 완전 해체를 목표로 하고 있

---

61) 문화체육관광위원회 회의록, 2019.8.29.
62) SBS방송. 2021.10.20.

다. 얼마 전인 제19호 태풍 '하기비스'의 영향으로 빗물에 쓸려 유출된 후쿠시마의 방사성 폐기물 자루가 66개나 되는 것으로 나타났다.63) 당장 올림픽 출전 선수들의 건강과 안전이 걱정된다. 여기에 식자재 안정성도 문제가 되고 있다. 당장 우리 국가대표 선수의 먹거리 안전도 문제다. 일본은 이를 축소, 은폐하기보다는 각국 선수단의 안전을 지켜주어야 한다는 책임의식, 지혜를 가질 필요가 있다.

셋, 뇌물 의혹 문제다. 발단은 5월 11일, 영국 가디언 기사였다. 프랑스 검찰이 라민 디악(83) 전 국제육상경기연맹 회장의 비리를 수사하다 도쿄올림픽 유치위원회가 그의 싱가포르 비밀계좌에 거액을 송금한 사실을 밝혀냈다. 일본 정부 대변인인 스가 관방장관은 정례 기자회견에서

전혀 모르는 내용이다. 올림픽 유치는 깨끗하게 이뤄졌다~

라고 말했다. 하지만 "자체적으로 조사할 생각은 있느냐?" 라는 질문에 "그럴 생각은 없다"라며 부인해 논란의 여지를 남겼다. 여기서 판도라의 상자는 싱가포르 비밀계좌였다. 아베 총리는 의혹이 커지자 "사실관계를 확인하겠다"라며 처음과는 다른 태도를 보였다. 곧이어 요미우리신문은 도쿄올림픽 유치위원회의 송금액 중 상당수가 고급시계 구매에 사용되었다고 발표했다.64) 하지만 일본올림픽위원회 위원장 다케

---

63) 스포츠한국, 2019.11.26.

다 쓰네카즈(竹田恒和)는 프랑스 사법부의 수사를 받자 2019년 3월 퇴임했다.[65] 도쿄올림픽의 뇌물 추문은 작게는 일본, 크게는 IOC에 큰 오명을 남길 수 있다.

넷, 두 개의 중국 논란도 있었다. 바로 대만의 올림픽 참가 명칭의 논란이었다. 대만은 경기장 밖에서도 국기를 휴대할 수조차 없다. 심지어 국제대회 개폐회식에서도 대만 국기와 명칭에 대한 분쟁은 끊임없이 이어지고 있었다. 대만이 국가로 보일 수 있는 명칭에 대해 중국 베이징은 극도로 민감하게 반응하기 때문이다. 일본의 공영 방송인 NHK와 뉴욕 타임스도 중화 타이베이(中華臺北)를 대만으로 이름을 바꾸어 불렀다. 지금 대만인들은 올림픽 메달을 획득하는 것보다 우리가 그들을 대만으로 부르는 것을 더 좋아한다.[66] 논란의 소용돌이다.

이러한 논란 속에서도 2021년 도쿄올림픽은 개최되었다. 개최국 일본은 도쿄올림픽의 중심에 부흥올림픽의 기치를 내세웠다. 그런 가운데 2020 도쿄올림픽에서는 델타 변이까지 극성을 부렸다. 코로나19조차 감당하기 어려운데 말이다. 하지만 무엇으로도 일본의 적자를 흑자로 돌리기는 어려웠다. 그렇다면 개최를 하는 편이 낫다며 일본 정부와 IOC는 올림픽을 강행하기에 이른다. 하지만 올림픽은 무관중으로 시작되었고 선수들만의 경기가 되고 말았다. 선수들의 활약은 그

64) 주간동아, 2016.5.25.
65) 중앙일보, 2019.10.8.
66) 퍼블릭뉴스, 2021.8.20.

들만의 리그가 되었고 일본 국민의 외면도 컸다. 이렇듯 도쿄올림픽은 시작부터 어려움이 컸다. AP통신은 17조를 들인 도쿄올림픽을 이렇게 평했다.

> 많은 사람의 반대와 함께 잘해야 중간, 못하면 재난이다. 비현실적 올림픽이었다. 준비 기간은 흉하고 지저분했으며 대회 내내 걱정, 근심으로 가득했다.[67)]

뉴욕 타임스(2021)도 한마디 남겼다.

> 기억에 남을 올림픽이었으나 좋은 의미로 기억될지는 물음표다. 금메달을 획득한 선수조차 '집에 빨리 가고 싶다!'라고 할 만큼 근심의 올림픽이었다.

일본 정부는 역대 최고 비용을 쏟아부었으나 경제 효과는 제로다. 2017년 일본 정부는 146조 원의 추가 경제 수요가 발생해 이러한 비용을 상쇄하고도 남을 것으로 예상했으나 무관중 경기는 이를 모두 어렵게 했다. 도쿄올림픽 조직위의 입장권 판매량은 약 4만 장, 여기에 전체 경기의 96%가 무관중의 상태에서 진행되었다.[68)] 올림픽으로 인하여 일본경제의 내수진작도 없었다. 심지어 도쿄올림픽의 최대 승자는 IOC라는 평가도 있다.

IOC의 주요 수입은 방송중계권이다. 방송중계권이 전체 수입의 약 75% 이상을 차지한다. 그다음 수입원이 바로 후

---

67) 마이더스, 2021권 9호, pp40~41.

68) 마이더스, 2021.8.24.

원업체에 관한 수입으로 18%가량 된다.[69] 이렇듯 득이 없는 올림픽 개최는 차기 올림픽 개최도시 선정에도 많은 어려움을 남길 것으로 보인다. '과연 이것이 누구를 위한 올림픽인가?'라는 것이다. 득보다 실이 크기 때문이다. 다수 유럽 도시는 최근 올림픽 유치 과정에서 중도 포기를 선언했다. 과거의 영광을 재현하기 어렵다는 것을 증명한 올림픽이 바로 2020 도쿄올림픽이었다. 2021년에 개최된 도쿄올림픽, 하지만 이름은 2020 도쿄올림픽이다. 이름처럼 도쿄를 1년 이상 퇴보시킨 올림픽이 이번 도쿄올림픽이라 생각된다. 상업올림픽이라는 오명 앞에 IOC도 변화해야 할 것이다. 변화는 정말 어려운 것이지만 생존을 위해서는 필요하다. 올림픽의 생존을 위해서는 반드시 변화가 필요하다. IOC 변화를 위한 경종, 21세기 팬데믹이 선물한 도쿄올림픽의 난관(難關)이다.

2) 양성평등 올림픽

우선 2020년 도쿄올림픽대회에서는 양성평등, 즉 성적 균형을 위한 노력으로 여성 종목이 대거 늘어났다. IOC는 Agenda 2020에 담긴 **'여성의 권리 신장과 진정한 의미의 양성평등'**, 이를 실현하기 위해 도쿄올림픽에서는 대대적인 종목의 개편을 단행하였다. 토마스 바흐 IOC 위원장은 "다가올 도쿄올림픽은 더 젊고 세련되며 더 많은 여성이 참여하는 올림픽이 될 것"임을 강조하였다. 수영, 유도, 양궁, 사

---

69) 경향신문, 2021.8.14.

이클 등에서 15개의 새로운 종목이 추가되면서 도쿄올림픽의 금메달 수는 종전 28개 종목, 306개에서 33개 종목, 339개의 메달로 늘어났다.

먼저 수영은 여자 자유형 1,500m를 신설해 최장 거리 종목을 남자와 같이 배분했다. 남녀가 팀을 이뤄 출전하는 자유형 4×100m 혼성계영도 추가되었다. 육상은 4×400m 혼성계주, 유도와 탁구도 각각 혼성 단체전과 혼합복식, 철인 3종 경기는 혼성단체 계주가 새롭게 추가되었다. 펜싱은 남녀 각각 단체전, 사이클도 4개 종목 신설이 확정되었다. 사격에서도 10m 공기권총과 10m 공기소총, 트랩 등이 혼성 종목으로 신설되었다.

반대로 없어진 종목도 있다. 우리나라의 강세 종목이었던 사격 남자 50m 권총과 50m 소총복사, 더블트랩이 역사 속으로 사라졌다. 복싱, 카누, 조정, 요트 등도 성비 균형을 맞추기 위해 기존 세부 종목 15개를 폐지했다.[70] 이로 인해 도쿄대회는 최대 인원수의 여성 선수가 참가하였다. 특히 야구, 소프트볼, 가라테, 스포츠클라이밍, 서핑, 스케이트보드 등도 추가되었다. 우선 야구와 소프트볼은 일본에서 큰 인기 종목인 만큼 2008년 베이징올림픽 이후 12년 만에 부활되었다. 여기에 가라테도 새롭게 추가되었다. 이러한 종목의 변화에도 도쿄올림픽은 흥행에 참패하였다.

양성평등과 관련해서는 굉장히 아이러니한 것이 바로 국내

70) 위클리 뉴시스, 2017.6.20.

에서 해당 문제가 터졌다는 점이었다. 바로 양궁에서 우리나라의 여성 양궁선수가 머리를 짧게 잘랐다는 이유로 페미니스트 문제가 터진 것이다. 심지어 그녀의 금메달을 박탈하라는 이야기가 나올 정도로 남녀 간 갈등의 골이 심각했었다. 양성평등을 실천하는 올림픽에서, 그것도 인권을 중시한다는 대한민국의 온라인에서 해당 문제가 터져 나왔다. 하지만 적어도 스포츠에서는 이런 문제가 불거져서는 안 된다. 우리나라 스포츠 역사의 시작점은 바로 일제강점기였고, 그 불평등한 환경에서 식민지국의 시민이 주목했던 평등이 바로 스포츠이기 때문이다. 스포츠를 배우며 우리는 스포츠맨십(sportsmanship)과 페어플레이(fair play)를 강조한다.

즉 스포츠 현장에서 평등 속에 불평등을 깨라는 메시지가 바로 스포츠맨십이다. 페어플레이는 16세기 영국의 상류계급에서 유행하던 스포츠 예의를 의미한다. 즉 스포츠 현장에서 성의 영역을 넘어 정정당당함의 극대화가 바로 페어플레이다. 이것은 무엇이 옳고 그르다는 문제가 아니라 스포츠 현장에서 반드시 지켜야 할 서로 간의 태도와 예의다. 마침내 이 모두는 스포츠를 존립하게 하는 강력한 윤리다.

> 스포츠맨이 지녀야 하는 **바람직한 정신자세가 스포츠맨십**이다.
> 스포츠맨이 경기에서 **정정당당한 승부**를 펼치는 것이 바로 **페어플레이**다.

3쿼터) 대한민국선수단의 위대한 과업

대한민국은 일본과 가까운 이웃이다. 오랜 시간 양국은 역사를 통해 정치, 경제, 문화 등에서 긴밀했고 스포츠는 치열한 대결을 펼치며 지금에 이르렀다. 하지만 최근에 열린 2016년 리우올림픽을 기점으로 2018년 자카르타-팔렘방 아시안게임까지, 일본은 우리나라와는 급이 다른 현저한 성장세를 보여왔다. 일본의 오랜 투자가 드디어 빛나기 시작했다는 것이 중론이다. 따라서 일본은 이번 2020 도쿄올림픽에서 금메달 27개, 은메달 14개, 동메달 17개를 획득하며 종합 3위라는 놀라운 쾌거를 기록했다. 우리나라도 도쿄올림픽에서 16위라는 결과를 달성했다. 10위 안에 들지 못한 성적이 실망스럽다는 일부 표현도 있었으나 대한민국의 온 국민은 선수들 모두에게 큰 격려의 박수를 보낼 만큼 마음의 여유가 생겼다. 심지어 메달을 획득하지 못한 선수에게도 큰 박수를 보낼 만큼 국민의 성숙함이 무르익었다.

이러한 변화를 기억하며 본 장에서는 화랑의 터에서 훈련하고 출전한 우리나라 국가대표의 활약과 성적을 정리해보고자 한다. 그리고 조심스럽게 우리나라 대표팀의 내일의 과업을 전망하였다.

양궁은 올림픽 메달획득보다 국가대표 선발전이 더 치열한 종목이다. 이미 2020년 양궁 리커브 국가대표 2차 선발전이 끝났다. 리우올림픽 2관왕인 장혜진이 2차 예선에서 탈락할

만큼 우리나라는 선수층이 두껍다. 남자부도 리우올림픽 금메달리스트 김우진이 2차 예선을 통과한 가운데 최정예의 선수가 도쿄올림픽대회에 출전하였다. 또한, 도쿄올림픽에서 우리에게 역대 올림픽 사상 가장 많은 금메달(23개)을 안겨 준 양궁에 혼성 종목이 추가된 것은 손뼉 치고 춤출 일이었다. 과거 임진왜란 때 일본 장수들은

"조선의 궁시(弓矢)와 중국의 창법(槍法), 일본의 조총(鳥銃)은 천하제일이다."[71]

라고 말했다. 천하제일인 조선의 궁시(弓矢)는 2020 도쿄 올림픽에서 금메달 4개를 획득하였다. 여자 개인전에서 유난히 당당했던 안산, 남자 단체전에서 유난히 목소리가 컸던 김제덕과 김우진, 오진혁, 여자 단체전에서 조용히 승리했던 강채영, 장민희, 안산의 팀워크, 유난히 잘 어울렸던 혼성단체에서 안산과 김제덕, 그들이 양궁에서만 금메달 4개를 쓸어 담았다. 여기서 안산은 3관왕, 김제덕은 2관왕, 그리고 여자 단체전은 올림픽 9연패의 위업을 쌓았다.[72]

펜싱도 많은 메달을 획득하였다. 펜싱은 남자 사브르 단체전에서 김정환, 구본길, 오상욱, 김준호 등이 금메달을 획득하였다. 여자 사브르 단체에서도 김지연, 윤지수, 최수연, 서지연 등이 동메달을 획득하였다. 남자 사브르 개인전에서 김

---

71) 하웅용외 7. 앞의 책. p276.
72) 인천일보, 2021.10.30.

정환이 동메달을 획득하였다. 에페에서도 우리 선수단은 선전하였다. 여자 에페 단체전에서 송세라, 최인정, 강영미, 이혜인 등이 은메달을 획득하였다. 남자 에페 단체전에서 권영준, 박상영, 마세건, 송재호 등이 동메달을 획득하였다. 특히 김정환은 2012년 런던올림픽 사브르 단체전 금메달리스트이자 2016년 브라질 리우데자네이루 올림픽 개인전 동메달리스트이고, 이번 도쿄에서도 동메달을 획득한 것이었다. 그는 우리나라 펜싱 역사상 올림픽대회 3연속 메달의 주인공이 되었다.[73]

체조도 펜싱과 비슷한 사례다. 체조는 한국체대 양학선의 후예, 신재환이 있었다. 신재환은 저자의 체육사 수업도 들었던 학생이다. 열심히 수업을 들었던 학생이라기보다 수줍음이 많고 리포트를 잘 썼던 학생으로 기억한다. 그가 도마에서 금메달을 획득하며 새로운 인재 탄생, 신재환을 알렸다. 그의 금메달은 양학선 이후 우리나라에 9년 만에 금메달을 안겨준 것[74]이었다. 그가 졸업한 내수중학교에서는 체조훈련장을 신재환의 이름을 따서 '신재환체조체육관'으로 명명하고 현판식을 했다.[75] 그리고 여자 도마에서 여홍철[76]의 딸 여서정이 한국 여자 체조 사상 첫 동메달을 획득하였다. 아

---

73) 머니투데이, 2021.11.8.

74) 엑스포츠뉴스, 2021.8.2.

75) 충북일보, 2021.10.28.

76) 여홍철은 1996년 애틀랜타올림픽에서 체조 첫 은메달을 획득한 인물이다. 그는 국내 뜀틀 1인 자로 세계로 피어오른 도마의 신이다. 현재 경희대학교 스포츠지도학과 교수로 재직 중이다.

름다운 부녀지간, 뛰어난 아버지와 뛰어난 딸이었다.

그리고 유도가 있었다. 남자 100kg급 조구함은 이번 2020 도쿄올림픽에서 은메달을 획득하였다. 남자 73kg급에서도 안창림이, 남자 66kg급에서 안바울도 각각 동메달을 획득하였다. 가장 먼저 메달을 획득했던 것은 안바울이었다. 그는 비록 목표였던 금메달은 놓쳤으나 화끈한 업어치기 한판으로 동메달을 목에 걸었다. 그는 리우올림픽에서 은메달을 획득한 후 오직 금메달만 바라보고 훈련했으나 준결승에서 바자마르그벨라슈빌리(조지아)에게 패하며 동메달을 획득하였다.[77] 그뿐만 아니라 안창림은 재일교포 3세였다. 일본 귀화 제안이 있었으나 그는 이를 거절하고 대한민국 국적을 지키며 올림픽에 출전했다. 그는 이렇게 말했다.

> 할머니, 할아버지가 차별을 받으면서도 힘들게 국적을 지켰기에 꼭 태극마크를 달고 싶었다.[78]

어쩌면 유도 종주국 일본에서 성장하는 것이 선수에게 더 큰 이득이 될 수도 있었다. 하지만 그는 애국심으로 대한민국을 선택했고 동메달을 당당히 획득하였다. 큰 박수를 보내고픈 선수다. 마지막으로 조구함은 중량급에서 은메달을 획득하는 쾌거를 달성하였다. 특히 그는 운동선수에게 자유롭게, 창의성 등을 강조했다. 최근 그는 KH그룹, 필룩스에 입

---

77) 미디어펜, 2021.7.25.
78) OSEN. 2021.8.18.

단하여 안정적 환경에서 유도를 할 수 있게 되었다.[79] 앞으로가 더욱 기대되는 유도인이다.

그리고 전통적으로 강한 종목들이 있다. 바로 태권도다. 태권도의 경우 종주국의 자존심이 걸려있다. 3회전의 사나이라 불리는 인교돈, 이미 세계 1위라는 장준 등의 선수가 버티고 있는 태권도에서는 최소 금메달 1~2개를 예상했다. 결과는 여자 67kg급에서 이다빈이 은메달을 획득하였다. 그리고 남자 58kg급에서 한국체대 장준이 동메달, 80kg급에서 인교돈이 동메달을 획득하였다. 솔직히 조금은 아쉬운 경기 결과다. 금메달 1~2개 이상을 기대했던 대표팀이었으나 노골드로 종주국 대한민국의 위상이 조금은 퇴색되었다. 한편, 도쿄올림픽에서는 가라데가 올림픽 정식종목으로 등장했다. 태권도의 위상이 흔들리지 않도록 올림픽 정식 종목의 선배다운 역할이 더욱 중시된다.

그리고 배드민턴에서 김소영, 공희용 조가 여자복식 동메달을 획득하였다.[80] 해당 조가 이소희, 신승찬 조와 함께 결승전에서 만났다면 더 좋았을 텐데 하는 아쉬움이 남는다. 그리고 근대5종의 전웅태가 남자 개인전에서 동메달을 획득하였다. 그가 레이저 런(Laser Run)에서 활약한 모습은 아직도 뇌리에 강하다. 한국체대가 독보적인 종목인 근대5종은 올림픽에서 유구한 역사를 가졌으나 우리나라가 약한 종목으

---

79) 한겨레, 2021.10.13.

80) 스포츠조선, 2021.8.3.

로 꼽힌다. 하지만 최근 기량이 우수한 선수들이 대거 등장하며 곧 올림픽에서의 금메달도 기대해볼 만하다. 마지막으로 우리나라가 강한 사격에서 김민정이 은메달을 획득하였다. 25m 권총 부문에 출전한 김민정은 땀의 가치를 알기에 은메달도 감사하다는 표현으로 국민의 주목을 받기도 하였다. 또한, 그녀는 메달 색을 결정짓는 숫오프에서 다음과 같이 말했다.

떨리기는커녕, 너무 재미있어서 웃었다.[81]

2020 도쿄올림픽에서 보여준 사격의 김민정, 김제덕, 신유빈, 황선우 등과 같이, 가슴에 있는 태극기 무게, 국가를 대표하는 국가대표 중압감, 그 모든 것을 잊고 그야말로 **올림픽을 제대로 즐기는, Z세대[82]의 아름다운 모습이었다.** 그들이 경기를 즐기는 모습이 어쩌면 **미래 세대에게 펼쳐진 올림픽의 참모습이** 아닐까 한다. **즐기는 올림픽, 쿠베르탱 형이 우리에게 보내는 진정한 스포츠의 메시지다.**

기타 구기 종목에서는 우선 야구가 메달획득 가능성이 컸다. 야구는 2008년 베이징올림픽 이후 정식 종목에서 제외되었다가 12년 만에 다시 채택되었다. 일본은 강력한 우승 종

---

81) 국민일보, 2021.8.2.
82) 1990년대 중반부터 2000년대 초반 출생의 젊은 세대를 이르는 말이다(네이버 시사상식사전).

목이 야구라고 생각하겠으나, 2008년 베이징올림픽의 전승 우승국은 바로 대한민국이었다. 더군다나 2019년 WBSC 프리미어 12에서 올림픽 출전권을 따낸 우리나라는 야구 강국의 위상을 그대로 이어갈 것으로 보였다. 메이저리거가 대거 올림픽대회에 출전한다면 다소 이변이 있을 수 있겠으나 7월과 8월에 열리는 메이저리거의 일정상 그들의 올림픽 참석은 힘들다. 순수 자국 리그 팀으로 우리와 겨룰 수 있는 나라는 소수에 불과하다. 일본과 미국, 쿠바 정도였다. 하지만 우리 선수들은 대회에서 무기력했다. 이상하고 묘한 대진 속에서도 우리 선수단은 동메달 획득에도 실패하며 짐을 꾸렸다. 당분간 우리나라 야구대표팀은 '무기력함'의 대명사로 기록될 듯하였다. 한국 야구대표팀의 쇄신과 변화가 필요한 때가 바로 지금일 것이다.

축구도 있다. 김학범 감독이 이끄는 U-22 대표팀은 1월 태국에서 열리는 2020 아시아축구연맹 챔피언십에 출전해 최소 3위 이내에 들어야 올림픽 출전이 가능했다. 백승호와 이강인 등이 포진하고 있어 그들이 활약해 준다면 분명 올림픽 출전, 아니 메달도 가능했다. 2021년 2월, 2020년 AFC(아시아축구연맹) U-23 챔피언십에서 우리나라는 정상에 오르며 올림픽 본선 진출권을 따냈다.[83] 반대로 올림픽 본선 자동 진출권이 있는 일본은 챔피언십에서 사우디에 패배하며 충격의 2연패를 당했다. 일본은 B조 최하위로 8강 진출 전에서 탈락하며

---

83) 엠스플뉴스. 2021년 2월 16일.

망신을 당했다.84) 2012년 런던올림픽대회에서는 동메달을 놓고 겨룬 일본과의 경기에서 우리나라가 2대 0으로 승리했던 기억도 있다. 논란이 되긴 했으나 박종우의 독도 세레머니도 기억에 선명하다. 출전 선수들의 군대 면제 건이 논란이 되긴 했으나 우리나라 축구는 언제나 올림픽 메달 가능성의 중심에 있었다. 비록 힘도 쓰지 못하고 2020 도쿄올림픽에서 짐을 꾸렸으나, 우리 축구 대표팀은 늘 기대하게 한다. 공은 둥글고 한국 축구의 신세대들이 늘 성장하고 있기 때문이다.

최근 주목받고 있는 새로운 종목으로 스포츠클라이밍이 있다. 생존을 위한 오름짓에서 올림픽 종목이 되기까지, 스포츠클라이밍은 종목 자체가 역사가 깊다.85) 도쿄올림픽에서 스포츠클라이밍은 경기 방식도 확정되었다. 한 선수가 리드와 볼더링, 스피드를 모두 플레이해서 각각의 순위를 합산하는 콤바인 방식이다. 우리나라는 고등학생 서채현이 2020 도쿄올림픽에 출전하였다. 그녀는 월드컵 3개 대회 연속 우승을 할 정도로 천재적 수준을 자랑하며 현재 월드컵 랭킹 1위다. 하지만 그녀는 이번 도쿄올림픽에서 8명 중 8위를 기록하며 아쉬움을 남겼다. 하지만 그녀는 이제 겨우 19살이다. 암벽 신동 서채현은 2021년 9월 말 세계선수권대회 리드 종목에서 우승을 차지하였다. 3년 후인 파리올림픽에서 그녀는 최고의 전성기를 보낼 나이다. 그녀에게 거는 기대가

---

84) SBS뉴스. 2020년 1월 13일.
85) 월간 산, 2019년 8월호, p244.

큰 것은 물론이다.

이번 2020 도쿄올림픽을 통해 우리 선수단은 새로운 가능성을 타진하고 우수선수를 발굴했다. 조금은 스포츠를 즐길 줄 아는 선수단의 모습을 보았다. 아니 보고 말았다. 스포츠맨십을 통한 올바른 인성을 지닌 국가대표 선수의 모습을 온 국민은 함께 보며 감동했다. 과거 우리나라는 올림픽에서 역사적으로 개인 종목, 특히 격투기 종목에 강했다. 그러나 최근 들어 우리나라의 급격한 경제성장으로 구기 종목이나 새롭고 다양한 종목에 강점을 보이는 것은 매우 고무적이다. 먹고 살기 힘들었던 시절, 스포츠 할 시간을 따로 내어 단체로 훈련하기는 어려웠다. 그래서 특별한 공간, '태릉선수촌'이라는 공간을 만들어 다수의 메달리스트를 배출했다. 경제성장은 자연스럽게 다양한 종목의 성장과 확대를 가져왔다. 대한민국의 스포츠는 아직 성장 중이다. 다만 시간이 지나며 위대한 선수의 DNA가 후배 선수의 DNA로 빠르게 계승되는 것이 바람직하다고 본다.

그리고 이제는 이러한 변화가 **체육사(體育史)를 바라보는 긍정의 시선으로 확대**되었으면 좋겠다. 경기장의 선수가 **삶의 에너지를 모두 쏟아부어 획득한 메달, 그 위대한 시간의 역사를 영원히 숨 쉬도록 기록하여 기억하게 하는 귀한 일,** 그것이 바로 **체육사**다. 과거 기초가 부족했기에 어금니를 물고 선수는 악으로 깡으로 달려들었다. 그 모습을 시작으로 지금 대한민국 체육은 엘리트에서 생활로, 장애인으로 확대되어 그 역할이 더욱 커지고 있다. 이제는 어느 때보다 체육의 역할이 더욱 확대, 다변화되었다. 미래의 꿈나무들이 함께 바르게 성장하며, 시대를 이끌어갈 바른 지도자로 성장하는 동력이 바로 체육인 것이다. 그 체육 혁명의 시작점에 이 모두를 기록하는 체육사가 함께하고 있음을 잊지 않았으면 한다. 실천하는 체육과 이를 기록하는 체육사가 함께하여 오래도록 그들이 기록한 체육의 가치가 더욱 존중받길 바랄 뿐이다.

4쿼터) 2024 파리올림픽을 준비하며

일본은 과거 우리나라가 서울올림픽에서 4위를 차지한 것을 선명히 기억할 것이다. 일본도 이번 올림픽을 통해 자국이 획득 가능한 최대의 메달을 확보하려 노력하였고 결국 종합 3위를 차지하는 기염을 토했다. 더불어 일본은 이번 2020 도쿄올림픽을 정치와 경제에 적극적으로 활용하여 재도약하는 일본의 모습을 세계에 과시하고자 노력하였다. 하지만 이는 코로나19와 델타 변이 등이 막아섰다. 아마도 일본은 이번 도쿄올림픽을 통해 사상 최악의 적자, 적자, 적자를 기록하였고 단기간의 회복도 쉽지 않아 보인다.

11일 아사히신문에 따르면 도쿄올림픽 유치위가 2013년 국제올림픽위원회 (IOC)에 제출한 문서에 '조직위원회가 자금 부족에 빠지면 도가 보충하는 것을 보증한다'라고 명시되어 있다. 올림픽의 적자를 도쿄도의 재정 즉 도쿄 시민의 세금으로 채워야 한다는 것이다. 이러한 문제는 결국 한두 푼이 아니라는 점이다. …중략…연간 6억 3800만 엔의 적자가 예상된다. 특히 코로나19 방역 대책으로 충당한 비용이 5조 엔을 넘어 도쿄도가 감당할 수 있는 수준을 넘어섰다는 지적이다.[86]

이뿐만이 아니다. 도쿄는 올림픽이 끝나고 난 후 각종 경기장의 적자는 그야말로 기하급수적으로 늘어나고 있다. 일본은 이러한 적자에 대해 '스포츠진흥을 위한 투자'라고 설명하고 있으나 아사히신문은 '세금 부담의 도미노'라고 평가하고 있다. 한 예로 도쿄올림픽의 개막식과 폐막식이 열린 국립경기장의 경우 주변 시설을 포함하여 무려 1,569억 엔(약 1조 6,403억 원)이 투자되었다. 그러나 해당 시설은 아직도 사용 여부의 해답을 못 찾고 있는 상태다. 국립경기장의 연간 유지비만 23억엔, 즉 한화 251억 원이 넘는다.[87]

이렇듯 일본의 도쿄올림픽은 과연 무리수였을까. 아직 도쿄올림픽의 성공 여부를 평가하기는 이르다고 본다. 그리고 우선 우리나라의 경우 큰 수확이 있었다. 가장 큰 수확은 새로운 미래를 확인했다는 점과 스포츠에 관한 패러다임이 변화하고 있다는 점이다. 즉 우리나라도 가까운 곳에서 열리는 올림픽이기에 좋은 성적을 기대하였으나 이제 올림픽에서의 성적이 그리 중요하지 않았다는 점에 주목할 필요가 있다. 과거 대한민국이 어려울 때는 메가 스포츠 이벤트가 곧 전

---

86) 서울신문, 2021.8.12.
87) 프레스맨, 2021.10.14.

쟁터였다. 그리고 그곳에서 활약하는 우리 선수가 곧 영웅이었다. 소위 위기 극복 스토리를 간직한 메달리스트가 등장하여 국민에게 큰 자부심과 긍지를 심어주었고, 이는 국민에게 큰 위로가 되었다. 분명 이때 그들의 모습은 전쟁터의 장군과도 같은 엄중한 위엄이 있었다. 하지만 이제 그들에게 온 국민은 페어플레이와 스포츠맨십, 그다음에 메달을 따면 좋고 안 따도 괜찮다는 반응을 보인다. 올림픽 등 국제스포츠 대회에서 국가 곳곳에 패러다임의 변화를 예감할 수 있는 부분이었다.

한편, 이번 도쿄올림픽에 관하여 권재윤 외 2명은 <도쿄올림픽 키워드 담론 분석>에서 다음과 같은 결과를 제시하였다.

> 도쿄올림픽 코로나19 관련 키워드는 화이자 백신, 취소와 무관중, 긴급사태, 연기 결정, 심각, 확산, 방역수칙 등이 두드러졌다. 국제정세와 정치키워드는 독도, 문재인, 청와대, 스가, 서경덕, 시네마현 등의 키워드들이 두드러졌다. 코로나로 올림픽을 연기했고 올림픽 정신은 최소한의 안전마저 의문인 무대에 던지고 공정한 경기를 펼치라고 주문하고 있다.[88]

이처럼 도쿄올림픽은 시작부터 어려움이 많았고 그런 가운데 무관중이라는 무리수 속에서 시작된 올림픽이었다. 다만 선수들의 5년간 노력이 헛되지 않게 경기가 열렸다는 것만으로 도쿄올림픽은 의미가 있다고 본다. 하지만 앞선 연구에서 제시하는 바와 같이 **최소한의 안전이 지켜지지 않는 시**

---

88) 권재윤, 김성재, 최경근(2021). 도쿄올림픽 키워드 담록분석. 한국체육과학회지. 30(5). pp505~518.

점에서 올림픽 정신을 논한다는 것이 아이러니했고 올림픽 정신보다 선수가 더 중요하다는 사실도 일부 간과된듯하여 아쉬운 것이 사실이다. 그래도 쿠베르탱의 나라인 프랑스도 못 한 올림픽 3회 개최국의 영광, 아시아의 일본이 차지하게 되었다는 점은 분명 나름의 가치가 있다.

올림픽은 3회, 즉 12년 내에는 같은 대륙에서 치르지 않는다는 암묵적 룰이 있다. 이러한 룰을 기가 막히게 지키며 일본은 올림픽을 유치해냈다. 그리고 2024년은 근대올림픽 창시자인 쿠베르탱의 나라, 프랑스에서 올림픽이 열린다. 이제 아시아의 도쿄도, 유럽의 파리도 똑같이 올림픽 3회 개최국이 되었다. 올림픽 종주국이라 할 수 있는 프랑스와 일본의 묘한 어울림이 보인다. 여기에 더해 방사능 올림픽이라는 선대미문의 난관에도 일본이 외교적 승리를 거두었음을 우리는 냉정히 기억해야 할 것이다. 이는 즉흥적 감정이 아니라 국제무대에서의 일본이 정확한 판단과 분석을 통해 이뤄낸 성과였음도 우리가 유념해야 할 사실이다.

일본의 도쿄가 하계올림픽을 3번이나 유치하면서 얻은 도시적, 국가적 진흥은 그 효과가 매우 다양하다. 따라서 올림픽의 매력에 일본 정부가 다시 집중하여 개최를 이뤄냈다. 이를 유산으로 계승하여 국제적 도시의 이미지 창조, 일본 내셔널리즘의 확산, 도시환경 개선, 교통 정비 등에 올림픽이 기여한다는 해석은 아직 이르다고 본다. 다만 올림픽 유치는 국민이 전폭적으로 지지해야 하며 국가의 역량을 총동원해야 가능하다는 교훈은 얻을 수 있다. 더군다나 현재 일어나고 있는 코로나19의 여파가 너무 큰 것도 사실이다. 2021년 7월, 도쿄올림픽은 열렸다. 과거 1940년 도쿄올림픽은 1938년 중일전쟁으로 인해 무산되었다. 여기서 중일전쟁으로 인해 일본이 올림픽을 포기하기 한 달 전, 올림픽 창시자 쿠베르탱이 돌연사하였다. 역사의 적극적 암시인지는 모르겠으나 코로나19로 가장 큰 고통을 받는 것도 바로 일본 도쿄다. 도쿄올림픽이 혹시 일종의 저주, 창시자와 이전 전쟁의 저주 때문인지도 모르겠다. 미래를 내다보기는 어렵지만, 과거 역사를 통해 살펴본다면 이번 2020 도쿄올림픽의 개최로 인한 득이 분명 커 보이지 않는 것도 사실이다.

이제 단순히 이웃으로 일본을 바라보아야 할 것인지, 도쿄올림픽만을 바라봐야 할 것인지에 대한 **냉철한 현실 분석,** 실용적 지혜도 우리에게 필요하다. 최악의 상황은 한·일 간의 갈등과 대립이 올림픽 이후에도 지속되는 것이다. 이 가운데 우리가 해야 할 분명한 것도 있다. 도쿄올림픽을 통해 우리가 취할 수 있는 최대한의 잇속은 스스로 챙겨야 한다는 점이다. 그런 다음에 세계평화를 위한 노력을 보태도 늦지 않다. 특히 도쿄올림픽을 통해 양성평등 종목이 대거 강화되고 있다. 우리나라도 여성 스포츠의 확산을 미래 스포츠 정책에 반드시 반영해야 할 것이다. 더불어 창의적 시각과 발상을 통해 한일 관계의 역사적 갈등과 상처를 빨리 봉합하고 파리올림픽을 대비해야 한다.

분명 이번 도쿄올림픽에서 도라에몽의 '마법'과 헬로키티의 '순수함'은 없었다. 그렇다면 다음 파리올림픽을 준비하며 우리 선수단의 미래는 도쿄올림픽에서 보았던 즐기는 세대, Z세대에게 달려있다고 해도 무방하다. 이제야 스포츠를 즐기는 그들이 나타났다. 예술의 나라 파리에서 국가 간 스포츠가 갖는 무게를 넘어 즐겁게 스포츠 하는 모습을 보여준다면 또 다른 패러다임의 변화가 시작될 수 있을 것이다. 무엇보다 '대한민국의 스포츠 장래는 밝다'는 것이 매우 고무적이다. 대한민국에는 올바른 행실과 의리까지 더한 완전체, 체육과 함께 성장한 자랑스러운 국민, 바로 여러분이 있다.

제8장

미래를 향한 한국체육사의 메시지
– 한국체육의 스토리를 모은 삶의 지침서

체육은 실기다. 체육사는 이론이다. 그 둘 간의 영역을 줄이는 법은 서로 자주 만나 함께하는 것이다. 솔직히 둘은 떼려야 뗄 수 없는 관계다. 체육이 실기여서 이론에 관한 부분은 생각을 못 했던 것이 사실이다. 하지만 이제는 분명 다르다. 대한민국 체육은 크게 성장하였고 한국은 이제 스포츠 선진국으로 인정받고 있는 시점이다. 이처럼 급성장한 대한민국 체육은 이론이 필요하고 체육사는 그 중심에서 역할을 할 필요가 있다. 그 실기가 바로 기록임을 강조하고 싶다. 그렇게 시작된 체육의 기록에 역사를 더하여 체육이 좀 더 이론화되고, 이를 정확하게 설명하고 해석하는 비판적 탐구를 거쳐 체육의 성장 과정을 구체적으로 명시하여야 한다. 이는 체육의 성장과 확대의 뚜렷한 지표가 될 것이다.

본 서적은 그동안 연구자가 연구해온 체육사를 자유롭게 해석하고 기록하여 작은 메시지로 공유하고자 했다. 이것은 무언가 새로운 것에 관한 탐구는 아니다. 그저 체육인이 활약한 기억의 창고에서 하나씩 실마리를 풀어 여러분께 전하는 그런 시간이었다. 그렇게 전달받은 것을 우리는 실용적 지식, 교훈이라 한다. 교훈은 변화를 만들고 변화는 곧 사람을 변화시킨다. 체육사는 교훈을 주고, 메시지를 던지며, 여러분의 작은 변화를 요구한다. 물론 그것이 모두 정답이라 할 수는 없다. 하지만 빠르게 변화하는 시대에 체육에 대한 기록은 인간의 체육활동이 올바르게 나아가는 이정표, 안내판 같은 역할을 할 것이다. 계속 체육을 기록하다 보면 분명 사람이 바르게 성장하는 데 도움이 될 것이다. 진화(進化)라는 표현을 굳이 쓰지 않더라도 시간이 흐른다면 또 한 명의 전문가로 남을 수 있을 것이다. 그리고 체육인의 자긍심 향상에도 조그만 도움을 주고 싶었다.

세계도, 체육도 움직이는 건 사람이다. 위대한 체육인으로 인해 국민의 자부심과 국격 상승에 도움을 주는 것은 체육사적으로 의미가 크다고 하겠다. 지금껏 그렇게 기록했으나 그 의미를 조금은 쉽게 전달하는, 우리만의 것이 아닌 벽을 낮추는 체육사 연구가 필요하다고 봤다. 누구를 위한 체육이 아니라 모두를 위한 체육, 오랜 시간 체육의 작은 지혜를 한 곳에 담아, 그이야기를 조금은 현대적 시선으로 기술되어 메시지를 전하는 한국체육사 서적이 필요하다고 생각했다.

각 장에서 제시한 '미래를 향한 한국체육사의 메시지'를 정리하면 다음과 같다. 가장 먼저 2장 '신라화랑'과 3장의 '석전' 내용에서 전하는 미래를 향한 한국체육사의 메시지다.

① 경기장에서 승리하기 위한 선수의 움직임과 몸짓, 훈련은 개인을 넘어 국가로, 생존의 기록으로 남는다.
② 스포츠 현장은 삶의 이유와 경쟁, 갈등과 희망의 축소

판이다.

③ 사람의 변천을 기록하는 것이 역사이고 체육인의 변천을 기록하는 것이 체육사다.

④ 중요한 것은 **사람을 이해하고 체육인을 이해하며,** 사람을 믿고 체육인을 믿는 것이다. 그것이 체육사가 지향하는 궁극적인 가치, **체육사의 맥(脈)**이다.

⑤ 체육인이 할 수 있는 가장 사실적인 기록은, 승리까지는 아니어도, 내일의 변화를 이끌 수 있는 가장 **실용적인 체육의 지침서**다.

⑥ **화랑**은 신라의 청년 수양단체로 귀족의 자제이며 외모가 뛰어난 사회의 리더로 **민족 고대 체육의 첫 시작점**이었다.

⑦ **화랑은 시대의 올바른 리더였다.**

⑧ **화랑에게 가장 중요한 것**은 **사람**이었다.

⑨ 화랑에게 가장 중요한 것은 국가에 대한 충성심과 부모에 대한 효를 실천하기 위해 믿음을 가진 **친구와 함께 생활**하는 것이었다. 그들이 함께 있었기에 화랑은 임전무퇴(臨戰無退)하였고 살생유택(殺生有擇)을 할 수 있었다.

⑩ 신라 인재의 선발 기준은 **'바른 행실'과 '의리'**였다.

⑪ 석전(石戰) 속에는 **우리 민족이 야구를 잘하는 DNA**가 녹아있다.

⑫ **돌은 가장 낮은 곳에 있지만 가장 큰 힘**을 가진다.

⑬ 석전에는 '깃발을 넘어선 추격하지 않는다'는 스포츠맨십이 녹아있다.

이제 4장 '무예도보통지'와 5장의 '종합운동장' 내용에서 전하는 '미래를 향한 한국체육사의 메시지'다.

① 예나 지금이나 **생존**이 가장 중요하다. **남의 밥그릇은 건드리지 말자.**
② **인류의 적은 인류다.**
③ 인류의 생존을 위해 개발한 서적이 바로 **무예서다.**
④ 동방불패의 규화보전이 바로 **조선의 무예도보통지다.**
⑤ 무예도보통지의 무예는 조선 시대 모든 군인이 학습하는 **국가의 표준 무예**였다.
⑥ 무예제보에 무예신보를 더해 무예도보통지가 되었다.
⑦ **무예제보 6기**에 무예신보 18기가 더해져 무예도보통지의 24반 무예가 되었다.
⑧ 삶 속에서 정말 중요한 것은 바로 **국가에 대한 애국심**이다.
⑨ 달성하고 싶은 일이 있다면 **고통을 묵묵히 견뎌줄 체력을 먼저 보강**해야 한다.
⑩ **표준은 되기도 어렵고 지키기도 어렵지만 해볼 만은 하다.**
⑪ **실전에 강해야 한다.**

⑫ 성장에는 분명히 단계가 존재한다.

⑬ **살면서 타인에게 보이는 것도 중요하다.**

⑭ 실전에 강하려면 **대담(大膽)하고 힘**이 있으며 **정밀하고 날래야 한다.**

⑮ **변화**는 실전에서 강해짐에 있어 **중요한 필수조건**이다.

⑯ **체육시설은 체육인의 성지(聖地)**로 이를 바르게 볼 수 있는 배경을 동시에 조명해야 한다.

⑰ 역사는 시간, 공간, 인간의 3요소를 품고, **체육사도 시간과 체육시설, 체육인**을 품고 있다.

⑱ 체육은 **어디에든 부정이 있어서는 안 된다**는 것을 강조하고 있다.

⑲ **무엇이든 한곳에서만 강조되면 씨가 마를 수 있다.**

이제 6장 '위대한 체육인'과 7장 '도쿄올림픽'의 내용에서 전하는 '미래를 향한 한국체육사의 메시지'다.

① 체육인에게 **기록**은 무엇보다 중요하다.

② 현재 눈에 보이지 않는다고 사라진 것은 아니다. 우리가 체육을 기억하고 있다면 그것은 평생 함께하는 것이다. 그것이 바로 **체육사가 갖는 힘**이다.

③ **이 시대의 진정한 리더는 오늘도 성과를 달성하려는 여러분이다.**

④ **선수는 곧 영웅**이다.

⑤ 할머니, 할아버지가 차별을 받으면서도 힘들게 지켜낸 나라, 꼭 태극마크를 달고 싶었다.

⑥ 올림픽이 떨리기는커녕, 너무 재미있어서 웃었다.

⑦ Z세대는 한국스포츠의 희망이다.

⑧ 나의 후배와 제자가 예의는 없어도, 나보다 빠르게 진화하고 있다.

⑨ 냉철한 현실 분석, 실용적 지혜는 지금 우리에게 필요한 최선이다.

⑩ 대한민국의 스포츠 장래는 밝다.

⑪ 대한민국에는 올바른 행실과 의리를 통한 인재 선발이 절실하다.

⑫ 대한민국에는 체육과 함께 성장한 자랑스러운 국민, 여러분이 있다.

이상과 같이 미래를 향한 한국체육사의 메시지를 살펴보았다. 체육의 여러 스토리는 각각 한 편의 드라마다. 그것이 모이고 모여 장편의 드라마가 되고, 이는 인간의 경험이 되었다. 그 경험에는 의도하던 의도치 않던 교훈이 있고, 이를 통해 또 한걸음 인간은 진화한다. 진화의 속도는 한곳에서만 강조되면 늦어질 수 있다. 그들만의 영역이란 선입견을 지우고 벽을 조금 낮추어 체육사의 참모습을 작게나마 메시지로 전하고자 했다. 그래서 고대의 화랑을 통해 '신라사회가 투명한 인재 선발'을 했고, 석전을 통해 '우리 민족이 역동적인 다혈질(?) 민족'임을 전하고자 했다. 그 민족은 '무예도보통지를 통해 더욱 강해'졌고, 그 강함을 종합운동장을 통해 '분출, 체육에 도전'하였다. 마침내 그 민족은 '위대한 체육인들로 인해 국격이 급상승'했고, 2020 도쿄올림픽을 통해 '스포츠 선진국 대한민국 국민의 성숙함을 눈으로 확인'할 수 있었다. 마치 한 편의 드라마 같았던 우리 민족의 체육사, 대한민국 체육사의 스토리가 전하는 메시지를 알차게 취사선택(取捨選擇)하여 어디서나 올바른 지식으로 활용하길 바란다. 그 몫은 여러분의 것이다.

보고 쓴 문헌

저서 및 잡지

고려사.

네이버지식백과사전.

두산대백과.

문화원형백과.

삼국사기.

세종실록.

위키백과.

화랑세기.

태소실록.

표준국어대사전.

한국민족백과사전.

강규형(2008). 성공을 바인딩하라. 서울: 한국방송통신대학교출판부.

고두현(1997). 이야기 한국체육사 1권. 베를린의 월계관. 국민체육진흥
공단.

국민체육진흥공단(2020). 2020년도 스포츠발전 공헌자 구술자료집. 백
옥자편. 경기: 한국학술정보(주).

국사편찬위원회(2006), 전쟁의 기원에서 상흔까지. 서울 : 두산동아.

권혁률(2018). 기독교사상. 711호. 2018년 3월.

김내창(1992). 조선풍속사. 평양: 평양종합인쇄공장.

김병화역(2004). 올림픽, 2780년의 역사. 서울: 효형출판사.

김열규(1978). 한국민속과 문학연구. 서울 : 일조각.

김영호(2002). 조선의 협객 백동수. 푸른 역사.

김창섭(2005). 한권으로 읽는 인천. 인천: 다인아트.

나채훈, 박한섭(2006). 인천개항사. 서울: 미래지식.

단재 신채호, 원저. 박기봉 옮김. 『조선상고사』. 서울: 비봉사.

東京都(1965). 第十八回オリンピック東京大会 東京都報告書. 東京都.

東京市役所(1939). 第十二回オリンピック東京 大会東京市報告書. 東京市.

민승기(2004). 조선의 무기와 갑옷. 서울 : 도서출판 가람.

민족문제연구소(2009). 친일인명사전. 서울: 친일인명사전 출판부.

박호군, 안길원, 서한샘(2005). 인천야구한세기. 인천: 인천야구 백년사
    편찬위원회

방광일(2005). 아테네에서 아테네까지. 서울: 도서출판 홍경.

서울올림픽대회조직위원회(1983). 올림픽소식, 제2권 제5호, 6월호.

신은섭, 박현상(1983). 올림픽 경기의 역사, 서울: 아동문예사.

신재홍(2005). 화랑세기에 나타난 화랑의 이념과 향가. 겨레어문학회지. 34호.

신태범(1983). 인천한세기. 서울: 홍성사.

심우성(1975). 한국의 민속놀이. 서울: 삼일각.

심우성(1996). 우리나라 민속놀이. 서울: 동문선.

안곽(1974). 朝鮮武士英雄傳. 서울: 정음문고.

양언석(2006). 화랑도의 풍류세계고찰, 한국국어교육학회지.

예병일(2007), 전쟁의 판도를 바꾼 전염병, 살림출판사.

오가와유조(2006). 김창수, 전경숙 역. 인천번창기 인천1903. 인천: 인
    천학연구원.

월간 산, 2019년 8월호

유광수, 이완형, 홍수일, 조도현, 이대중(2006). 전통문화의 세계. 서울:
    MJ미디어.

이학래(2000). 한국체육백년사. 한국체육학회.

이학래, 곽형기, 이진수, 임영무(1994). 한국체육사. 서울: 지식산업사.

이현정, 구현정(2002). 21세기 올림픽의 방향과 과제, 생활과학연구.

이현희, 교양국사연구회(2006), 이야기 한국사. 청아출판사.

인천광역시(2002). 인천광역시사 5(사회·문화). 인천: 역사자료관 역사
    문화연구실.

인천발전연구원(2001). 2001 인천재발견. 인천: 인천발전연구원.

인천직할시(1993). 인천개항100년사. 인천: 경기인쇄공업협동조합.

임재해, 한양명(1996). 한국민속사 입문. 서울: 지식산업사.

임학래(2005). 한국세시풍속사전(여름편). 서울: 국립민속박물관.

장창선(1966). 영광의 뒤안길. 서울: 문진각.

정해은(2004). 한국전통 병서의 이해. 국방부 군사편찬연구소.
제18회 올림픽 동경대회 한국대표선수단(1964). 세계올림픽대회 참가 보고서. 서울: 동아출판사.
조준호(2014). 인천체육사 연구. 인천: 예일문화사.
최재석(1987). 한국고대사회사방법론. 서울: 일지사.
최형국(2018). 병서, 조선을 말하다. 서울: 인물과 사상사.
투키디데스(2011). 천병희 역, 펠로폰네소스 전쟁사. 숲출판사.
하웅용, 조준호, 김지연, 김지영, 최영금, 김상천, 양현석, 최광근(2018). 스포츠문화사. 경기: 한국학술정보.
학문각(學文閣), 1970. 무예도보통지(전). 서울: 신한서림. 해제(解題).
한국체육사학회(2015). 한국체육사. 서울: 대한미디어.
허인욱(2005). 옛 그림에서 만난 우리 무예풍속사. 서울 : 푸른역사.
Swadding, Judith저. 김병화역(2004). 『올림픽, 2780년의 역사』. 서울: 효형출판사.

논문

강성우(2018). 2020 일본 도쿄올림픽과 소프트파워 강화전략. 인문사회 21. 9(1).
고성익(2015). 언해문의 내용과 표기를 근거로 한 병학지남(兵學指南) 의 서지적 계통분석. 진단학보 125.
권재윤, 김성재, 최경근(2021). 도쿄올림픽 키워드 담록분석. 한국체육 과학회지. 30(5).
김동소(2000). 무예제보(武藝諸譜) 해제·색인·영인, 한국말글학 제17집.
김명권, 박기동(2010). 한국근현대 스포츠의 산실, 동대문운동장. 스포 츠인류학연구. 5(1).
김옥희(2017). 일본의 문학자들이 기록한 1964년 도쿄올림픽. 인문과학 연구논총. 38(1),
김은혜(2011). 2016년 도쿄올림픽의 좌절과 도시의 정치경제. 제21권 제3호

김재한(2012). 올림픽의 평화 및 통일 효과, 평화문제연구소. 24(2).

김재휘(1983). 朝鮮石戰에 關한 體育的 考察. 한국체육학회지. 22(2),

류준상(2003). 고대올림픽 경기에 관한 연구, 한국레저스포츠학회지. 7권.

문제민, 정기호(2001). 화랑체육에서 유희의 역할과 의미. 한국체육학
　　　회지. 40(3).

박귀순(2016). 무예도보통지의 반 개념 형성에 관한 연구. 한국체육사
　　　학회지. 21.4호.

박금수(2007). 조선후기 공식무예의 명칭 십팔기에 대한 고찰. 한국체
　　　육학회지. 46(5).

박종규, 조선시대의 세시풍속에 관한 고찰, 교양교육연구소논문집, 3 (1998),

박홍식(2013). 서양고중세시대의 평화 이념과 실제, 동국사학 55권.

배우성(2001). 정조의 군사정책과 무예도보통지 편찬의 배경. 진단학회(91).

소이원(2010). 화랑도 사상의 연원과 현대적 재조명. 군사논단 제61.

손석정, 신현규(2008). 국민체육진흥법 제정 의도와 배경에 관한 연구.
　　　한국스포츠엔터테인먼트법학회지. 11(3). p135.

손천택, 조준호(2009). 광복 후 인천레슬링 발전사 -임배영, 장창선을
　　　중심으로-, 한국체육사학회지. 14(1).

손환(2003). 일제하 한국근대스포츠시설에 관한 연구. 한국체육학회지. 42(4).

손환(2010). 일제강점기 대구공설운동장에 관한 연구. 한국체육학회지. 49(4).

손환(2015). 일제강점기 부산공설운동장에 관한 연구. 한국체육학회지. 54(1).

손환, 하정희(2014). 한국 엘리트스포츠의 메카, 태릉선수촌의 역사적
　　　가치. 한국체육학회지. 53(2).

신복룡(1982). 서낭의 군사적의미에 관한 연구. 건국대학교 학술지, 26,

이기동(1984). 신라상고의 전쟁과 유희. 소헌남도영박사화갑기념 사학
　　　논총,

이문기(2014). 삼국사기, 삼국유사에서 본 신라 화랑도의 여행. 동방학
　　　문학. 59.

이현경(2010). 무예도보통지의 정보디자인 구조연구. 홍익대학교 미간
　　　행 석사학위논문.

이현정, 구현정(2002). 21세기 올림픽의 방향과 과제, 생활과학연구. (7).

장성수(2000). 餘暇文化 活動으로서의 石戰과 씨름에 관한 通史的 理
　　　解. 한국체육학회지, 39(3).

장유진, 손천택(2018). 장창선의 1966년 털리도 세계아마추어레슬링선

수권대회 금메달 획득과정과 그 의미. 체육과학연구지, 29(1).

조정규, 김달우, 이영진(2014). 일제강점기 전라북도 덕진공설운동장에 관한 연구. 한국사회체육학회지. 58.

조준호(2007). 화랑의 풍류 활동 고찰을 통한 여가 역사의 이해. 한국 여가레크리에이션학회지. 31(1).

조준호(2009). 석전의 스포츠 속성에 관한 해석. 한국체육학회지. 48(6).

조준호(2010). 광복 이후 인천공설운동장 변천 과정. 한국체육사학회지. 15(3).

조준호(2013). 인천 최초의 레슬러 김석영의 삶, 한국체육사학회지, 52(4).

조준호(2020). 2020 도쿄올림픽의 전망과 과제. 한국올림픽성화회 추계 세미나 발표집.

조준호, 박규태(2019), 인천의 레슬러 임배영의 삶, 한국체육사학회지, 24(1).

최광식(2016). 신라의 화랑도와 풍류도, 고려대학교 역사연구소. 총 87권.

최승아(2014). 무예도보통지의 신체 교육적 의미. 강원대학교 미간행 석사학위논문.

최형국(2020). 武藝圖譜通志의「銳刀」자세 분석과「本國劍」과의 연관성 연구. 무예 연구, 14(4).

홍윤표(2008). 일본학보. 한국일본학회지. 77.

황의룡(2017). 일본 사회와 도쿄올림픽 정책. 한국체육과학회지. 26(5).

신문과 인터넷

경향신문, 1976년~2021년.

동아일보, 1923년~2021년.

매일경제, 1976년~2021년.

조선일보, 1976년~2021년.

한겨레, 1976년~2021년.

중앙일보, 1976년~2021년.

그 외 각종 신문자료, 즉 국민일보, 마이데일리, 매거진 한경. 서울경제. 스포TV뉴스. 아시아경제. 연합뉴스. 인천일보. 주간동아. 중부매일. 프레시안. 한국경제신문. 한국일보. 헤럴드타임즈. MBN. 경성일보, 부산일보, 기호일보, 경인일보, 뉴스더원, 여수넷통뉴스, 인천신문, 마이더스, 퍼블릭뉴스, 위클리뉴시스. 엑스포츠뉴스, 미디어펜, OSEN, 머니투데이, 충북일보, 엠스플뉴스, sbs뉴스, 프레스맨, 서울신문 등을 참고하였습니다. 감사합니다.

조준호 ————————————————————————————

항상 체육사를 연구, 지도하고 있으며 현재 한국체육대학교에서 교수로 재직
중이다. 지금까지 출간한 저서로는 ≪21세기 대한민국 체육사 연표≫, ≪태
권도와 올림픽≫, ≪사진으로 보는 한국체육 100년사≫, ≪스포츠문화사≫,
≪인천체육사 연구≫, ≪나는 대한민국의 레슬러다. 양정모≫ 등이 있다.

미래를 향한
한국체육사의 메시지

초판인쇄 2021년 12월 31일
초판발행 2021년 12월 31일

지은이   조준호
펴낸이   채종준
펴낸곳   한국학술정보㈜
주   소   경기도 파주시 회동길 230(문발동)
전   화   031) 908-3181(대표)
팩   스   031) 908-3189
홈페이지 http://ebook.kstudy.com
E-mail   출판사업부 publish@kstudy.com
출판신고 2003년 9월 25일 제406-2003-000012호

ISBN 979-11-6801-272-1 03690